《永乐大典》安徽江北方志研究

蒲霞 著

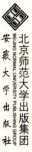

北京师范大学出版集团
安徽大学出版社

图书在版编目(CIP)数据

《永乐大典》安徽江北方志研究/蒲霞著. —合肥:安徽大学出版社,2015.1
(安徽大学徽文化传承与创新丛书)
ISBN 978-7-5664-0875-4

Ⅰ.①永… Ⅱ.①蒲… Ⅲ.①安徽省—地方志—研究 Ⅳ.①K295.4

中国版本图书馆 CIP 数据核字(2014)第 281491 号

本书为安徽大学教学改革与建设项目
"方志学课程体系建设(xjjyxm14058)"的研究成果

《永乐大典》安徽江北方志研究
YongLeDaDian AnHui JiangBei FangZhi YanJiu

蒲霞 著

出版发行:	北京师范大学出版集团 安 徽 大 学 出 版 社 (安徽省合肥市肥西路3号 邮编230039) www.bnupg.com.cn www.ahupress.com.cn
印 刷:	合肥远东印务有限责任公司
经 销:	全国新华书店
开 本:	170mm×240mm
印 张:	16.75
字 数:	271 千字
版 次:	2015 年 1 月第 1 版
印 次:	2015 年 1 月第 1 次印刷
定 价:	48.80 元

ISBN 978-7-5664-0875-4

策划编辑:徐 建		装帧设计:李 军 金伶智
责任编辑:徐 建		美术编辑:李 军
责任校对:程中业		责任印制:陈 如

版权所有 侵权必究

反盗版、侵权举报电话:0551—65106311
外埠邮购电话:0551—65107716
本书如有印装质量问题,请与印制管理部联系调换。
印制管理部电话:0551—65106311

说明 SHUOMING

- 本书论述《永乐大典》安徽江北方志所引佚文均以马蓉等点校的《永乐大典方志辑佚》为基础,并同时考察张国淦《永乐大典方志辑本》的内容,如《永乐大典方志辑佚》、《永乐大典方志辑本》所辑内容与中华书局影印出版的《永乐大典》残卷不同,或《永乐大典》残卷有误,则在具体论述时予以指出,对讹误之处进行订正。
- 《永乐大典方志辑佚》的编者对《永乐大典》中原有类目,是直接引用,不加变化的,从而保持了原著的本来面貌。至于那些丢失原有类目的,则根据文字内容,列出类目,并以方括号"【】"表示,以示区别。本书在引用时悉遵《永乐大典方志辑佚》的处理原则,按其设置的类目对相关内容进行分类论述,个别地方确实需要调整的,则在具体论述时加以说明。
- 本书引用原始文献时,原书阙漏或字迹不清无法辨认者,皆以"□"表示。
- 本书引用原始资料时,为使资料保持完整性,需作补充处皆括以"()"。

目录 MULU

前　言 …………………………………………………………………… 1

第一章　庐州府方志研究 ……………………………………………… 1

　第一节　大典本《庐州府志》研究 …………………………………… 1
　　一、关于大典本《庐州府志》编修时间的探讨 …………………… 1
　　二、大典本《庐州府志》佚文的价值 ……………………………… 7
　第二节　合肥建置沿革和合肥志编修源流 ………………………… 11
　　一、合肥建置沿革 …………………………………………………… 12
　　二、合肥志编修源流 ………………………………………………… 13
　第三节　大典本《合肥郡志》研究 …………………………………… 16
　　一、关于大典本《合肥郡志》编修时间的探讨 …………………… 17
　　二、大典本《合肥郡志》佚文的价值 ……………………………… 21
　第四节　大典本《合肥新志》研究 …………………………………… 26
　　一、关于大典本《合肥新志》编修时间的探讨 …………………… 26
　　二、大典本李大东《合肥新志》佚文的价值 ……………………… 31
　第五节　大典本《庐州府合肥县志》、《合肥县志》和《合肥志》研究
　　…………………………………………………………………………… 46

一、大典本《庐州府合肥县志》研究 …………………………… 46
　　二、大典本《合肥县志》研究 …………………………………… 47
　　三、大典本《合肥志》研究 ……………………………………… 48
第六节　大典本《庐江县志》和《庐江志》研究 ………………… 49
　　一、庐江县建置沿革和方志编修源流 ………………………… 49
　　二、大典本《庐江县志》研究 …………………………………… 51
　　三、大典本《庐江志》研究 ……………………………………… 53
第七节　无为州建置沿革和无为州志编修源流 …………………… 56
　　一、无为州建置沿革 ……………………………………………… 56
　　二、无为州志编修源流 …………………………………………… 57
第八节　大典本《宝祐濡须志》研究 ……………………………… 61
　　一、关于大典本《宝祐濡须志》编修时间的探讨 …………… 61
　　二、大典本《宝祐濡须志》佚文的价值 ……………………… 65
第九节　大典本《濡须志》研究 …………………………………… 82
　　一、关于大典本《濡须志》编修时间的探讨 ………………… 82
　　二、大典本《濡须志》佚文的价值 …………………………… 83
第十节　大典本《濡须续志》研究 ………………………………… 94
　　一、关于大典本《濡须续志》编修时间的探讨 ……………… 94
　　二、大典本《濡须续志》佚文的价值 ………………………… 95
小　结 ………………………………………………………………… 97

第二章　凤阳府方志研究 …………………………………………… 99
　第一节　关于五部"凤阳"方志编修时间的探讨 ………………… 99
　　一、凤阳府和凤阳县的建置沿革 ……………………………… 99
　　二、关于大典本《凤阳府图经志》编修时间的探讨 ………… 102
　　三、关于大典本《凤阳图经志》编修时间的探讨 …………… 105

四、关于大典本《凤阳府图志》编修时间的探讨 …………… 106
　　五、关于大典本《凤阳志》编修时间的探讨 ………………… 109
　　六、关于大典本《凤阳府志》编修时间的探讨 ……………… 111

　第二节　大典本《凤阳府志》佚文的价值 …………………… 115
　　一、地理类资料的价值 ………………………………………… 116
　　二、经济类资料的价值 ………………………………………… 130
　　三、人物类资料的价值 ………………………………………… 134
　　四、军事类资料的价值 ………………………………………… 137

　第三节　大典本《泗州志》研究 ……………………………… 138
　　一、关于大典本《泗州志》编修时间的探讨 ………………… 138
　　二、大典本《泗州志》佚文的价值 …………………………… 143

　第四节　大典本《泰和志》研究 ……………………………… 147
　　一、关于"泰和"县建置沿革的考察 ………………………… 147
　　二、关于大典本《泰和志》编修时间的探讨 ………………… 150
　　三、大典本《泰和志》佚文的价值 …………………………… 155

　小　结 …………………………………………………………… 157

第三章　安庆府方志研究 …………………………………… 159

　第一节　大典本《安庆府志》研究 …………………………… 159
　　一、关于大典本《安庆府志》编修时间的探讨 ……………… 159
　　二、大典本《安庆府志》佚文的价值 ………………………… 166

　第二节　大典本《安庆志》研究 ……………………………… 182
　　一、关于大典本《安庆志》编修时间的探讨 ………………… 182
　　二、大典本《安庆志》佚文的价值 …………………………… 182

　第三节　大典本《舒州志》研究 ……………………………… 183
　小　结 …………………………………………………………… 185

第四章　直隶州方志研究 ……187

第一节　滁州建置沿革和滁州志编修源流 ……187
一、滁州的建置沿革 ……187
二、滁州志编修源流 ……188

第二节　大典本《滁州志》研究 ……192
一、关于大典本《滁州志》编修时间的探讨 ……192
二、大典本《滁州志》佚文的价值 ……194

第三节　大典本《永阳志》研究 ……195
一、关于大典本《永阳志》编修时间的探讨 ……195
二、大典本林嶧《永阳志》佚文的价值 ……201

第四节　大典本《永阳续志》研究 ……213
一、关于大典本《永阳续志》编修时间的探讨 ……213
二、大典本《永阳续志》佚文的价值 ……216

第五节　大典本《和州志》研究 ……217
一、关于大典本《和州志》编修时间的探讨 ……217
二、大典本《和州志》佚文的价值 ……222

小　结 ……223

总　结 ……224

参考文献 ……231

后　记 ……245

前言[①]

《永乐大典》是明朝永乐年间官修的大型综合性类书。永乐元年（1403年）七月，明成祖朱棣命解缙、姚广孝、王景、邹辑等人纂修大型类书，永乐二年（1404年）十一月书成，初名《文献大成》。但成祖认为不完备，复敕姚广孝等人重修。四历寒暑，永乐六年（1408年）最终完成全书，成祖赐书名为《永乐大典》，并亲撰序言以纪其事。全书22 937卷，正文22 877卷，凡例目录60卷，共装订为11 095册，约3.7亿字。全书体例"用韵以统字，用字以系事"，可以按照韵字进行检索。全书举凡天文、地理、人伦、国统、道德、政治制度、名物、奇闻异见，以及日、月、星、雨、风、云、霜、露和山海、江河等均随字收载。《永乐大典》收录了上自先秦，下迄明初的经史子集百家之书、天文、地志、阴阳、医卜、技艺等各种古籍八千余种。它保存了明朝初年以前大量的

[①] "前言"部分的撰写参考了以下研究成果：《永乐大典》，北京：中华书局，1986年；郭伯恭著：《永乐大典考》，北京：中华书局，1938年；马蓉等点校：《永乐大典方志辑佚》，前言，北京：中华书局，2004年；宫为之：《皖志史稿》，合肥：安徽人民出版社，1997年；张国淦：《中国古方志考》，北京：中华书局，1962年；（清）永瑢等撰：《四库全书总目》卷一三七，子部四七，北京：中华书局，2008年；张升："《永乐大典》正本的流传"，《图书馆建设》，2003年第1期；曹之："《永乐大典》编纂考略"，《图书馆》，2000年第5期；张升："《永乐大典》副本流散史"，《中国典籍与文化》，2004年第4期；刘春英："《永乐大典》散亡考"，《枣庄师专学报》，2001年第4期；黄燕生："《永乐大典》征引方志考述"，《中国历史文物》，2002年第3期。

哲学、历史、地理、社会、语言、文学、艺术、宗教、科学技术、军事等方面的资料。学者称之为"宇宙之鸿宝"。由于《永乐大典》辑录书籍，往往一字不易，悉照原著整部、整篇或整段分别编入，这就更加提高了其保存资料的文献价值。

由于卷帙浩繁，难以刊刻，《永乐大典》修成后仅缮写一部。后明世宗为防火灾等不测之虞，命人重录一部，至隆庆元年(1567年)完成。从此《永乐大典》才有正、副两部，原本为正本，重抄本为副本，分别珍藏在北京紫禁城文渊阁和皇史宬两处。但是，此后《永乐大典》屡遭厄难，正本在明朝末年即已下落不明，副本到清朝康熙年间就已有部分遗失。清雍正朝将《永乐大典》由皇史宬移入翰林院。乾隆元年(1736年)至三十八年(1773年)设四库馆修《四库全书》时，《永乐大典》陆续遗失，前后总计佚失2 400余卷。而自咸丰十年(1860年)始，《永乐大典》开始大规模陆续散出。至光绪十八年(1892年)，只剩下870册。光绪二十六年(1900年)八国联军入侵北京，幸存的《永乐大典》又被肆意抢掠，运往英、美、日、法、德、俄等国，或散出作为古董收藏而辗转贩卖，散布于国外的许多图书馆、博物馆。为了尽可能恢复《永乐大典》原貌，海内外仁人学者不辞艰辛，多方探寻，广泛收集残卷剩册。到1959年，收集到《永乐大典》原本215册，加上复制副本等，总共得到730卷，1960年由中华书局影印出版。1986年中华书局又将已征集到的现存的《永乐大典》近800卷，缩印精装出版。人们找寻《永乐大典》残卷的热情并没有就此而停止，在国内外学者和留学生的协助下，终于又取得了藏于美国、日本、英国、爱尔兰等国的17卷《永乐大典》复制件，并编辑成《海外新发现〈永乐大典〉十七卷》一书，2003年由上海辞书出版社出版发行。因此，目前现存的《永乐大典》残卷有800多卷。收集和影印出版《永乐大典》残卷是一项非常重要的活动，取得了丰硕的成果，这也是文献学史上的一项重要收获。

由于《永乐大典》网罗宏富，而且整篇整段地收录原文，虽然现存《永乐大典》已经残缺，仅有800余卷，但因收录的原书存者寥寥，所以这部类书残卷仍是辑佚古书的资料渊海。其中，从本书研究角度来看，《永乐大典》收录了众多的方志,黄燕生先生认为《永乐大典》"征录地方志在1 000种以上"[①]。许多方志原书久佚于世,赖《永乐大典》得以重现部分内容。专门以《永乐大典》收录的方志为对象进行的辑佚以及其他研究活动是从清朝雍正年间开始的。清朝雍正年间的全祖望,在翰林院得见《永乐大典》,赞其"或可以补人间之缺本,或可以正后世之伪书,则信乎取精多而用物宏,不可谓非宇宙间之鸿宝也"[②],认为可从中辑经、史、志乘、氏族、艺文五类典籍。全祖望辑出高氏《春秋义宗》等10种,其中有志乘类《永乐宁波府志》一种。大约从清朝中叶开始,一些见到《永乐大典》的学者开始注意到该书征录的大量方志。乾隆年间编修《四库全书》时,特设校勘《永乐大典》散篇办事处。当时由四库馆臣所辑的宋元旧志有《嘉泰吴兴志》、《嘉定维扬志》、《嘉定镇江志》、《至顺镇江志》、《淳祐临安志》5种,惜未收入《四库全书》。后来,徐松辑得《元河南志》,晚清文廷式、缪荃孙亦辑有《寿昌乘》、《永乐顺天府志》、《泸州图经志》。总之,清朝利用《永乐大典》辑佚方志的工作虽已有一定成果,但做得很不充分,尤其在修《四库全书》之时,《永乐大典》尚散佚不多,本可以辑得更多的方志,可惜有清一代仅辑出10种,其中《嘉定维扬志》、《永乐宁波府志》辑出后又佚,现仅存8种。

20世纪30年代,赵万里辑出《元一统志》。张国淦又依据当时所能见到的《永乐大典》残卷,对历代地理总志和方志进行了一次较为全面而系统的辑佚。张先生是民国以来研究古方志最有成就的学者,惜其《蒲圻张氏大典辑本》未及刊刻,无法了解原书面貌,只能从他的《中国古方志考》中得到一些线索。此外,陈香白、李裕民则在80年代分别辑出《三阳志》、《三阳图志》和《太原志》三部志书的佚文。

20世纪80年代,马蓉等学者开始对《永乐大典》残本中收录的方志进行全面辑佚。他们利用的资料不仅有中华书局1960年和1986年影印的近800卷《永乐大典》残本,而且,当他们得知美洲、欧洲、亚洲一些公私藏家尚

[①] 黄燕生:《〈永乐大典〉征引方志考述》,《中国历史文物》,2002年第3期,第74页。
[②] (清)全祖望:《鲒埼亭集外编》卷一七,记,清嘉庆十六年(1811年)刻本。

有《永乐大典》残卷 10 余卷,且这些残卷均为中华书局影印本所未收录,便多方努力,在海外友人的大力协助下,终于取得这些残卷的复制件。因此,他们进行辑佚时共掌握现存《永乐大典》残卷 800 余卷。在这一基础上,经过多年努力,其辑佚成果以《永乐大典方志辑佚》一书的形式问世。该书共五册,2004 年由中华书局出版。马蓉等学者本着"已有辑本者不辑"的原则,如《永乐顺天府志》与《泸州图经志》已有缪荃孙辑本、《析津志》已有北京图书馆善本室辑本,便不再重复辑佚,从《永乐大典》残卷中共辑出方志 893 种,总志 7 种,共 900 种。①

张国淦先生的《蒲圻张氏大典辑本》虽未得以及时刊印,但因其书稿已成,再加上张先生不断补充及后人的努力,经杜春和整理的张国淦先生的《永乐大典方志辑本》在 2006 年由北京燕山出版社出版,2009 年再版。这部辑佚之作对原稿进行了整理,并补充了后来从《永乐大典》残卷中新辑到的方志,较《蒲圻张氏大典辑本》内容更为充实和丰富。此书从《永乐大典》残卷中辑出方志 550 种左右。②

学者们逐渐认识到《永乐大典》方志不仅保存了丰富的资料,还具有补阙史料、校勘他书、辑佚古书等作用,其研究就不再局限于辑佚旧志,而是开始对这些佚志进行更为具体地研究。林之的《〈永乐大典〉中保存的方志》③、廖盛春的《〈永乐大典〉地方志存目校订一则》④、《〈永乐大典〉征引方志考述》⑤、邹帆的《论〈永乐大典〉的方志辑佚价值——以〈宋元方志丛刊〉辑本为例》⑥等论文,皆是对《永乐大典》方志的宏观性研究,主要涉及《永乐大典》收录方志的原则、特点、辑佚价值等问题。姜纬堂的《〈永乐大典·南宁府志〉

---

① 马蓉等点校:《永乐大典方志辑佚》,第一册,前言。北京:中华书局,2004 年。
② 杜春和整理、张国淦著:《永乐大典方志辑本》,北京:燕山出版社,2009 年。
③ 《杭州师范学院学报》,1990 年第 4 期。
④ 《广西地方志》,1994 年第 6 期。
⑤ 《中国历史文物》,2002 年第 3 期。
⑥ 《群文天地》,2011 年第 16 期。

及其价值》①、罗新的《〈永乐大典〉所录湖北方志考》②、黄燕生的《〈永乐大典〉杭州方志辑考》③、《〈永乐大典〉湖州方志辑考》④、《〈永乐大典〉绍兴方志辑考（上）》⑤和《〈永乐大典〉绍兴方志辑考（下）》⑥、黄静的《〈永乐大典〉辑存江苏古方志考录》⑦、崔伟的《〈永乐大典〉本〈应天府志〉及其佚文考》⑧、《〈永乐大典〉收录的〈茅山续志〉及其佚文考》⑨和《〈永乐大典〉收录扬州方志考略》⑩等论文，则是以某一地区方志为研究对象，对《永乐大典》方志进行的个案分析。从目前取得的研究成果看，这类研究主要是对这些方志进行了梳理，总结了《永乐大典》收录方志的一些特色，但还没有对方志佚文做完整、系统、深层次的探讨，特别是没有对《永乐大典》方志的体例、佚文的价值、佚文的正误等问题作细致的研究，亦没有对早期方志编修的基本情况和修志理论作出总结，因此，对于《永乐大典》方志的研究，在研究的深度和广度上有待进一步加强，以便充分发掘这些志书的价值。

根据以上分析可知，到目前为止，已有学者对《永乐大典》中的方志佚文做了一些研究，取得了一些成果，这些研究既有对《永乐大典》征引的方志作总体上的论述，也有对《永乐大典》方志佚文所作的具体研究，但这些研究主要集中于浙江、湖北、广西方志上，对安徽方志却少有论述。刘尚恒《安徽方志考略》、宫为之《皖志史稿》等著作曾专门对安徽方志进行过研究，但他们侧重于对皖志编修情况、流传及存佚情况进行总体性分析和说明，虽然对《永乐大典》收录的安徽方志有些论述，但却没有对《永乐大典》收录的方志

---

① 《学术论坛》，1986年第5期。
② 《湖北方志》，1988年第3期。
③ 《浙江方志》，1989年第2期。
④ 《浙江方志》，1990年第6期。
⑤ 《浙江方志》，1991年第6期。
⑥ 《浙江方志》，1992年第8期。
⑦ 《江苏地方志》，2009年第1期、第2期。
⑧ 《中国地方志》，2009年第3期。
⑨ 《学理论》，2009年第10期。
⑩ 《江苏地方志》，2011年第4期。

佚文作专门细致的分析和探讨。《永乐大典方志辑佚》、《永乐大典方志辑本》是两部辑佚之作,张国淦《中国古方志考》是考述性著作,这三部著作只是对辑出的《永乐大典》安徽方志的编修时间作了初步分析,亦没有对这些志书的佚文进行深入研究,总结其价值。笔者从 2004 年开始对《永乐大典》安徽方志进行初步研究,摸索出一套具有实用价值的研究方法,总结出一些研究经验,并发表多篇相关研究论文,如《〈永乐大典〉本〈新安志〉佚文订误七条》[①]、《〈永乐大典〉所收〈新安志〉佚文订误二则》[②]、《〈永乐大典〉所辑〈新安志〉研究》[③]、《大典本〈新安志〉的编修时间和佚文辑补》[④]、《大典本〈徽州府志〉的编修时间和佚文订误》[⑤]、《大典本〈新安志〉佚文研究》[⑥]、《〈永乐大典〉本〈徽州府新安志〉编修时间考》[⑦]、《〈永乐大典〉中〈新安续志〉编修时间考辨》[⑧]、《〈永乐大典〉本〈旌川志〉的编修时间和佚文补辑》[⑨]、《大典本〈安庆府志〉的编修时间和佚文价值》[⑩]、《〈永乐大典〉中五部"凤阳"方志的编修时间》[⑪]、《〈永乐大典〉本〈泰和志〉研究》[⑫]、《〈永乐大典〉所收方志的特点和价值——以徽州方志为考察中心》[⑬]、《〈永乐大典〉本〈池州府志〉的编修时间和佚文价值》[⑭]。笔者通过研究认为,《永乐大典》收录的安徽方志数量大,涉及地区广泛,不仅佚文内容丰富,补充了现存文献记载的不足,具有重要的史

---

① 蒲霞:《东南文化》,2006 年第 1 期。
② 蒲霞:《中国地方志》,2006 年第 3 期。
③ 蒲霞:《史学月刊》,2006 年第 6 期。
④ 蒲霞:《中国地方志》,2007 年第 1 期。
⑤ 蒲霞:《福建广播电视大学学报》,2007 年第 3 期。
⑥ 蒲霞:《安大史学》(第三辑),合肥:安徽大学出版社,2008 年。
⑦ 蒲霞:《中国地方志》,2009 年第 3 期。
⑧ 蒲霞:《安庆师范学院学报》,2009 年第 10 期。
⑨ 蒲霞:《中国地方志》,2010 年第 6 期。
⑩ 蒲霞:《皖江文化与区域创新》,合肥:合肥工业大学出版社,2009 年。
⑪ 蒲霞:《皖北崛起与淮河文化》,合肥:合肥工业大学出版社,2010 年。
⑫ 蒲霞:《图书情报工作》,2011 年第 1 期。
⑬ 蒲霞:《合肥学院学报》,2011 年第 6 期。
⑭ 蒲霞:《文化创新与皖江率先崛起》,合肥:合肥工业大学出版社,2011 年。

料价值,而且具有校勘其他文献、辑佚古书等文献学价值;不仅可以为了解早期安徽方志编修情况提供新线索,也可以为进一步全面了解明朝永乐六年(1408年)以前安徽地区历史发展的相关问题提供重要的资料。因此,相对于大典本安徽方志的价值而言,目前对《永乐大典》安徽方志及其佚文的研究还处在一个起步阶段,有待进一步研究。

马蓉等学者辑录点校的《永乐大典方志辑佚》是迄今为止关于《永乐大典》方志辑佚成果最为丰硕的一部著作,辑佚出来的方志内容最为全面。统览全书,笔者以为《永乐大典方志辑佚》具有以下几个特点。

第一,所据《永乐大典》残卷多是该书的一个最基本的特点。前人在进行辑佚工作时,参考的《永乐大典》残卷往往十分有限。虽然清朝时《永乐大典》仍较为齐全,但清统治者对利用《永乐大典》辑佚方志的工作未能重视,因此,辑佚出来的方志也十分有限。20世纪30年代,张国淦先生虽对《永乐大典》中的方志作了较为全面系统的辑佚,但其时尚有不少《永乐大典》残卷流散在异邦他域,难以得见,所以他参考的《永乐大典》残卷并不全面,因而辑佚多有阙漏,其不足之处有三:一,应辑而未辑,如《金陵景定志》、《庆远路志》、《云南志略》等宋元古志,张氏皆遗阙未辑。二,漏辑严重,如《诸暨志》辑得六条,漏辑七条;《太平州图经》辑得五条,漏辑四条等。三,张先生所辑之方志止于元代,对明洪武、永乐年间方志一概未收。[①] 虽然经补充、整理,张国淦先生的《永乐大典方志辑本》在2006年出版,但在所辑内容上仍没有超越《永乐大典方志辑佚》,只辑出志书550种左右,而后者则辑出包括总志在内的900种志书。《永乐大典方志辑佚》编者参考的《永乐大典》残卷在数量上远远超过前人。20世纪50年代后期,中华书局曾对现存于世的《永乐大典》残卷作了认真细致的调查,分别于1960年、1984年两次影印出版,凡797卷;1986年又将以上两次影印本合并刊印成十六开精装本,共10册。这些《永乐大典》残卷,成为《永乐大典方志辑佚》编者参考的重要资料来源。

---

① 马蓉等点校:《永乐大典方志辑佚》,第一册,前言。北京:中华书局,2004年。

此外，编者还在海外友人的大力协助下，复制了美洲、欧洲、亚洲一些公私藏家的10余卷《永乐大典》残卷，而且这些残卷均为中华书局影印本所未收。《永乐大典方志辑佚》的编者共掌握现存《永乐大典》残卷800余卷。《永乐大典方志辑佚》就是在这些资料基础上，经过编者的不懈努力而编成的。《永乐大典方志辑佚》一书所参考的《永乐大典》残卷之多是到目前为止任何一部相关的辑佚著作所无法比拟的。

第二，辑佚内容丰富、全面是该书的一个重要特点。参考资料的丰富为辑佚内容的全面提供了可能。丰富的参考资料使《永乐大典方志辑佚》所辑之方志在数量上和涉及的地域范围上远远超过前人。《永乐大典方志辑佚》收录方志的原则是"已有辑本者不辑"，在这一前提下，共收录方志893种，另收总志7种，共900种。据1987年的行政区域统计，北京市13种，天津市3种，河北省29种，山西省24种，上海市6种，江苏省68种，浙江省123种，安徽省56种，福建省51种，江西省143种，山东省12种，河南省35种，湖北省39种，湖南省63种，广东省77种，海南省12种，广西壮族自治区58种，四川省52种，云南省3种，陕西省8种，甘肃省3种，不明地域者10种，外国5种。① 根据《中国地方志联合目录》的统计，现在存世的各地方志有8000余种，其中宋元方志仅40余种（包括清人从《永乐大典》中辑出的8种），明志800余种，其余是清朝和民国时期所修之志。相比而言，《永乐大典》收录的方志有如下特点：一，数量多。《永乐大典方志辑佚》收录的志书已有900种，如果加上前人从《永乐大典》中已经辑佚出来的方志，而《永乐大典方志辑佚》未重复辑佚的，其总数应超过900种。一部类书能够保留这么多方志资料，是其他古籍所无法比拟的。二，修纂时间早。900多种方志最迟的修纂时间都应在明永乐六年（1408年）之前，其中修于宋元时期的方志在数量上远远超过存世之40余种，另外还有一些唐朝之前编修的方志。三，资料珍贵。由于《永乐大典》所收方志原书已佚，所以，《永乐大典》残卷中保留的

---

① 马蓉等点校：《永乐大典方志辑佚》，第一册，前言。北京：中华书局，2004年。

这些佚文尤其显得珍贵。《永乐大典》方志佚文保留了明朝初年以前科举与教育制度、农田水利、地理、仓廪、地震、矿产资源、动植物资源、社会保障、封建大家族、民俗、古籍版刻、名胜文物及石刻、文学艺术、军事等方面的史料，并且具有补正清人方志辑本之遗阙的价值。《永乐大典方志辑佚》一书是目前关于《永乐大典》方志佚文内容最全面、最丰富的一部辑佚之作。

第三，保持辑佚内容的原始性是该书的另一特点。《永乐大典方志辑佚》编者不仅力求辑佚全面，而且非常重视保持辑佚内容的原始性，以忠实于原文为其指导思想。《永乐大典方志辑佚》对《永乐大典》所收方志除个别文字有明显脱漏者才标以括号加以增补文字外，对其他讹缺者，因无版本依据，难以补改，都一仍其旧，让读者在使用时自行鉴定。另外，《永乐大典》征引书名，殊不一致，究为一书或他书，已难寻考；《永乐大典方志辑佚》的编者在辑佚方志时悉遵《永乐大典》所录书名，一般不强为合并，让读者使用时自行鉴定。由于《永乐大典》依韵编纂，同一方志分散在不同韵字之下，这样就出现了两种情况：一，有些方志仍保留了原有的条目；二，有些方志因打破了原书门类的归属，原有条目丢失。对于保留原有条目的，《永乐大典方志辑佚》一书直接引用，不加变化，从而保持原著的本来面貌。由于没有加入编者的主观意见，所以《永乐大典方志辑佚》一书辑佚的资料基本保持了文献的原始面貌，这是有利于以后的利用和研究的。

第四，方便实用是该书的又一特点。《永乐大典方志辑佚》作为一部资料性的辑佚著作，方便实用是其最基本的特色，编者在书的结构安排上处处考虑到这一问题。《永乐大典方志辑佚》全书5册，分为前言、目录、正文、补遗、图版、书名索引6个部分，结构完善，每一部分起着不同的作用。前言部分肯定了《永乐大典》收录的方志的资料价值，论述前人辑佚《永乐大典》方志的情况，间或评论其得失，并论述了《永乐大典方志辑佚》一书辑出的方志佚文在学术上的价值。通过前言的叙述，关于《永乐大典》方志辑佚活动的发展线索便清晰可见，具有"辨章学术，考镜源流"之功用。《永乐大典方志辑佚》所收之方志基本上是按中国地图出版社1987年《中华人民共和国行政区划图册》中的分区来进行分类编排的。这种做法符合现代人的认识习惯,也避免了因历史发展而出现的行政区划变迁所带来的麻烦。对于今已不知何地志书及记述外国的方志,则单独处理,全部排列在正文之后。《永乐大典》中保留的方志还有不少有地图的,编者在收录时不遗余力尽量收录,共收有地图114幅。但在编排这些地图时,编者并未按原书的形式编排,而是将地图单独集中以"图版"一项全部附印于书后。考虑到不同读者的不同需要,《永乐大典方志辑佚》采用了两种检索形式,一是体现在目录中,以行政区划为索引单位,分省或市、府、县等几级,读者可以按其归属来查阅有关方志;一是在全书最后单独设置"书名索引",按照笔画或四角号码来检索方志书名首字,以便人们查到所需方志。以上种种考虑和安排均以方便实用为其原则,这种处理方法为研究者查阅和使用带来了便利。

《永乐大典》采取"用韵以统字,用字以系事"的编辑原则,往往将同一部方志的内容分散在不同韵字之下。针对这种情况,根据方志"横排门类"的体例特点,《永乐大典方志辑佚》的编者对《永乐大典》中的原有类目,则直接引用,不加变化,从而保持原著的本来面貌。对那些丢失原有类目的,则根据文字内容,列出类目,并以方括号"【】"表示,以示区别。如,《昭潭志》下分十七个门类,其中"坊"、"桥"、"津渡"、"税赋"、"公署"、"邮置"、"堡寨"七个门类是《永乐大典》原有的,作者未加改变,一依原书;而"建置沿革"、"至到"、"风俗形势"、"户口"、"山川"、"寺庙"、"坛"、"税课"、"局院"、"学校"十个门类则是编者根据内容列出的。这样一来,原本散乱于不同韵字之下的同一志书的内容被重新编排到了一起,这为人们阅读和进一步研究提供了很大的方便。

综观全书,《永乐大典方志辑佚》所取得的成果超越前人,它是对《永乐大典》方志的又一次充分发掘和利用,不仅有补阙前人之功,还改变了长期以来学术界对《永乐大典》方志认识不足、利用不够的局面。《永乐大典方志辑佚》是一部《永乐大典》方志辑佚的集大成之作,开创了一个研究和利用《永乐大典》方志的新局面。《永乐大典方志辑佚》一书是目前关于《永乐大典》所收方志辑佚最为全面的一部著作,它是研究《永乐大典》方志的重要参考资料。

《永乐大典》收录了不少安徽方志,从《永乐大典方志辑佚》一书辑佚出的安徽方志情况来看,根据书名统计,《永乐大典》共收录安徽方志56部,涉及庐州府、凤阳府、徽州府、太平府、池州府、宁国府、安庆府、滁州、和州、无为州、广德州、合肥县、青阳县、太平县、泗州、凤阳县、临淮县、定远县、无为县、庐江县、巢县、宣城县、泾县、宁国县、旌德县、秋浦、舒城县、太和县、潜山县、桐城县、望江县、灵璧县、清流县等地,保留了有关山岭、仓廪、陂塘、宫室、人物、物产、祥异、古迹、湖泊、诗文、兵防、土产、官署、村寨、寺观、遗事、宦绩等方面的内容,涉及地区之广,收录内容之丰富,是非常突出的。根据《中国地方志联合目录》等方志目录的统计,明朝永乐六年(1408年)以前编修的安徽方志仅有南宋淳熙年间罗愿的十卷本《新安志》存世,而《永乐大典》中收录的56部安徽方志则均修于明朝永乐六年(1408年)以前,不仅编修时间早,数量也较为丰富,更重要的是这些方志原书均已亡佚,而《永乐大典》残卷保存了部分内容,所以对这些方志佚文加以研究和探讨,了解其编修的情况,确定其编修时间,发掘其佚文的价值并加以利用,是有积极意义的。这不仅是对《永乐大典》这部类书进行的更深层次的研究和发掘,也是对方志编修和发展历史的进一步认识,同样也可以对安徽古代方志编纂情况作一次梳理。另外,也可以利用这些安徽方志佚文提供的资料去研究相关的问题。这是对《永乐大典》收录的安徽方志及其佚文进行研究的根本目的和意义所在。鉴于此,笔者于2004年开始对《永乐大典》收录的安徽方志进行研究,发表论文多篇。并以《永乐大典》收录的徽州方志为研究对象,对其编修时间、编修者、佚文价值、佚文正误、修志理论等问题进行了专门研究,最终形成专著《〈永乐大典〉徽州方志研究》,2013年由安徽大学出版社出版。

除徽州方志外,《永乐大典》还收录了不少安徽其他地区的方志,由于志书数量较大,无法一次性全面而深入细致地研究,笔者即以长江为界,将徽州之外的其他地区方志分为江北方志和江南方志两个部分,本书即是对《永乐大典》安徽长江以北地区的方志进行的综合性研究。因《永乐大典方志辑佚》是目前辑出的方志数量最多、内容最完整的著作,所以,本书所引《永乐大典》安徽江北方志佚文均以《永乐大典方志辑佚》为基础,并兼及《永乐大典》和《永乐大典方志辑本》,旨在对《永乐大典》安徽江北方志进行研究时,也对《永乐大典方志辑佚》和《永乐大典方志辑本》的辑佚成果进行评述。

《永乐大典方志辑佚》一书是按照1987年中国行政区划来安排志书的归属的。由于本书是从历史文献学、方志学、历史地理学的角度来探讨安徽古代方志编修情况及其价值的,不适合采用这一编排办法,因此作了一些调整。地方志是一种地方文献,本书根据方志本身的特点,以行政区划为单元,每个单元容纳本地区的方志。由于《永乐大典》修成于明朝永乐年间,本书即按照明朝的行政区划来设置单元,并划定府、州、县各级行政区划的归属,从而安排全文的结构。

《永乐大典》收录的安徽江北方志主要包括三府二直隶州,即庐州府、凤阳府、安庆府三个府,和州、滁州二个直隶州。根据《明史·地理志》、《南畿志》、《明一统志》等记载,本书按明朝安徽行政区划的归属情况来安排全文。

庐州府,领州二县六,即:合肥县、舒城县、庐江县、无为州(领县一:巢县)、六安州(领县二:英山县、霍山县)。

凤阳府,领州五县十三,即:凤阳县、临淮县、怀远县、定远县、五河县、虹县、寿州(领县二:霍丘县、蒙城县)、泗州(领县二:盱眙县、天长县)、宿州(领县一:灵璧县)、颍州(领县二:颍上县、太和县)、亳州。

安庆府,领县六,即:怀宁县、桐城县、潜山县、太湖县、宿松县、望江县。

滁州,领县二,即:全椒县、来安县。

和州,领县一,即:含山县。

本书按照上述行政区划的顺序,前面三府每个府各立一章,后面两个直隶州合为一章;每一章下则按其属州或属县的方志设立类目,对每一部志书的编修时间、佚文价值等进行分析和探讨。本书的主要研究内容涉及以下

几个方面:

第一,根据建置沿革、方志编修源流、佚文内容以及其他线索,确定《永乐大典》安徽江北方志的编修时间或编修者,如无法确定相对具体的编修时间,则推测出大体的编修时间。因《永乐大典方志辑佚》一书是按《永乐大典》中使用的书名来辑佚方志内容的,所以有可能存在同书异名或异书同名的情况,本书对此也作了适当的分析和说明。

第二,分析和论述佚文的价值。从两个方面分析和论述:一方面分析佚文的史料价值;一方面考察佚文在校勘、辑佚等方面的文献学价值。

第三,以同一地区的现存方志和其他文献作为参考,对佚文内容进行具体研究,判断其准确与否,对可断定错误之处进行校正,对各书有异文、不能判断正误之处则以存疑处之。同时也对《永乐大典》、《永乐大典方志辑本》的内容进行考察,如有讹误也予以校正。

第一章
庐州府方志研究

《永乐大典》共收录11部庐州府方志,包括《庐州府志》、《合肥郡志》、《合肥新志》、《庐州府合肥县志》、《合肥县志》、《合肥志》、《庐江县志》、《庐江志》、《宝祐濡须志》、《濡须志》和《濡须续志》。本章从建置沿革、方志编修源流和佚文提供的线索入手,对这11部志书的编修时间和佚文价值进行分析和探讨。

第一节 大典本《庐州府志》研究

大典本《庐州府志》是《永乐大典》中唯一一部以"庐州府志"为名的志书。

一、关于大典本《庐州府志》编修时间的探讨

因大典本《庐州府志》以"庐州府"为名,所以,可以通过考察庐州府的建置沿革来探讨此志的编修时间。关于庐州府建置沿革的情况文献中多有记载。《隋书·地理下》载:"庐江郡,梁置南豫州,又改为合州。开皇初改为庐州。"①《旧唐书·地理三》载:"庐州上,隋庐江郡。武德三年,改为庐州,领合

---

① 《隋书》卷三一,志二六,北京:中华书局,1973年。

肥、庐江、慎三县。七年,废巢州为巢县来属。天宝元年,改为庐江郡。乾元元年,复为庐州,自中升为上。"①《宋史·地理四》载:"庐州,望,保信军节度。大观二年,升为望。旧领淮南西路兵马钤辖。建炎二年,兼本路安抚使。绍兴初,寄治巢县。乾道二年,置司于和州。五年,复旧",领"县三:合肥,上。舒城,下。梁,中。本慎县。绍兴三十二年,避孝宗讳,改今名。"②《新元史·地理二》载:"庐州路。上。宋故州,属淮南西路。至元十三年,归附。十四年,升为总管府,隶淮西江北道。"③《明史·地理一》载:"庐州府,元庐州路,属河南江北行省。太祖甲辰年七月为府,置江淮中书行省于此,寻罢。"领六安、无为二州,合肥、舒城、巢县、庐江、英山、霍山六县。④《明一统志》亦载:庐州府"《禹贡》扬州之域,天文斗分野。周以前为庐子国。春秋时属舒。战国时属楚。秦为九江郡地。汉立庐江国。东汉为合肥侯国,仍隶九江郡。三国属魏,为重镇。晋为淮南、庐江二郡地。宋齐兼属南汝阴郡。梁置南豫州,治合肥,后改合州。北齐因之,兼置北陈郡。隋初,始改合州为庐州;大业初,改庐江郡。唐初为庐州,天宝初,改庐江郡;乾元初,复为庐州,属淮南道。杨吴置昭顺军节度。南唐改保信军。宋因之,属淮南西路。建炎初为本路安抚司治所。元初,置淮西总管万户府,寻改庐州路总管府,属河南行省。本朝洪武初,改庐州府,直隶京师,领州二县六",即合肥、舒城、庐江、无为州、巢县、六安州、英山、霍山。⑤ 无为州领巢县,六安州领英山、霍山二县。

嘉庆《重修庐州府志》也载有庐州府建置沿革方面的情况:庐州府,《禹贡》谓为扬州之域。殷周为南巢及巢国。春秋时,为群舒及巢境。战国属楚。秦始为楚郡地,后为九江郡。汉初为淮南国,统四郡,兼有江南。其后江北地分为两国,北为淮南国,国除为九江郡;南为衡山国,其卒为六安国及

---

① 《旧唐书》卷四〇,志二〇,北京:中华书局,1975年。
② 《宋史》卷八八,志四一,北京:中华书局,1977年。
③ 《新元史》卷四七,志一四,北京:中国书店,1988年。
④ 《明史》卷四〇,志一六,北京:中华书局,1974年。
⑤ (明)李贤等奉敕撰:《明一统志》卷一四,见《四库全书》,上海:上海古籍出版社,1987年。

庐江郡。后汉因之,以合肥、临湖、居巢俱为侯国。三国时,合肥属魏,为重镇。晋为淮南、庐江二郡地,自汉至晋属扬州。宋齐时,为庐江郡及南汝阴、南谯等郡,而分属豫、南豫两州。梁初因齐制,及太清元年以合肥为合州,旋丧乱,地入东魏。隋开皇三年(583年),罢天下诸郡,此地始为庐州。炀帝改州为郡,复曰庐江郡。唐初为庐州,中改为庐江郡,后复为州,领县五,属淮南道。五代初属杨吴,后属南唐。周为保信军节度使治。宋初为庐州合肥郡,领县五,设淮西兵马钤辖,兼本路安抚使,治合肥。后以无为镇建军,领无为、巢、庐江三县。元为庐州路,上设淮西总管府,领县八。明为庐州府,初设江淮中书行省于此,寻罢,领州二县六。明《地理志》:庐州府太祖甲辰年(1364年)七月为府,置江淮中书行省于此,寻罢,领州二县六,有合肥、舒城、庐江、无为州,州领巢县,六安州,州领英山、霍山。清朝为庐州府,初领州二县六,嘉庆时领县四州一,合肥、舒城、庐江、无为州、巢县。①

从上述资料再结合嘉庆《重修庐州府志》"沿革表"②的记载可知,隋开皇初年罢天下诸郡,将庐江郡改为庐州,始有"庐州"之名。炀帝时又复为庐江郡。庐江郡辖合肥县、庐江县、襄安县。唐初为庐州,后为庐江郡,又复为庐州。唐、五代庐州下辖合肥县、舒城县、庐江县、巢县四县。宋仍为庐州,仍辖四县。到元至元十四年(1277年)升庐州为庐州路,辖四县一州,即合肥县、舒城县、庐江县、巢县和无为州。明太祖甲辰即元至正二十四年(1364年)七月,庐州路始改为庐州府,辖二州六县,即无为州、六安州二州,合肥县、舒城县、庐江县、巢县、英山县、霍山县六县。清朝仍为庐州府,初领州二县六,后领县四州一,即合肥、舒城、庐江、无为州、巢县。

根据庐州府的建置沿革,再结合《永乐大典》成书的时间可知,大典本《庐州府志》应该修于明太祖甲辰即元至正二十四年(1364年)七月以后明永

---

① 嘉庆《重修庐州府志》卷一,沿革志,见《中国地方志集成》,南京:江苏古籍出版社,1998年。

② 嘉庆《重修庐州府志》卷一,沿革志,见《中国地方志集成》,南京:江苏古籍出版社,1998年。

乐六年(1408年)以前。

另外,再从大典本《庐州府志》佚文提供的线索来考察此志的编修时间。大典本《庐州府志》佚文保存了一条"无为县"的资料,即:"百万湖,其湖在无为县东二里,明远楼之下。"①这样就可以通过考察无为县的建置沿革来探讨志书的编修时间。《宋史·地理四》载:"无为军,同下州。太平兴国三年,以庐州巢县无为镇建为军,以巢、庐江二县来属。建炎二年,入于金,寻复。景定三年,升巢县为镇巢军。县三:无为,望。熙宁三年,析巢、庐江二县地置县。"②《明史·地理一》载:"无为州,洪武中,以州治无为县省入。"③乾隆《无为州志》载:宋朝"太平兴国间,析庐江县为巢县,以无为镇为军。熙宁间,又析巢县、庐江之六乡,置无为县,隶本军,总属淮南西路";元"初置无为路,后改为无为州,州之名始此,领县三,曰无为,曰庐江,曰巢县,总隶庐州路。"④嘉庆《重修庐州府志》载:无为州"以无为镇名,或云魏筑城征吴无功,因号'无为'。或云取'无为而治'之意。春秋时,巢国地。汉初置襄安、居巢二县,属庐江郡。后汉以居巢为侯国。晋初为县,后侨置南谯郡、蕲、扶阳等县。宋齐因之。隋为庐江郡襄安县地。唐为巢县地,又尝置巢州,旋废。宋太平兴国三年,始以巢县之无为镇建无为军,寻废。淳化中,复置军,属淮南西路。熙宁三年,又析巢、庐江二县地置无为县,为军治。元至元十四年,升无为路。二十八年,降为无为州,属庐州路。明洪武初,存州,省无为县,以州属庐州府。"⑤《明一统志》载:无为州,在府城东南二百八十里。商时巢国地。汉为庐江郡。隋以襄安省入巢县,置无为镇。宋置无为军,又增置无为县。元置无为路,后改无为州。明朝以无为县省入,编户四十五里,领巢县。

---

① 马蓉等点校:《永乐大典方志辑佚》,第二册,北京:中华书局,2004年。
② 《宋史》卷八八,志四一,北京:中华书局,1977年。
③ 《明史》卷四〇,志一六,北京:中华书局,1974年。
④ 乾隆《无为州志》卷一,建置沿革,1960年合肥古旧书店据清乾隆八年癸亥(1743年)刻本影印(石印)。
⑤ 嘉庆《重修庐州府志》卷一,沿革志,见《中国地方志集成》,南京:江苏古籍出版社,1998年。

无为州在明朝属庐州府管辖。①

根据以上记载,北宋熙宁三年(1070年),析巢县、庐江县二县地置无为县,始创无为县。无为县在宋朝归无为军管辖,为军治。元朝初年属无为路,后属无为州,再属庐州路。明朝洪武初年,无为县并入无为州,存州,废县。从建置沿革看,无为县是北宋熙宁三年(1070年)到明朝洪武初年间的建置。

根据庐州府和无为县的建置沿革,庐州府始设于明太祖甲辰年(元至正二十四年,1364年),以后相沿不改;无为县始设于北宋熙宁三年(1070年),明朝洪武初年并入无为州。而大典本《庐州府志》书名有"庐州府"三字,且佚文内容又有"无为县"的资料,综合考虑两方面的情况可知,大典本《庐州府志》应该修于明太祖甲辰年至洪武年间(即无为县并入无为州之年)。故大典本《庐州府志》当为元末明初所修。大典本《庐州府志》在清朝嘉庆七年(1802年)重修庐州府志时已不可得见,当亡佚于清嘉庆七年(1802年)以前。

此外,可以根据庐州府志编修源流来考察大典本《庐州府志》的编修时间。根据文献记载,历代曾编修过多部庐州府志。光绪《续修庐州府志》总结了清朝光绪之前编修的各部庐州府志。现将相关内容摘录如下。

  《庐州旧志》 宋前合肥县学教谕东阳楼悌②所辑。
  元《庐州府志》 《明一统志》引。
  《庐州府志》 明景泰间,诸儒所修。
  《庐州府志》 天顺间,郡守朱镛修。

---

① (明)李贤等奉敕撰:《明一统志》卷一四,见《四库全书》,上海:上海古籍出版社,1987年。

② 笔者查阅清康熙十三年《庐州府志》"官秩表上"(清康熙十三年抄本)和嘉庆《合肥县志》(卷一六,职官表,见《中国地方志集成》,南京:江苏古籍出版社,1998年),其中明朝成化年间合肥县教谕亦有一人名"楼悌",且亦是"东阳人",这与此处所提之"楼悌"的基本信息有相一致的地方。

《永乐大典》安徽江北方志研究

《庐州府志》　　　正德壬申，郡守徐用砺修。
《庐州府志》　　　隆庆壬申，郡守吴道明修，仪部杨循吉撰。
《庐州府志》　　　崇祯壬申，郡守严尔珪修。
康熙《庐州府志》　康熙二十四年，知府张纯修修。
嘉庆《庐州府志》　嘉庆八年，知府张祥云修。①

另外，《内阁藏书目录》称："《庐州府志》六册，全，万历乙亥郡人金宪杜璁修。"②《八千卷楼书目》载："嘉庆《庐州府志》五十四卷，国朝张祥云撰刊本。"③这些记载可以对上文所列历代庐州府志编修情况有所补充。

由上述记载可以粗略地了解到历代庐州府志编修的基本情况。现知最早的一部庐州府志修于宋朝，元朝亦修一部，明朝景泰、天顺、正德、隆庆、万历、崇祯年间又各修一部，清朝则在康熙、嘉庆、光绪年间各修一部。根据《中国地方志联合目录》的统计，从现存庐州府志的情况来看，实际上清朝康熙十三年（1674年）胡献珍、朱弦还修过一部庐州府志。根据文献著录和记载，已知的历代编修的庐州府志共有11部。光绪《续修庐州府志》总结的历代庐州府志编修源流并不完整，可能是有些志书早已亡佚，已无法考证的原因，而没有加以统计。

综合上述分析，根据建置沿革、书名、《永乐大典》收书的时间限制、佚文提供的线索，再结合庐州府志编修源流推断，如果现存文献记录的庐州府志编修源流没有疏漏的话，明朝初年没有编修过庐州府志，那么大典本《庐州府志》最有可能就是光绪《续修庐州府志》所言《明一统志》转引的元朝编修的《庐州府志》。如果此推断无误，此志应修于元至正二十四年（1364年）到元朝灭亡（1368年）之间，但由何人所修已无法考证。

《永乐大典方志辑》未从《永乐大典》中辑出《庐州府志》。《永乐大典方

---

① 光绪《续修庐州府志》卷九一，艺文略下，见《中国地方志集成》，南京：江苏古籍出版社，1998年。
② （明）孙能传：《内阁藏书目录》卷六，清迟云楼抄本。
③ （清）丁仁：《八千卷楼书目》卷七，史部，民国铅印本。

志辑佚》是目前关于大典本《庐州府志》佚文内容最丰富的辑本。

二、大典本《庐州府志》佚文的价值

大典本《庐州府志》佚文只保存了一条自然地理方面的资料,近600字,但由于这条资料记载的内容为现存文献所鲜载,所以,它是一条十分珍贵的资料,能够补充现存文献记载的不足,可以为了解历史上无为县"百万湖"变迁的情况提供重要的参考。

> 百万湖,其湖在无为县东二里,明远楼之下。旧志①曰:明远楼,在楚泽门上,与群山观相接,下临百万湖。王公薳亦曰:"漕台之下,湖名百万,地接两州。谓和州也。故满杂端诗云:'城外湖光百万顷,城头轩槛对湖开。'可以想其近在目睫矣。"数十年前,岁以旱告,始有筑圩为田于其中者。积渐苴塞,竟成阡陌,并其名没焉。旧志所以不书。今问之土人,乃仅指上三溪、下三溪接连泥汊柟江等水瀰芦荡以为湖,其意盖讳近城湖面之为田,恐官司讲行开掘,则有不便者。尝以《北山纪事》考之,《纪事》云:无为西南北三面平陆,唯东一面临河,河之外则大泽,古名百万湖,言其广阔不可②顷计也。瞻望建康、太平、池、和四郡,如在目前。自来潴水,未开以为田也。近岁苦旱,泽多干涸,愚民遂筑圩裹之,而田其中。向遇水旱,泽中富菱藕蒲芦,饥民取之,可以充食,今既为田,不可复得。向年城下水满,舟船取直以行,通达无碍,设有缓急,易于逃窜。今河流湾曲,若仓卒奔走,众舟相遇,必至糜碎。况潴水无其地,每岁梅潦不得时泄。古来诸圩去河远者,往往溃决不可择③御,良田万

---

① "旧志"应加书名号,即"《旧志》"。
② "可"字后缺"以"字。《永乐大典》(北京:中华书局,1986年,第840页)原文为:"言其广阔不可以顷计也。"
③ "择"字在《永乐大典》(北京:中华书局,1986年,第841页)中为"捍"字。依据文意,"择"字误。

数,悉为深渊,其为民害反不浅也。令人感慨。今田为制司屯耕,非独民不欲开,官亦难之。若论大计所关,当有勇于任责者矣。

[册二十卷二二七〇页十九]①

这条佚文记载的是百万湖的资料,它非常详细地介绍了百万湖由盛到衰的过程。早先百万湖是一个水域面积辽阔的湖泊,"富菱藕蒲芦",每当收成不好的时候,附近的百姓就摘取湖中的菱、藕、蒲芦充饥,度过难关。百万湖早年也是舟船通航的重要通道,从这里能够很方便地到达建康、太平州、池州、和州等地。但后来由于连年干旱,湖水日渐减少,湖底干涸露出水面,附近百姓便在此筑圩开垦,种植农作物。这样一来,本已干涸的湖泊变得更加狭窄,湖泊蓄水量大大减少,航运通道也被阻断,船只无法航行。而且,一旦大雨来临,洪水骤发,湖泊无法蓄水,水流无处渲泄,溢出湖泊,水流滥漫,冲毁周边农田,致使农田受浸,农作物被毁坏,农业生产遭到破坏,人民生活也受到严重影响。这条资料深刻地揭示了百万湖湮灭的原因不仅有自然因素,更有人为因素。连年干旱使湖水变少,湖面变小,有些地方甚至干涸,这是自然因素;而当地百姓却借机围湖造田,在这些干涸的土地上进行开垦,种植庄稼,更加重了湖面变小的趋势,这是人为因素。这条资料揭示了围湖造田、过度屯垦之弊,并以实例充分说明了违反自然规律必然要受到惩罚的事实。它揭示的道理具有深刻的现实意义,人类的生存和发展与自然环境密切相关,只有尊重自然规律,保护自然环境,才能实现真正意义上的社会和经济的持续而稳定的发展。

这段佚文内容丰富,为认识无为县历史发展过程提供了重要的资料。相比而言,现存志书中关于百万湖的记载都比较简单。《明一统志》载:"百万湖,在无为州明远楼下。"②《南畿志》亦载:"百万湖,在(无为)州治明远楼下。"③

---

① 马蓉等点校:《永乐大典方志辑佚》,第二册,北京:中华书局,2004年。
② (明)李贤等奉敕撰:《明一统志》卷一四,见《四库全书》,上海:上海古籍出版社,1987年。
③ (明)闻人佺、陈沂纂修:《南畿志》卷三六,见《四库全书存目丛书》,济南:齐鲁书社,1996年。

乾隆《无为州志》载:"百万湖,在大东门外,今为官圩等田。"①嘉庆《无为州志》则载:"百万湖,在大东门外。明少参吴廷翰宦归退息之所,同志多倡和。今为官圩。"②这些文献均只记载了百万湖的地理位置和现状,而未追溯它的过去,可能是因为百万湖早已湮灭,被改造成圩田的原因,所以就没有去记录百万湖由盛转衰的演变过程。而大典本《庐州府志》佚文却保存了十分丰富而宝贵的资料,为了解百万湖发展变化的过程提供了非常重要的线索,是对现存文献记载之不足的补充,具有重要的史料价值。大典本《宝祐濡须志》佚文收录了王莲所作的《百万湖》诗,即:"台下弥漫百万湖,丛生萑苇伴菰蒲。自从围作民田后,每遇凶年一物无。"③这首诗也反映了百万湖由盛转衰的过程,说明了围湖造田致使湖泊湮灭,不仅破坏了自然环境,也导致农业生产严重受挫。围湖造田的本意是要进一步扩大耕地面积,增加粮食收成,保证人们的正常生活,却没想反而破坏了生态环境,严重影响了农业生产的正常进行,致使粮食产量大大降低,人们的正常生活也受到极大的不利影响。两条佚文可以相互呼应,互为补充,为充分了解历史上的百万湖及其变迁过程提供了更为充实的资料。

这条资料不仅叙述了百万湖逐渐湮灭的过程和原因,还转引了其他文献中的一些内容,具有重要的价值。这条佚文转引了一部旧志的一条资料,即:"旧志曰:明远楼,在楚泽门上,与群山观相接,下临百万湖。"现存庐州府方志皆修于明朝永乐六年(1408年)之后,因此,这里所言之"旧志"应该是一部修于明朝永乐六年之前、且已亡佚的志书,大典本《庐州府志》佚文成为辑佚这部旧志的资料来源,具有辑佚价值。这段佚文中还转引了《北山纪事》中的一些内容,并用这些内容来验证百万湖由兴到衰的历史事实。关于《北山纪事》,文献中多有著录。《宋史》"小说类"下著录:"王焕,《北山纪事》十

---

① 乾隆《无为州志》卷十,古迹,1960年合肥古旧书店据清乾隆八年癸亥(1743年)刻本影印(石印)。
② 嘉庆《无为州志》卷四,舆地志,见《中国地方志集成》,南京:江苏古籍出版社,1998年。
③ 马蓉等点校:《永乐大典方志辑佚》,第二册,北京:中华书局,2004年。

二卷。"①《直斋书录解题》亦在"小说家类"下著录:"《北山纪事》十二卷,户部侍郎濡须王遘少愚撰。"②钱大昕《廿二史考异》亦载:"王焕《北山纪事》十二卷,陈氏云:户部侍郎濡须王遘少愚撰。"③嘉庆《无为州志》载:"《北山□议》一卷,《北山纪事》十二卷,俱户部侍郎王蘧少愚著。"④看来,宋人王焕(或称王遘、王蘧)曾编纂过一部小说性质的作品《北山纪事》,此书亦有不少反映某一地区自然环境变迁的内容,具有一定的史料价值。笔者查阅相关资料,未见《北山纪事》全书,疑此书已经亡佚。那么,大典本《庐州府志》就具有辑佚这部古书的资料价值。

查阅现存庐州府方志,未见关于王焕(或王遘、王蘧)的记载,而有关于王蘧的记载。嘉庆《无为州志》载:"王蘧,之道子,官户部侍郎";⑤"王蘧,苏黄门婿王适之兄也,健于吏才。绍圣初,知本军,兴三圩,开十二井。又筑北岭,以捍水患,世蒙其利。祀名宦。"⑥王蘧亦是"户部侍郎",亦曾在无为军做知军,并兴修水利及相关工程,抵御水患,造福地方,深受当地人爱戴。乾隆《江南通志》中亦记载:"王蘧,绍圣初,知无为军,健于吏才。兴三圩,开十二井。又筑北岭,以捍水患,世蒙其利。"⑦这些文献中记载的关于"王蘧"的信息,与大典本《庐州府志》佚文中的内容有相互关联的地方,笔者疑上述记载中提到的王焕(或王遘、王蘧),有可能就是嘉庆《无为州志》中提及的"王蘧"。

佚文中还收录了满杂端一首诗中的两句,即:"城外湖光百万顷,城头轩槛对湖开。"而此人的这首诗在现存庐州府方志中并未保存,所以大典本《庐

---

① 《宋史》卷二〇六,艺文五,北京:中华书局,1977年。
② (宋)陈振孙:《直斋书录解题》卷一一,见《四库全书》,上海:上海古籍出版社,1987年。
③ (清)钱大昕:《廿二史考异》,宋史卷七,清四十五年(1780年)刻本。
④ 嘉庆《无为州志》卷二六,艺文志,见《中国地方志集成》,南京:江苏古籍出版社,1998年。
⑤ 嘉庆《无为州志》卷一五,选举志,见《中国地方志集成》,南京:江苏古籍出版社,1998年。
⑥ 嘉庆《无为州志》卷一二,职官志,见《中国地方志集成》,南京:江苏古籍出版社,1998年。
⑦ (清)赵弘恩等监修:《(乾隆)江南通志》卷一一七,职官志,见《四库全书》,上海:上海古籍出版社,1987年。

州府志》佚文又成为辑佚古诗的资料来源。笔者查阅现存庐州府方志,没有关于"满杂端"的记载。而嘉庆《无为州志》则提到了一个名为"满维端"的人,此人在北宋嘉祐年间曾知无为军。① 根据《明一统志》②、光绪《重修安徽通志》③、《大清一统志》④、乾隆《江南通志》⑤记载,满维端曾在无为军修筑四望台,并有咏四望台、南池、挹秀亭之诗。根据上述记载,满维端的情况与大典本《庐州府志》佚文中提到的内容有所关联,且"杂(雜)"与"维"字形近,笔者认为"满杂端"应该就是"满维端",或因《永乐大典》抄工抄写所误。

综上所述,根据庐州府建置沿革、庐州府志编修源流以及佚文提供的线索可知,大典本《庐州府志》应修于元至正二十四年(1364年)到元朝灭亡(1368年)之间;如果现存文献记载的庐州府志编修源流没有遗漏的话,这部志书很有可能就是光绪《续修庐州府志》提到的《元庐州府志》,此志曾被《明一统志》所转引,是元代末年编修的一部庐州府志。大典本《庐州府志》佚文虽然只保存了一条资料,但这条资料却非常清楚地介绍了百万湖的演变过程,说明了无为县自然地理变迁的情况和其中所包含的自然因素和人为因素,揭示了非常深刻的道理,以实例说明了只有保护生态环境才能创造更加适宜的人类生存环境,才能够保证社会经济持续稳定的发展的道理。大典本《庐州府志》佚文还转引了一首古诗中的两句、一部旧志和《北山纪事》中的内容,为辑佚古诗和古书提供了资料来源,具有重要的辑佚价值。

第二节　合肥建置沿革和合肥志编修源流

《合肥郡志》、《合肥县志》、《合肥新志》、《合肥志》、《庐州府合肥县志》是

---

① 嘉庆《无为州志》卷一二,职官志,见《中国地方志集成》,南京:江苏古籍出版社,1998年。
② (明)李贤等奉敕撰:《明一统志》卷一四,见《四库全书》,上海:上海古籍出版社,1987年。
③ 光绪《重修安徽通志》卷四九,舆地志,清光绪四年(1878年)刻本。
④ (清)穆彰阿:《(嘉庆)大清一统志》卷一二三,见《四部丛刊》续编影旧抄本。
⑤ (清)赵弘恩等监修:《(乾隆)江南通志》卷三五,舆地志,见《四库全书》,上海:上海古籍出版社,1987年。

《永乐大典》收录的五部志书,这些志书书名中均有"合肥"二字。从地区建置沿革的情况看,以"合肥"为名的地区既可以是合肥郡,也可以是合肥县。因此,在探讨这五部以"合肥"为名的志书的编修时间前,不仅有必要考察"合肥郡"、"合肥县"建置沿革情况,也有必要梳理以"合肥"为名的志书的编修源流。

一、合肥建置沿革

关于合肥郡建置沿革的情况,文献中有所记载。嘉庆《重修庐州府志》在介绍庐州府建置沿革情况时称:"宋初为庐州合肥郡,领县五,设淮西兵马钤辖,兼本路安抚使,治合肥。后以无为镇建军,领无为、巢、庐江三县。"① "合肥郡"之名只在宋朝使用,后世未曾出现。

关于合肥县建置沿革的情况,嘉庆《合肥县志》有这样的记载:"合肥县盖秦置,秦改封建为郡县,属九江郡。汉初属九江王国,后属淮南国。又后属九江郡,隶扬州,合肥、逡遒、成德、橐皋皆属焉。后汉为侯国,橐皋无。三国魏侯国废,复为县,改九江郡为淮南郡。晋改逡遒为逡道,合肥、成德并属淮南郡。宋为汝阴令,属南汝阴郡,隶南豫州,后省,又有慎令,成德无。南齐郡县皆仍,宋隶豫州。梁二县仍。南齐寻改合州。北魏汝阴属汝阴郡,慎属南梁郡。东魏慎属平梁郡。北齐,分置北陈郡,慎无考。陈汝阴属汝阴郡,慎属梁郡。隋北陈郡、梁郡俱废,仍为合肥县、慎县,改合州为庐州,治合肥,又改庐州为庐江郡。唐二县属郡,仍隋,郡改为庐州,隶淮南道。五代周,二县属州,如唐州,又置保信军在合肥。宋初,二县属州,隶淮南道,又改道为路。熙宁五年,分淮南为东西路,庐州保信军节度使领淮南西路,合肥为州治,慎后改梁。元初置淮西总管府治,寻改为庐州路,隶淮西江北道肃政廉访使。明属庐州府,废梁县入合肥。初置江淮行省,后罢,领于南直隶。

---

① 嘉庆《重修庐州府志》卷一,沿革志,见《中国地方志集成》,南京:江苏古籍出版社,1998年。

清朝因之,初隶江南布政使司,乾隆二十六年分隶安徽布政使。"①嘉庆《重修庐州府志》亦载:"汉置合肥县,属九江郡。后汉为合肥侯国。三国属魏。晋属淮南郡。东晋于此侨置南汝阴郡,县曰汝阴。宋齐因之。梁初为豫州治,后为合州治。后魏因之。隋开皇初复曰合肥,为庐州治。大业初,为庐江郡治。唐复为庐州治。五代宋因之。元为庐州路治。明为庐州府治。"②嘉庆《大清一统志》③所载内容与之相同。《明一统志》载:"合肥县,附郭,本汉旧县,属九江郡。晋属淮南郡。刘宋改为汝阴县,属汝阴郡。齐属庐江郡。隋复为合肥县,属庐州。唐、宋、元仍旧。本朝因之,又并梁县地入焉。"④

由上述记载可知,关于合肥县的始建时间不统一,有言始建于秦,有言为汉旧县,但《史记·货殖列传》有"合肥受南北潮"⑤之句,可知合肥县最迟始建于西汉无疑。合肥县西汉属九江郡,东汉为合肥侯国,到南齐合肥改为合州;隋复为合肥县,改合州为庐州,治合肥县,后将庐州改为庐江郡;唐又将庐江郡改为庐州,合肥县为州治;宋熙宁五年(1702年),置庐州保信军节度使,合肥县为州治。元朝合肥县属庐州路,明朝合肥县隶属于庐州府管辖,清朝因之。

二、合肥志编修源流

历史上以"合肥"为名的志书几经编修,多已亡佚。关于合肥志编修的情况在现存文献中有相关记载。

光绪《续修庐州府志》"艺文略"中对历代合肥志有所著录:"《合肥志》,宋淳熙十五年,郡守郑兴裔修,主簿唐锜撰";"《新合肥志》,宋庐帅李大东

---

① 嘉庆《合肥县志》卷二,沿革志,见《中国地方志集成》,南京:江苏古籍出版社,1998年。
② 嘉庆《重修庐州府志》卷一,沿革志,见《中国地方志集成》,南京:江苏古籍出版社,1998年。
③ (清)穆彰阿:《(嘉庆)大清一统志》卷一二二,见《四部丛刊》续编影旧抄本。
④ (明)李贤等奉敕撰:《明一统志》卷一四,见《四库全书》,上海:上海古籍出版社,1987年。
⑤ 《史记》卷一二九,列传六九,北京:中华书局,1982年。

撰，郡文学刘澹然序之。书久佚，引见《舆地纪胜》"；"《合肥县志》，国朝嘉庆十二年，知县左辅修。"①

嘉庆《合肥县志》左辅"重修合肥县志序"称："宋帅李大东及雍熙②时主簿唐锜所撰《合肥志》皆久散佚，不可得取。雍正八年，前令赵良墅编辑者，阅之虽不甚审，已略识盛衰得失、沿流积渐之故焉"③；王揖唐"跋"曰："同邑李君健甫国松集虚草堂所藏《合肥县志》三十六卷，嘉庆八年，知县左辅重修。海桑再变，文献无征，吾邑李唐、两宋志及雍正赵志久已散佚，此志存者既罕有，亦不完，健甫藏有此本，不轻示人"④；"艺文志"载："《合肥志》四卷，合肥主簿唐锜。"⑤

嘉庆《重修庐州府志》"张祥云序"称："今世所存方志，莫善于宋人所修《吴郡志》、《建康志》、《长安志》诸书，余皆得见之。庐属古志，据王象之《舆地纪胜》引有帅李大东撰《合肥志》，《文献通考》载有淳熙十五年郡守郑兴裔及合肥主簿唐锜撰《合肥志》，教授宋宜之撰《无为志》，太守柴瑾为之序，《明一统志》又引元《庐州志》，今皆不可得见。近志为康熙三十五年郡守张纯修所纂，其时未见唐宋人地志诸书，空疏无故实，因求故家，得明隆庆志，杨仪部循吉所撰，颇为精核。崇祯志多仍旧本。兹用三志，参订各取其长，加以博搜载籍。"⑥

另外，《直斋书录解题》载："《合肥志》四卷，合肥主簿唐锜撰，郡守郑兴裔也。时淳熙十五年。"⑦《国史经籍志》载："《合肥志》四卷，唐锜。"⑧马端临

---

① 光绪《续修庐州府志》卷九一，艺文略下，见《中国地方志集成》，南京：江苏古籍出版社，1998年。
② 笔者注："雍熙"误，应为"淳熙"。
③ 嘉庆《合肥县志》，序，见《中国地方志集成》，南京：江苏古籍出版社，1998年。
④ 嘉庆《合肥县志》，跋，见《中国地方志集成》，南京：江苏古籍出版社，1998年。
⑤ 嘉庆《合肥县志》卷一五，艺文志，见《中国地方志集成》，南京：江苏古籍出版社，1998年。
⑥ 嘉庆《重修庐州府志》，序，见《中国地方志集成》，南京：江苏古籍出版社，1998年。
⑦ （宋）陈振孙：《直斋书录解题》卷八，见《四库全书》，上海：上海古籍出版社，1987年。
⑧ （明）焦竑辑：《国史经籍志》卷三，史类，明徐象橒刻本。

《文献通考》载:"《合肥志》四卷。陈氏曰:合肥主簿唐锜撰,郡守郑兴裔也。时淳熙十五年。"①《宋史·艺文志》载:"刘浩然《合肥志》十卷";"王知新《合肥志》十卷。"②光绪《重修安徽通志》载:"《合肥志》四卷,主簿唐锜撰,郑兴裔修";"《合肥志》十卷,王知新撰"。③《舆地纪胜》载:"《新合肥志》帅李大东,郡文学刘澹然序。"④《六艺之一录》载:"《新合肥志》,六安郡文学刘澹然序。"⑤《文渊阁书目》载:"《合肥郡志》,三册。"⑥

嘉庆《合肥县志》载:唐锜为宋孝宗时期合肥县的主簿⑦。《剡录》⑧和《会稽续志》⑨皆称唐锜是淳熙二年(1175年)的进士。因此,唐锜应该是在宋淳熙年间做合肥县主簿的。景定《建康志》载:"王知新,武功郎左武卫中郎将,绍熙五年闰十月七日改差,充建康府驻扎、御前诸军副都统制,十一月三日到任。任内转武经大夫。至庆元元年三月七日,差兼知庐州。三年,带忠州刺史再任,于庆元四年六月十五日就任,除知阁门事。"⑩王知新应该是在宋庆元年间在庐州为官的,他是在庆元年间修成合肥志的。景定《建康志》载:"李大东,嘉定八年十一月,以朝请大夫主管安抚制置司公事,兼行宫留守司公事";"李大东,嘉定十二年七月,以中奉大夫安抚使,兼行宫留守司公事。"⑪《宋史》载:嘉定十二年"九月丙午,罢江淮制置司,置沿江、淮东西制置司。以宝文阁待制李大东为沿江制置使。"⑫李大东当在嘉定年间在朝为官。

---

① (宋)马端临:《文献通考》卷二〇五,经籍考三二,杭州:浙江古籍出版社,2007年。
② 《宋史》卷二〇四,志一五七,北京:中华书局,1977年。
③ 光绪《重修安徽通志》卷三三九,艺文志,清光绪四年(1878年)刻本。
④ 《舆地纪胜》卷四五,《中国古代地理总志丛刊》,北京:中华书局,2003年。
⑤ (清)倪涛:《六艺之一录》卷一〇四,见清文渊阁《四库全书》。
⑥ (明)杨士奇:《文渊阁书目》卷四,见清文渊阁《四库全书》。
⑦ 嘉庆《合肥县志》卷一六,职官,见《中国地方志集成》,南京:江苏古籍出版社,1998年。
⑧ (宋)高似孙:《剡录》卷一,进士登科题名,见清文渊阁《四库全书》。
⑨ 《会稽续志》卷六,进士,见清文渊阁《四库全书》。
⑩ 景定《建康志》卷二六,官守志,见清文渊阁《四库全书》。
⑪ 景定《建康志》卷一,留都录,见清文渊阁《四库全书》。
⑫ 《宋史》卷四〇,本纪四〇,北京:中华书局,1977年。

大典本《合肥新志》佚文收录的资料中有关于李大东修建都仓和椿积仓的记载,即:都仓,"嘉定六年,帅李大东重修,仍增创七十五楹"①;椿积仓,"嘉定六年,帅李大东重行修葺,仍增创二十楹"②。可知李大东应该是在宋朝嘉定六年(1213年)前后在庐州做官的。

根据上述文献记载,以"合肥"为名的志书自李唐至清朝几经修纂,李唐所修之志已无从考证,宋朝则修有几部合肥志:淳熙十五年(1188年),合肥主簿唐锜撰、郡守郑兴裔编修四卷本《合肥志》;嘉定年间,李大东又修成十卷本《合肥志》,刘澹然为序;庆元年间,王知新修成《合肥志》十卷。清朝亦曾几修合肥志:雍正八年(1730年)赵良墅修有一志,嘉庆八年(1803年)知县左辅重修一部三十六卷的《合肥县志》。《文渊阁书目》修于明朝正统六年(1441年),它收录的《合肥郡志》应修于此前,但因缺乏更多的线索,这部《合肥郡志》具体的编修时间尚无法确定。

在上述几部合肥志中,符合《永乐大典》收书时间条件的是南宋时期编修的三部志书。这些志书到嘉庆八年(1803年)知县左辅修志时,皆已不见。

另外,根据《中国地方志联合目录》的统计,现存合肥志除雍正八年(1730年)赵良墅志和嘉庆八年(1803年)左辅志之外,还有一部明志、二部清志,即:明朝胡纯化修、魏豫之等纂的二卷本《合肥县志》(明万历元年刻本),清朝康熙十八年(1677年)朱弦等纂修的十三卷本《合肥县志》,清朝贾晖修、王元岐纂的二十卷本《合肥县志》(康熙三十六年刻本)。③既然这三部合肥县志都能流传于今,但为何在上述文献中却没有任何记载?

第三节 大典本《合肥郡志》研究

根据对地区建置沿革、佚文线索等进行的考证,大典本《合肥郡志》应该

---

① 马蓉等点校:《永乐大典方志辑佚》,第二册,北京:中华书局,2004年。
② 马蓉等点校:《永乐大典方志辑佚》,第二册,北京:中华书局,2004年。
③ 《中国地方志联合目录》,北京:中华书局,1985年。

是一部州志或府志。

一、关于大典本《合肥郡志》编修时间的探讨

根据合肥郡的建置沿革,"合肥郡"之名只在宋朝出现,所以大典本《合肥郡志》应修于宋朝。而从前文所列合肥志编修情况来看,只有《文渊阁书目》著录的《合肥郡志》与大典本《合肥郡志》书名一致,或许大典本《合肥郡志》就是这部志书。但因没有更多的线索,尚无法确定两者是否为同一部书,只能提出这种推测。

大典本《合肥郡志》保存的资料涉及单县、巢县、庐江三县的内容,根据庐州府和合肥县建置沿革,合肥县与巢县、庐江县并列,同属于庐州或庐州府管辖,可以确定大典本《合肥郡志》是一部州志或府志,而不是合肥县志。既然大典本《合肥郡志》佚文保存了单县、巢县、庐江这三个县的资料,那么,就可以进一步考察它们的建置沿革,以分析大典本《合肥郡志》的编修时间。

关于巢县的建置沿革,文献中多有记载。《旧唐书·地理三》载:"巢,汉居巢县,属庐江郡。隋为襄安县。武德三年,置巢州,分襄安立开城、扶阳二县。七年,废巢州及开城、扶阳二县,改襄安为巢县,属庐州。"①《明一统志》载:"巢县,在州城北九十里,本古巢伯国,书成汤放桀于南巢。春秋时,楚人围巢皆此地。秦为居巢县。汉晋因之。梁为蘄县。隋省入襄安县。唐初置巢州,寻改巢县。宋初废为镇,寻复为县,又置镇巢军。元升为州,后复为县,属无为州。本朝因之。编户二十里。"②嘉庆《重修庐州府志》载:巢县"汉橐皋、逡遒二县地,属九江郡。后汉省橐皋入逡遒。晋仍之。唐置巢州。武德七年,州废,改县,曰巢,属庐州。五代因之。宋太平兴国三年,以县地置无为军,而属焉。其时巢县治虽不在居巢,而县境犹兼居巢。自熙宁析县南为无为县,则巢县之得古居巢境盖无几矣。宋南渡绍兴十一年,县属庐州。

---

① 《旧唐书》卷四〇,志二〇,北京:中华书局,1975年。
② (明)李贤等奉敕撰:《明一统志》卷一四,见《四库全书》,上海:上海古籍出版社,1987年。

十二年,还属无为军。景定三年,为镇巢军治。元至元二十八年,罢军,复以巢县属无为州。明不改。"①由上述记载可知,唐朝武德七年(624年)废巢州,改曰巢县。"巢县"之名始于唐朝,后世一直沿用。巢县,唐属庐州;宋初属无为军,绍兴十一年(1141年)属庐州,十二年(1142年)又还属无为军;元朝属无为州,明朝则属庐州府无为州管辖。

关于庐江县建置沿革的情况,文献中亦有记载。《明一统志》载:"庐江县,在(庐州)府城南一百八十里。本汉龙舒县地,属庐江郡。晋因之。梁始置庐江县及置湘州。隋属庐州。宋割属无为州。元仍旧。本朝改今属。"②嘉庆《重修庐州府志》载:"庐江县,汉亦为舒县地,属庐江郡。后汉因之。三国时为吴、魏境,上地。宋齐之舒县城在此,遂为庐江郡治。梁盖改名潜县,后魏因之。隋开皇初郡废,改县曰庐江,属庐州。大业初,属庐江郡。唐属庐州。五代因之。宋改属无为军。元因之。明初还属庐州府。"③嘉庆《重修庐州府志》载:庐江县,汉亦为舒县地,属庐江郡。后汉因之。三国时为吴魏境,上地。宋齐之舒县城在此,遂为庐江郡治。梁改名潜县。后魏因之。隋开皇初郡废,改县曰庐江,属庐州。大业初,属庐江郡。唐属庐州。五代因之。宋改属无为军。元因之。明初还属庐州府。④光绪《庐江县志》亦载:"庐江之名,昉于《山海经》、《禹贡》,属扬州。春秋为舒国,后为楚地。秦属九江郡。汉初属淮南国。后汉属庐江郡,仍为郡治。三国为吴地,属庐江郡,郡治皖。晋属庐江郡,郡治徙阳泉,隶扬州。东晋属庐江郡,隶扬州,其末年以隶豫州。宋属庐江郡,隶豫州,治徙潜。齐属庐江郡,复为郡治,隶南

---

① 嘉庆《重修庐州府志》卷一,沿革志,见《中国地方志集成》,南京:江苏古籍出版社,1998年。

② (明)李贤等奉敕撰:《明一统志》卷一四,见《四库全书》,上海:上海古籍出版社,1987年。

③ 嘉庆《重修庐州府志》卷一,沿革志,见《中国地方志集成》,南京:江苏古籍出版社,1998年。

④ 嘉庆《重修庐州府志》卷一,沿革志,见《中国地方志集成》,南京:江苏古籍出版社,1998年。

豫州。梁为庐江郡治,改舒名潜,魏因之。陈属庐江郡。隋徙庐江郡治于合肥,改旧治为庐江县。唐初属庐州,天宝初,改州为郡,属庐江郡,为紧县,隶淮南道。五代属庐州。宋属无为军,为望县,隶淮南西路。元属无为州,为中县,隶河南江北中书行省、淮西江北肃政廉访司。明属庐州府,隶南直隶。国朝仍属庐州府,隶江南布政使司。康熙六年,隶江南安徽布政使司。"①《明史·地理一》载:"庐江,府南。元属无为州。洪武初,改属府。"②根据上述记载可知,隋开皇初年始设庐江县,属庐州,大业初年,又属庐江郡;唐、五代属庐州;宋属无为军;元属无为州;明朝则不再归属无为州,而直属庐州府。

巢县和庐江县在唐朝同属庐州,在宋朝同属无为军,在元朝则同属无为州;而在明朝巢县属庐州府无为州管辖,庐江县则直属于庐州府管辖。大典本《合肥郡志》佚文同时保存了这两个县的资料,它应该修于唐朝至明永乐六年(1408年)以前,是一部庐州府志,而不是合肥县志。

大典本《合肥郡志》佚文收录了下面这条资料:"楚歌岭,在单县西南三十里。世俗云:昔张子房于此岭吹铁笛,散楚之兵"③,称楚歌岭在单县。关于单县的建置沿革,《明一统志》有如下记载:"单县,在(兖州)府城南二百九十里。本鲁单父邑。汉为县,属山阳郡。东汉为侯国。晋属济阳郡。后魏置北济阴郡。隋初废郡,以县属戴州。大业初,州罢,以县属曹州。唐属宋州,后自砀山县徙辉州,治此。五代唐,改为单州。宋因之。金属归德府。元初,以单父县附郭属济宁路。本朝洪武元年,省县入州。二年,改州为单县,属济宁府。十八年,改今属。"④单县为明朝山东济宁府、兖州府管辖地,而且与庐州府辖地相去甚远,为什么它的资料会收录在《合肥郡志》中?楚歌岭究竟在哪里?文献记载提供的线索解决了这些问题。康熙《巢县志》

---

① 光绪《庐江县志》卷二,舆地,见《中国地方志集成》,南京:江苏古籍出版社,1998年。
② 《明史》卷四〇,志一六,北京:中华书局,1974年。
③ 马蓉等点校:《永乐大典方志辑佚》,第二册,北京:中华书局,2004年。
④ (明)李贤等奉敕撰:《明一统志》卷二三,见《四库全书》,上海:上海古籍出版社,1987年。

载:"楚歌岭,在(巢)县南散兵镇,又云跏蹰山。"①道光《巢县志》有如下记载:"楚歌岭,在(巢)县南散兵镇,即跏蹰山";"跏蹰山,《太平寰宇记》:跏蹰山在巢县三十七里,山北临濡须港。按,顾野王《舆地志》:东关口有跏蹰山,昔坻箕山也。《春秋传》曰:楚子观兵于坻箕山。《元丰九域志》:巢县有坻箕山。《陈书》:荀朗破郭元建于跏蹰山。即此,又名楚歌岭,下有散兵湾。"②光绪《重修安徽通志》亦载:"坻箕山,巢县南三十七里。亦名跏蹰山,又名楚歌岭。《左传》:楚子观兵于坻箕之山。《陈书》:荀朗破郭元建于跏蹰山。今散兵湾即其处也。"③嘉庆《大清一统志》也有相关记载:"跏蹰山,在巢县南三十七里,一名坻箕山,又名楚歌岭。《舆地志》:巢县东关口有跏蹰山,春秋昭公五年,楚子观兵于坻箕山,即此。《陈书·荀朗传》:侯景平后,又别破齐将郭元建于跏蹰山。"④这些记载均指明庐州府的"楚歌岭"在巢县内。故"单县"为"巢县"之误,盖因《永乐大典》的抄工抄写所误。两字为形近之误。

另外,大典本《合肥郡志》佚文还提供了另一个时间线索,即:"稽古阁,宋设漕台,以转运江襄漕事。陆公张士元尝为使,建稽古阁。今在东北隅有基。"⑤从"宋设漕台"和"今在东北隅有基"两句看,根据行文方式,只有后代人称前代为"宋",可知大典本《合肥郡志》当修于宋朝以后,即修于元朝或明朝且在明永乐六年(1408年)以前。根据巢县和庐江县的建置及归属可知,大典本《合肥郡志》应该是一部庐州府志。

根据《中国古方志考》提供的线索,20世纪30年代张国淦先生未从《永乐大典》中辑出《合肥郡志》。而后经过不断补充、完善,《永乐大典方志辑本》则辑出《合肥郡志》。书中按语称:"《大典》引《合肥郡志》凡五条。宋庐州保信军,元庐州府,兹据录作明志。《文渊阁书目·旧志》:'《合肥郡志》三

---

① 康熙《巢县志》卷六,山川,清康熙十二年(1673年)刻本。
② 道光《巢县志》卷三,舆地,见《中国地方志集成》,南京:江苏古籍出版社,1998年。
③ 光绪《重修安徽通志》卷二九,舆地志,清光绪四年(1878年)刻本。
④ (清)穆彰阿:《(嘉庆)大清一统志》卷一二二,见《四部丛刊》续编影旧抄本。
⑤ 马蓉等点校:《永乐大典方志辑佚》,第二册,北京:中华书局,2004年。

册',当是志。"①由此可知,《永乐大典方志辑本》的编者应该是根据庐州府的建置沿革,认为大典本《合肥郡志》是一部明朝方志,就是《文渊阁书目》中所言之三册本的《合肥郡志》。仅据庐州府建置沿革即判断大典本《合肥郡志》修于明朝,虽有一定道理,但依据并不充分。

将《永乐大典方志辑本》辑出的"黄陂湖"、"际留仓"、"漕台"、"炼丹台"、"莲花台"五条资料与《永乐大典方志辑佚》辑出的佚文进行对比,发现其内容和出处完全相同,但少辑"楚歌岭"一条。《永乐大典方志辑佚》是目前关于大典本《合肥郡志》佚文内容最丰富的辑本。

综合考虑建置沿革和佚文提供的线索,大典本《合肥郡志》应修于元朝或明朝且在永乐六年(1408年)以前,是一部庐州府志。此志用"合肥郡"作书名,应是沿用旧称。根据前文所举历代庐州府志编修源流,如果现存文献记录没有遗漏,则有明确编修时间的、与大典本《合肥郡志》编修时间相吻合的只有一部,即《明一统志》所转引的元朝编修的那部庐州府志,如果这一推测无误,它应该和前文所述之大典本《庐州府志》是同一部志书。目前尚无法作出相对精确的判断,只能初步确定大典本《合肥郡志》修于元朝或明朝且在永乐六年(1408年)以前。

二、大典本《合肥郡志》佚文的价值

大典本《合肥郡志》佚文共保存6条资料,主要是地理和经济方面的资料,包括山川、仓廪、宫室、古迹方面的内容,涉及巢县、庐江县两地,为了解明朝以前庐州府历史发展过程中的相关情况提供了参考。

(一)地理类资料的价值

地理类可分为自然地理和人文地理两方面的资料,共5条,250多字。自然地理主要是山川方面的资料,人文地理主要是宫室和古迹方面的资料。

---

① 杜春和整理、张国淦著:《永乐大典方志辑本》,北京:燕山出版社,2009年。

楚歌岭,在单①县西南三十里。世俗云:昔张子房于此岭吹铁笛,散楚之兵。[册一百二二卷一一九八〇页二]②

大典本《合肥郡志》佚文保存的这条资料反映的是巢县的情况,主要介绍了楚歌岭的地理位置以及与之相关的传说。据《汉书·高祖纪》③和《汉书·张良传》④,汉高祖灭项羽,张良从行,运筹帷幄,故江淮间有此传说。这条资料是现存庐州府方志中最早的记载。如上文所言,关于庐州府巢县楚歌岭的情况文献中有多处记载,大典本《合肥郡志》佚文与其他文献记载不完全相同,可以互相补充。

光绪《重修安徽通志》⑤、嘉庆《大清一统志》⑥等皆言楚歌岭在"巢县南三十七里",而大典本《合肥郡志》佚文则称"在巢县西南三十里"。未知二者孰是,姑存两说。

莲花台,在巢县南三十里,与大秀山相连。世俗传云:古有莲花生于此台,故后人传曰莲花台。后有净瓶山一座。[册三十卷二六〇四页十八]⑦

这条资料介绍的是巢县莲花台的有关情况,包括地理位置、邻境情况,以及与之相关的传说。这条资料是现存庐州府方志中最早的记载,亦为现存庐州府方志所鲜载,有补充现存文献记载不足的价值,为全面了解巢县地理方面的情况提供了参考。

---

① 《永乐大典》中此字为"单"字,如前文的分析,"单"字误,应为"巢"字。
② 马蓉等点校:《永乐大典方志辑佚》,第二册,北京:中华书局,2004年。
③ 《汉书》卷一,帝纪一,北京:中华书局,1962年。
④ 《汉书》卷四〇,列传一〇,北京:中华书局,1962年。
⑤ 光绪《重修安徽通志》卷二九,舆地志,清光绪四年(1878年)刻本。
⑥ (清)穆彰阿:《(嘉庆)大清一统志》卷一二二,见《四部丛刊》续编影旧抄本。
⑦ 马蓉等点校:《永乐大典方志辑佚》,第二册,北京:中华书局,2004年。

第一章 庐州府方志研究

> 黄陂湖,去县东一十里。相连沙湖。[册十八卷二二六一页二十一]①

这条资料记载了黄陂湖的地理位置和邻境的情况。根据现存方志记载,黄陂湖在庐江县境内。康熙《庐江县志》:"黄陂湖,治东南十五里,面径八里,连沙湖,俱受县河及四山之水,东出缺口。"②《清一统志》③所载与之略同。乾隆《江南通志》载:"黄陂湖,在庐江县东十五里。湖水常浑,宾兴之岁,每一澄清,邑必夺解,合白湖诸水,自泥汊入江。"④光绪《重修安徽通志》⑤所载与之相同。嘉庆《重修庐州府志》载:"黄陂湖,《明隆庆志》:在(庐江)县东南一十五里,径八里许。《康熙志》:与沙湖俱受县河及诸山之水,东出缺口。"⑥光绪《续修庐州府志》⑦所载与之相同。光绪《庐江县志》则载:"黄陂湖,距治东南十五里,径十余里。连沙湖,东出缺口,过青帘,合黄屯河汇于西河。又北由麻线河通后湖。"⑧大典本《合肥郡志》佚文保存的这条资料虽然比现存其他文献记载简略,但它是现存庐州府方志中最早的记载,可以将其与现存其他文献记载相互参考。

另,现存其他文献记载皆言黄陂湖在庐江县东或东南一十五里,而大典本《合肥郡志》佚文则言"去县东一十里"。未知二者孰是,姑存两说,以俟后考。

> 稽古阁⑨,宋设漕台,以转运江襄漕事。陆公张士元尝为使,建

---

① 马蓉等点校:《永乐大典方志辑佚》,第二册,北京:中华书局,2004年。
② 康熙《庐江县志》卷三,山川,见《稀见中国地方志汇刊》,北京:中国书店,1992年。
③ (清)和珅等奉敕撰:《钦定大清一统志》卷八五,见《四库全书》,上海:上海古籍出版社,1987年。
④ (清)赵弘恩等监修:《(乾隆)江南通志》卷一七,见《四库全书》,上海:上海古籍出版社,1987年。
⑤ 光绪《重修安徽通志》卷六六,河渠志,清光绪四年(1878年)刻本。
⑥ 嘉庆《重修庐州府志》卷三,山川,见《中国地方志集成》,南京:江苏古籍出版社,1998年。
⑦ 光绪《续修庐州府志》卷七,山川,见《中国地方志集成》,南京:江苏古籍出版社,1998年。
⑧ 光绪《庐江县志》卷二,舆地志,见《中国地方志集成》,南京:江苏古籍出版社,1998年。
⑨ 此条在《永乐大典》(北京:中华书局,1986年,第1262页)中收录于"漕台"条下。

稽古阁。今在东北隅有基。[册三一卷二六〇六页五]①

这条资料主要介绍了稽古阁修建的时间、修建者和有关的历史情况。从"今在东北隅有基"一句可以看出,这条资料不仅说明了宋朝初建漕台的情况,也反映了元朝或明永乐六年(1408年)前稽古阁的情况。这条资料是现存庐州府方志中最早的记载。光绪《重修安徽通志》也记载了有关漕台的资料:"漕台,在无为州城内旧军学西。宋时设漕运司,以转江襄漕事。"②这条资料与大典本《合肥郡志》佚文所言之"漕台"应该是同一个对象,两条资料不完全相同,可以互相补充。现存其他文献也载有稽古阁的资料。《明一统志》记载庐州府宫室时言:"稽古阁,旧在府学戟门前,宋安抚翟朝宗迁于学宫之后。"③这条资料与大典本《合肥郡志》佚文内容不同,所以尚无法判断这两个稽古阁是不是同一个稽古阁。大典本《合肥郡志》佚文保存的这条关于稽古阁的资料对现存文献记载有补充史料之不足的作用。

炼丹台,在九卿山西。左慈遗事。[册三十卷二六〇四页十二]④

这条资料主要介绍了炼丹台的地理位置。左慈,汉末方士,庐江人,传此炼丹台为其炼丹处,故方志记之。《后汉书》⑤有传。这条资料是现存庐州府方志中最早的记载。乾隆《无为州志》⑥和嘉庆《无为州志》⑦皆言:"炼丹台,在南乡九卿山。"佚文所载与现存其他文献记载是相同的,两者可互为参

---

① 马蓉等点校:《永乐大典方志辑佚》,第二册,北京:中华书局,2004年。
② 光绪《重修安徽通志》卷四九,舆地志,清光绪四年(1878年)刻本。
③ (明)李贤等奉敕撰:《明一统志》卷一四,见《四库全书》,上海:上海古籍出版社,1987年。
④ 马蓉等点校:《永乐大典方志辑佚》,第二册,北京:中华书局,2004年。
⑤ 《后汉书》卷八二,列传七二,北京:中华书局,1965年。
⑥ 乾隆《无为州志》卷十,古迹,1960年合肥古旧书店据清乾隆八年癸亥(1743年)刻本影印(石印)。
⑦ 嘉庆《无为州志》卷四,舆地志,见《中国地方志集成》,南京:江苏古籍出版社,1998年。

考。但佚文还多出"左慈遗事"一句,借此能够了解到更多与炼丹台有关的史实,内容比现存其他文献记载丰富,具有补充史料之不足的价值。

(二)经济类资料的价值

经济类资料只有一条,是仓廪方面的内容。

> 际留仓,县东城隍庙后。际留仓,平易坊南。[册八一卷七五一六页十]①

这条资料主要介绍了际留仓的地理位置。从佚文内容看,记载的应该是两所际留仓。佚文中只称际留仓在"县东城隍庙后"、"平易坊南",但并未说明是哪个县,因而只能知道佚文中提到的两所际留仓是庐州府下辖某县的。光绪《重修安徽通志》在介绍庐州府相关情况时也记载了际留仓的资料,如"际留仓,在(庐江)县署西丁字街,知县李显迁于县署门左";"际留仓,在(巢)县北城隍庙门内,明主簿高恒建,知县柳应侯复置会计堂五间"。② 康熙《巢县志》则记载了巢县的际留仓:"际留仓在县治北城隍庙门内。"③ 大典本《合肥郡志》佚文保存的资料与这些文献记载完全不同,可以补阙现存其他文献记载之不足,是十分珍贵的资料,为了解庐州府仓廪建设方面的情况提供了新资料。

根据建置沿革的情况、佚文提供的线索以及现存其他文献记载的方志编修源流,可推断大典本《合肥郡志》应该是元朝或明朝且在永乐六年(1408年)前编修的。根据巢县、庐江县的建置沿革和归属情况,应该是一部庐州府志。大典本《合肥郡志》虽然仅保存6条佚文,但这些资料均为现存庐州府方志中最早的记载。这些资料所载内容与现存其他文献记载不完全相同,可以与现存其他文献记载互为补充。特别是"莲花台"和"际留仓"两条为现存庐州府方志所鲜载,可以起到补阙史料之不足的作用。

---

① 马蓉等点校:《永乐大典方志辑佚》,第二册,北京:中华书局,2004年。
② 光绪《重修安徽通志》卷三八,舆地志,清光绪四年(1878年)刻本。
③ 康熙《巢县志》卷一一,公署,清康熙十二年(1673年)刻本。

《永乐大典》安徽江北方志研究

第四节 大典本《合肥新志》研究

根据合肥志的编修源流和佚文中提供的线索,可推断大典本《合肥新志》应该是南宋嘉定年间李大东编修的十卷本《合肥新志》,亦称《合肥志》或《新合肥志》。

一、关于大典本《合肥新志》编修时间的探讨

首先可以考察佚文提供的线索,以确定大典本《合肥新志》的编修时间。大典本《合肥新志》佚文中保存了一些舒城县和梁县的相关资料,如"杨岐岭,在舒城县南八十里群舒乡西村"①和"李从《天圣梁县新建常平仓记》",②那么,就应该考察舒城县和梁县的建置沿革,以便确定这部志书的编修时间。

关于舒城县建置沿革的情况,文献中有不少记载。《旧唐书·地理三》载:"舒城,开元二十三年,分合肥、庐江二县置,取古龙舒县为名。"③《新唐书·地理五》载:"舒城。上。开元二十三年析合肥、庐江置。"④两书并云舒城县创设于唐开元二十三年(735年)。《明一统志》载:"舒城县,在府城西南一百二十里,本舒国。春秋时,舒人叛楚即此地。秦属九江郡。汉为龙舒县地,属庐江郡。宋齐为舒县。唐开元间于故舒城置舒城县,属庐州。宋元仍旧。本朝因之。"⑤嘉庆《重修庐州府志》载:"舒城县,春秋群舒国。汉置舒县,属庐江郡。后汉、晋因之。唐开元二十三年,析合肥、庐江二县地置舒城县,属庐州。五代宋因之。元属庐州路。明属庐州府。"⑥《宋史·地理四》⑦、

---

① 马蓉等点校:《永乐大典方志辑佚》,第二册,北京:中华书局,2004年。
② 马蓉等点校:《永乐大典方志辑佚》,第二册,北京:中华书局,2004年。
③ 《旧唐书》卷四〇,志二〇,北京:中华书局,1975年。
④ 《新唐书》卷四一,志三一,北京:中华书局,1975年。
⑤ (明)李贤等奉敕撰:《明一统志》卷一四,见《四库全书》,上海:上海古籍出版社,1987年。
⑥ 嘉庆《重修庐州府志》卷一,沿革志,见《中国地方志集成》,南京:江苏古籍出版社,1998年。
⑦ 《宋史》卷八八,志四一,北京:中华书局,1977年。

《新元史·地理二》①和《明史·地理一》②皆有关于舒城县建置沿革的记载,均言自唐开元二十三年始有"舒城县"之名,此后相沿未改。根据上述文献记载,唐开元二十三年(735 年),析合肥县和庐江县地置舒城县,始有"舒城县"之名。舒城县在唐、宋两朝皆属庐州管辖,在元朝则为庐州路属地,而在明朝则属庐州府管辖。

关于梁县的建置沿革,文献中也有相关记载。《宋史·地理四》载:"梁。中。本慎县。绍兴三十二年,避孝宗讳,改今名。"③《读史方舆纪要》亦载:"梁县城,府东北七十里。汉慎县,本属汝南郡,刘宋侨置于此,属南汝郡。齐因之。东魏置平梁郡,陈曰梁郡。隋初郡废,县属庐州。唐因之。宋绍兴三十二年,避讳改曰梁县,从旧郡名也。元仍旧。明初省入合肥县。今为梁县乡。"④光绪《重修安徽通志》亦载:"慎县故城在合肥东北,刘宋时侨置。《宋书·州郡志》:南汝阴郡,领县慎。《魏书·地形志》:南梁郡,领县二,慎、南高。《隋书·地理志》:庐江郡,慎,东魏置平梁郡,陈曰梁郡,开皇初郡废,属九江郡。《路史·国名纪》:吴伐慎,白公败之,今庐之属县,西北四十一里有故慎城、慎水。《寰宇记》:慎县在州东北七十里,本汉逡遒县地,绍兴三十二年,避讳改曰梁县,从旧郡名也。元因之。明初省入合肥。今为梁县镇。"⑤可见,梁县本是慎县,因避宋孝宗之讳,所以在南宋绍兴三十二年(1162 年)改名梁县,"梁县"之名始于此。梁县在宋朝为庐州属县,在元朝则属庐州路管辖,而到明朝初年则省入合肥县,不复置县。"梁县"之名只存在于南宋绍兴三十二年(1162 年)至元朝末年这段时间里。

根据舒城县和梁县的建置沿革和行政归属可知,两县在宋、元两朝同属庐州、庐州路管辖。据此,大典本《合肥新志》应该修于南宋且在绍兴三十二

---

① 《新元史》卷四七,志一四,北京:中国书店,1988 年。
② 《明史》卷四〇,志一六,北京:中华书局,1974 年。
③ 《宋史》卷八八,志四一,北京:中华书局,1977 年。
④ (清)顾祖禹:《读史方舆纪要》卷二六,见《中国古代地理总志丛刊》,北京:中华书局,2006 年。
⑤ 光绪《重修安徽通志》卷四九,舆地志,清光绪四年(1878 年)刻本。

年(1162年)以后或元朝。而且根据大典本《合肥新志》收录的内容不仅限于合肥县,还有舒城县和梁县的资料,知此志应该不是一部合肥县志,而应该是一部庐州府志。

前文已经对合肥的建置沿革和方志编修源流作了考察,现存文献中未载元朝曾修过合肥志,可以考证的、符合《永乐大典》收书条件的、以"合肥"为书名的是南宋编修的三部合肥志,即庆元年间王知新修成的十卷本《合肥志》,淳熙十五年(1188年)合肥主簿唐锜撰、郡守郑兴裔编修的四卷本《合肥志》和嘉定年间李大东修成的十卷本《合肥志》。大典本《合肥新志》佚文中还提到了一些时间线索,如"淳熙己酉"、"绍熙壬子"、"嘉泰四年"、"嘉定六年"等,最迟的时间是"嘉定六年"。那么,大典本《合肥新志》应该修于南宋嘉定六年(1213年)以后。

嘉庆《合肥县志》又载:"《舆地纪胜》:淮西九郡帅府淮西制置使治合肥。又引李大东《合肥新志》云:皇朝分淮南为东西两路,后并为一路。"①由此可知,李大东编修的《合肥志》亦被称为《合肥新志》。那么,从书名看,大典本《合肥新志》与李大东所修之《合肥新志》书名是一致的。李大东的《合肥新志》既与大典本《合肥新志》书名相同,又符合《永乐大典》收书的条件,则大典本《合肥新志》应该就是南宋李大东编修的《合肥新志》。根据庐州府、梁县和舒城县的建置沿革可知,它应该是一部庐州府志,因沿用旧地名,故称《合肥新志》。这部志书在清朝嘉庆八年(1803年)知县左辅编修《合肥县志》之前就已经亡佚了。

根据上述分析,在目前可知的三部南宋合肥志中只有南宋嘉定年间李大东编修的合肥志是符合条件的,则大典本《合肥新志》应该是南宋嘉定年间李大东、刘浩然编修的十卷本《合肥新志》,亦称《合肥志》或《新合肥志》,是一部庐州府志,修于南宋嘉定年间,且在嘉定六年(1213年)以后。

大典本《合肥新志》佚文亦记载了"李大东"的事迹,如嘉定六年(1213年)

---

① 嘉庆《合肥县志》卷二,沿革志,见《中国地方志集成》,南京:江苏古籍出版社,1998年。

他曾对椿积仓、都仓进行修葺。① 在李大东主持编修的《合肥新志》中收录了李大东的有关情况,出现这一情况的原因应该是:一,这部合肥志虽多称为李大东所修,但实则他是地方高官,主管修志之事,不实际参与修志,而刘浩然才是具体负责编修志书的。《宋史·艺文志》就明确指出:"刘浩然《合肥志》十卷"②,而不是称"李大东《合肥志》",这是有原因的,所以把李大东的情况写入志书是很正常的事。二,大典本《合肥志》佚文收录的李大东的情况是在介绍仓廪时涉及的,而不是专门的人物传,没有违背方志编修"生不立传"的规定,这是符合修志要求的。

张国淦先生曾从《永乐大典》中辑佚出一部《合肥志》,并收录在《蒲圻张氏大典辑本》中,《中国古方志考》有如下记述:

  合肥志十卷　　宋　佚　蒲圻张氏大典辑本
   宋李大东修,刘浩然纂
   《宋史艺文志》三:刘浩然《合肥志》十卷。
  《舆地纪胜》四十五:庐州,碑记,《新合肥志》帅李大东,郡文学刘澹然序。
  《文渊阁书目》十九:旧志,《合肥志》十册。
  《舆地纪胜》四十五:庐州,州沿革中兴以来,引《合肥新志》一条。
  《大典辑本》据大典二千五百三十九:七皆(日益斋),二千七百五十四:八灰(杂陂名),七千五百十三:十八阳(镇敖仓),七千五百十四:十八阳(椿积仓),七千五百十六:十八阳(都仓),引《合肥志》五条。其都仓、椿积仓条,嘉定六年帅李大东,知是嘉定六年以后所修,非淳熙郑兴裔志,宋志作刘浩然,《纪胜》作刘澹然,浩、澹异字。③

---

① 马蓉等点校:《永乐大典方志辑佚》,第二册,北京:中华书局,2004年。
② 《宋史》卷二〇四,志一五七,北京:中华书局,1977年。
③ 张国淦:《中国古方志考》,北京:中华书局,1962年。

据此可知,张国淦先生曾从《永乐大典》中辑出一部《合肥志》,认为此志为宋朝李大东纂,刘浩然作序,共10卷,且已亡佚。张国淦先生亦根据"都仓"和"椿积仓"两条佚文提供的时间线索,认为此志是南宋嘉定六年(1213年)以后编修的,不是淳熙年间郑兴裔编修的合肥志。张国淦先生共辑出5条佚文。

将张国淦先生所辑之《合肥志》佚文与《永乐大典方志辑佚》辑出的《合肥新志》佚文进行比较,其中"日益斋"与"日益斋"、"杂陂名"与"陂塘"、"镇敖仓"与"镇敖仓"、"椿积仓"与"椿积仓"、"都仓"与"都仓"5条资料的出处完全相同。根据现存《永乐大典》残卷版本的情况,佚文出处一样,内容就应该完全一样。所以,张国淦先生辑出的《合肥志》和《永乐大典方志辑佚》辑出的《合肥新志》应该是同一部志书,而后者要比前者多辑出11条资料。1986年中华书局影印出版的《永乐大典》将此志称为《合肥新志》而不是《合肥志》,故《永乐大典方志辑佚》辑出的志书名称准确。

经过补充、整理的《永乐大典方志辑本》则辑出名为《合肥新志》的佚文,其按语称:"《大典》引《合肥新志》凡十五条。其都仓、椿积仓条'嘉定六年帅李大东'云云,知是嘉定六年以后所修。《宋史·艺文志》三:'刘浩然《合肥志》十卷',《舆地纪胜》四十五:'庐州,碑记:《新合肥志》帅李大东、郡文学刘澹然序,'当即是志。然'浩'、'澹'异字,未知孰是?"①将此辑本中的《合肥新志》佚文与《中国古方志考》中提供的佚文线索进行比较,则这部《合肥新志》实际上就是《蒲圻张氏大典辑本》中辑出的《合肥志》,只是书名不同,但内容更为丰富。笔者又将《永乐大典方志辑佚》和《永乐大典方志辑本》所辑出的《合肥新志》佚文内容和出处进行了比较,内容基本相同,后者比前者少辑一条"镇敖仓"。

再查阅《永乐大典方志辑本》,又从《合肥新志》中辑出一部《□□旧经》。此书为大典本《合肥新志》转引的,《永乐大典方志辑本》的编者又将其单独

---

① 杜春和整理、张国淦著:《永乐大典方志辑本》,北京:燕山出版社,2009年。

辑出,辑出一条佚文,即"镇敖仓"。其按语称:"《大典》镇敖仓条《合肥新志》引《旧经》凡一条,《舆地纪胜》四十五:'庐州亦引《旧经》'。"①而《永乐大典方志辑佚》的编者在辑佚时遵循的原则是:"一志转引他志,他志不单独辑出列目,"②这样就没有把大典本《合肥新志》转引的其他志书单独辑出。如果加上辑出的《□□旧经》中的"镇敖仓"一条,《永乐大典方志辑本》辑出的《合肥新志》也总共有16条资料,与《永乐大典方志辑佚》辑出的佚文内容基本相同。

二、大典本李大东《合肥新志》佚文的价值

大典本李大东《合肥新志》佚文保存的资料共16条,4 000多字,可分为地理、经济、军事、文化四方面的内容,包括山川、仓廪、陂塘、宫室、军事、人物、祥异等方面的资料,涉及合肥县、舒城县、梁县等地,保存下来的资料非常丰富,为了解南宋嘉定以前的历史发展情况提供了重要的参考。

(一)地理类资料的价值

地理类资料可分为自然地理和人文地理两方面,近250字。自然地理主要是山川方面的资料,共六条,全部是山岭资料,主要介绍了地理位置方面的情况。人文地理主要是宫室方面的资料,有两条,主要介绍了"问心斋"和"日益斋"的位置、初建和重建的时间、相关人物等方面的情况。这些内容为了解南宋嘉定以前庐州地区地理方面的情况提供了重要的参考资料。

> 杨岐岭,在舒城县南八十里群舒乡西村。[册一百二二卷一一九八〇页二]
>
> 青蓬岭,在舒城县南九十里仁和乡南奖村。[同前]
> 老鸦岭,在舒城县南六十里仁和乡南奖村。[同前]
> 石堆岭,在舒城县西南二十五里群舒乡东村。[同前]

---

① 杜春和整理、张国淦著:《永乐大典方志辑本》,北京:燕山出版社,2009年。
② 马蓉等点校:《永乐大典方志辑佚》,第一册,前言。北京:中华书局,2004年。

《永乐大典》安徽江北方志研究

新安岭,在舒城县西南六十里群舒乡东村。[同前]
分流岭,在舒城县西六十里群舒乡西村。[同前]①

这6条资料介绍了6座山岭的地理位置,皆在舒城县境内。虽然内容不多,但却是目前庐州府方志中保存下来最早的记载,而且为现存庐州府方志所鲜载,具有补阙史料之不足的价值,为了解舒城县自然地理情况提供了新的资料。

问心斋,淳熙己酉,宰王正邦建。草堂在县厅北,淳熙丙午,令辛机结茅为之。绍熙壬子,令路岩卿复于其前创瓦屋三楹,榜曰问心斋。[册二九卷二五三七页十九]②

这条资料介绍了问心斋修建的大体过程,说明了它所在的位置和规模,并介绍了每一个阶段修建者的姓名和修建的基本情况。根据这条资料可以知道,问心斋的修建经历了一个过程:南宋淳熙丙午年(淳熙十三年,1186年),县令辛机初建于县厅之北,到淳熙己酉(淳熙十六年,1189年),县宰王正邦再建,再到绍熙壬子(绍熙三年,1192年),县令路岩卿扩建,最终定名为"问心斋"。这条资料不仅介绍了问心斋修建的过程,也反映了不同时期政府官员的作为。由于这条资料涉及南宋绍熙年间的史事,它应当是庆历年间和淳熙年间编修的两部合肥志所未收录的资料,因此,它是由李大东《合肥新志》第一次载入庐州志的,具有始创性意义。这条资料也是现存志书中很难见的资料,具有重要的价值,能够补充现存其他文献记载的不足,为研究相关问题提供了新的参考。

日益斋,在雅歌堂西金斗池南,与雅歌堂相并,有水阁下临金斗池。淳熙丁未,帅郑兴裔建。嘉定庚午重修。[册三十卷二五三

---

① 马蓉等点校:《永乐大典方志辑佚》,第二册,北京:中华书局,2004年。
② 马蓉等点校:《永乐大典方志辑佚》,第二册,北京:中华书局,2004年。

九页十五]①②

这条资料介绍了日益斋的地理位置、结构设施,以及淳熙年间创建、嘉定年间重修的事实。这条资料涉及嘉定年间的一些史事,是庆历年间和淳熙年间编修的两部合肥志所未记载的,是李大东《合肥新志》首次将这条资料载入庐州府志的,具有首创性价值,为后世方志编修提供了资料来源。《舆地纪胜》亦载有相关资料,即"日益斋,在雅歌堂后"。③而嘉庆《重修庐州府志》④和光绪《续修庐州府志》⑤皆载:"日益斋,《舆地纪胜》:日益斋,在雅歌堂后。"这些记载只介绍了地理位置,没有其他内容。相比而言,大典本李大东《合肥新志》佚文保存的内容更为丰富,补充了日益斋修建过程、结构设施方面的资料,为更加全面地了解日益斋的相关情况提供了新的线索。

佚文"有水阁下临金斗池"一句标点有误。根据文意,此句当标以标点,即"有水阁,下临金斗池"。

(二)经济类资料的价值

经济类资料有5条,包括水利和仓廪两方面的内容。

水利类资料只有一条,是陂塘方面的内容。这条资料篇幅较大,近2 100字,是研究南宋嘉定十四年(1221年)以前庐州府水利建设的重要资料。

砖窑陂。油泥陂。黄姑陂。卧牛陂。青菱陂。洋平陂。北裴厚两界。塔陂。含慈陂。侯陂。城山陂。期陂。车陂。石掌陂。关陂。径陂。翟家陂。芦陂。白荆陂。倒灌陂。陵陂。三丫陂。

---

① 此条在《永乐大典方志辑本》(北京:燕山出版社,2009年,第79页)中标注出自于《永乐大典》"卷二千三百九十",笔者核之,误,应出自于"卷二千五百三十九"。

② 马蓉等点校:《永乐大典方志辑佚》,第二册,北京:中华书局,2004年。

③ (宋)王象之:《舆地纪胜》卷四五,江南东路,见《中国古代地理总志丛刊》,北京:中华书局,2003年。

④ 嘉庆《重修庐州府志》卷五,古迹,见《中国地方志集成》,南京:江苏古籍出版社,1998年。

⑤ 光绪《续修庐州府志》卷一一,古迹,见《中国地方志集成》,南京:江苏古籍出版社,1998年。

孤陂。丰乡陂。南汉陂。坏陂。白河陂。泊陂。苦竹陂。鹿看陂。曹陂。上河陂。下河陂。小蒜陂。浚水陂。三角陂。三郎陂。棠梨陂。上、下三重陂。王老陂。七里陂。塘阳陂。牛弋陂。柿陂。白苎陂。上隔陂。桑陂。乐城陂。到观陂。冲陂。黄连陂。吴竹陂。时陂。孤窑陂。中白苎陂。窑陂。尹陂。格子陂。后陂。插秧陂。兰罩陂。下隔桥陂。苏子陂。潮成陂。高城陂。上沪陂。下沪陂。私陂。下落龙陂。下罗陂。上露陂。南涧陂。坼陂。下露陂。竹子陂。上白苎陂。柘陂。丘陂。竞子陂。水坼陂。河陂。乐公陂。上、下竹陂。梁重陂。鸟陂。两流陂。索头陂。大丰陂。谷禄陂。上丁安陂。循陂。掘流陂。常湖陂。奔陂。上化陂。卫陂。下丁安陂。清流陂。漫陂。鱼罩陂。淳陂。下化陂。李陂。下朱皋陂。平路陂。盘陂。路子陂。上金陂。朱陂。三重陂。上吴石陂。丁肇陂。宋陂。下金陂。董子陂。下路陂。黄副陂。下吴石陂。下湖陂。榆陂。大芦陂。冲陂。塘牙陂。上湖陂。下孟秋陂。榆欢陂。苏陂。小芦陂。上路陂。下路陂。芘埠陂。上孟秋陂。读助陂。范陂。竹子陂。坏陂。石宝陂。仲南陂。上、下舍陂。窑子陂。陀陂。芦路陂。柘陂。蜀历陂。上陂。上、下阳陂。上南陂。下南陂。城助陂。许陂。城子陂。蓼陂。下山杨陂。街坼陂。三城陂。坏陂。东路陂。亮陂。李陂。又路子陂。栢坊陂。瓦灶陂。何陂。秃路陂。草梁陂。涧陂。下栏干陂。下埭陂。荄陂。梁童陂。当冲陂。蒲城陂。上埭陂。上桑路陂。上鱼陂。周迁陂。棠梨陂。上许陂。下许陂。寨甫陂。下桑路陂。峰陂。鱼龙陂。马色陂。角陂。叶家陂。孔家陂。上花平陂。金陂。三城陂。龟陂。五栢陂。上陂。紫海陂。下花路陂。坏陂。麻师陂。丘子陂。孤陂。上龙陂。冯塔陂。上陈欢陂。马陂。油榨陂。费家陂。谢凌陂。邓家陂。泉陂。下陈欢陂。黄土陂。鹁鹕陂。关陂。万人陂。漳儿陂。径陂。上渠滁陂。江家陂。厌子陂。圣佛陂。三塘陂。茄陂。栲栳陂。下渠滁陂。蔡陂。苦麻陂。拨陂。平陂。小公陂。泉陂。下降乡陂。三重陂。贵陂。城陂。油麻陂。栅陂。青冈陂。上青阳陂。斗陂。义陂。小陂。高家陂。阳陂。王郎陂。中青阳陂。孤陂。山侧陂。柳陂。芦陂。城子陂。练陂。下青阳陂。芦白陂。石秋陂。白冢陂。城陂。钟陂。胧陂。塔儿陂。四层陂。柴大陂。开陂。上柳陂。砖窑陂。糁陂。章大陂。榆木陂。时陂。清流陂。尹南陂。莲荷陂。善陂。南城子陂。满陂。落龙陂。州路陂。渠儿陂。蟾陂。石秋陂。破冈陂。青障陂。冲车陂。上潦陂。瓦子陂。杨冲陂。下潦陂。五冲陂。芦陂。黄桑陂。里路陂。颜陂。广阳陂。潘陂。滂光陂。赵管陂。于陂。管扫陂。刀鼓陂。周陂。乌沙陂。稻城陂。花陂。紫沟陂。上浅陂。新小陂。花陂。猪栏陂。黄马陂。辛陂。孙大陂。马大陂。阡陂。顾大陂。陈陂。高侧柳陂。曰咸陂。王家陂。白陂。东新陂。西新陂。纯陂。马豹陂。黄草陂。车陂。埒兰陂。孤陂。芦陂。三城陂。菖陂。拨陂。芦花陂。画陂。张家陂。檀木陂。五栏陂。陈木陂。芮陂。淘铁陂。李长陂。赵大陂。王家陂。三家陂。白露陂。张陂。八家陂。南游陂。下陂。竹子陂。林西陂。坮陂。石滔陂。黄渊陂。器陂。大藕陂。李家陂。上孤陂。孤陂。芦陂。孤陂。上大陂。牛角陂。鹳陂。黄水陂。王婆陂。栗陂。孙家陂。小孤陂。张陂。大孤陂。路大陂。固贰陂。顿大陂。格陂。松林陂。坏陂。流长陂。祝俗陂。辛陂。敕邦陂。阮家陂。窑陂。老车陂。柳陂。胡撞陂。里陂。戴家陂。通蛇陂。水柜陂。了陂。皋塘陂。祝裕陂。西金陂。丁令陂。章陂。泊城陂。皇甫陂。柳陂。冯家陂。清水陂。下陂。城子陂。韩流陂。坮陂。泽孤陂。卜凌陂。莆陂。杨柳陂。应山陂。死陂。城子陂。荻陂。孤陂。蒲陂。河陂。甘郎陂。清流陂。鲍陂。突螺陂。上新陂。寨陂。

界南陂。窑陂。朱陂。杨长陂。下三陂。孙陂。晁家陂。埠子陂。丁陂。大城陂。上三陂。九重陂。下流陂。城陂。解公陂。天井陂。陆家陂。故塞陂。中三陂。下三陂。泉陂。黄连陂。抱陂。坏陂。暗造陂。芦陂。关陂。古领陂。牛陂。城子陂。杨陂。鲁陂。助分陂。董陂。芦陂。上陈陂。孤陂。上陂。下陈陂。郑陂。小三重陂。栏陂。下陂。朴嗟陂。竹陂。周车陂。周陂。小蔡仙陂。塔路陂。公城陂。三重陂。姑陂。下淳陂。鹰章陂。小三重陂。蔡仙陂。下章陂。港陂。鲍徐陂。朱路陂。马陂。第一陂。马长陂。石郎陂。三重陂。定远陂。上淳陂。四重陂。吴儿陂。牛陂。救稻陂。漉车陂。埂陂。村众陂。马长陂。角楮陂。关陂。上摆陂。下摆陂。下陂。章陂。洒陂。鹅鸭陂。白兹陂。盐陂。陶陂。斜蒿陂。滕家陂。芦陂。长史陂。斜蒿陂。河陂。侧口陂。乌沙陂。乌陂。上乌陂。子乌陂。关陂。丘陂。黄柳陂。陈芦陂。砂陂。棠梨陂。城子陂。陈陂。乌旧陂。苏蒲陂。杜宜陂。关陂。小柳陂。西小柳陂。蒋陂。蒲陂。下砂陂。方陂。盘蛇陂。尚陂。上榆陂。莲花陂。泳陂。鹭鹚陂。隍城陂。城陂。石纪陂。灌巢陂。清陂。灌梢陂。练城陂。龙安陂。长城陂。格子陂。乌石陂。陈野陂。石刺陂。刁家陂。以上并在舒城县内。① [册三四卷二七五四页七]②

这是一条关于陂塘的资料，共记录了500多口陂塘，虽然只是简单地列举了舒城县陂塘的名字，但却能反映出南宋嘉定十四年（1221年）以前舒城县水利建设的基本情况。由于现存舒城县志没有保存这样的统计资料，它就显得更为珍贵了，是非常重要的史料，有补阙现存文献记载之不足的价

---

① 此条在《永乐大典》（北京：中华书局，1986年，第1397页）中收录于"杂陂名"条之下。

② 马蓉等点校：《永乐大典方志辑佚》，第二册，北京：中华书局，2004年。

值,为了解南宋嘉定十四年(1221年)以前舒城县农田水利建设和经济发展的情况提供了重要的参考。但此条资料是将舒城县各乡各村的陂塘混在一起介绍的,没有以乡或村为单位组织资料,因而不利于理清舒城县下属不同乡村陂塘建设的情况。

仓廪方面的资料总共有4条,共230多个字,包括都仓、椿积仓、常平仓、镇敖仓,反映了南宋嘉定十四年(1221年)以前庐州府仓廪建设的有关情况,是研究社会史、经济史所必需的资料。

> 都仓,在州衙东南三里武德坊岁丰桥南百余步宣威门里。省仓、常平仓、大军仓隶焉。省仓、常平仓,为廒二十有四,为屋九十有九楹。大军仓为廒六,为屋三十楹。岁久倾落。嘉定六年,帅李大东重修,仍增创七十五楹。[册八一卷七五一六页五]①

这条资料记载了多种仓廪的情况,包括都仓、省仓、常平仓、大军仓,并指出都仓为总设,领省仓、常平仓、大军仓三种仓廪。这条资料不仅介绍了几种仓廪的位置,还进一步说明了几种仓廪的规模,特别介绍了大军仓重修的时间、重修者以及重修后的规模。这条资料虽然字数不多,但内容较为丰富,提供了四种仓廪的相关资料,说明了四种仓廪建设、发展、变化的基本情况。这条资料在现存庐州府方志中很少记载,可以补史之阙,为了解南宋庐州仓廪建设的情况提供了新的参考。

> 椿积仓,嘉泰四年,前帅令枢密宇文公因军兴创建,在长宁坊资福寺之西,凡为屋六十楹,以受诸道之转饷。仓额三大字,公所书也。嘉定六年,帅李大东重行修葺,仍增创二十楹。[册八一卷七五一四页三十三]②

---

① 马蓉等点校:《永乐大典方志辑佚》,第二册,北京:中华书局,2004年。
② 马蓉等点校:《永乐大典方志辑佚》,第二册,北京:中华书局,2004年。

这条资料介绍了椿积仓初建的时间、初建者、所在位置、初建规模及嘉定年间李大东重修后的规模。南宋嘉泰四年(1204年),由于军队建设的需要,宇文公在长宁坊资福寺西边创建了椿积仓,当时共有房屋60楹,宇文公亲自书写仓额。此仓主要是供由各道转运而来的军饷作暂时存储之用的。由于需求的增加,到嘉定六年(1213年)李大东又加以修葺和扩建,增建房屋20楹。椿积仓规模的不断扩大也说明了军饷转运量的增加和当时军饷支出的增长,南宋政府的财政负担进一步加大,人民的赋税负担也随之加重。

"都仓"和"椿积仓"两条资料记载了南宋嘉定六年(1213年)的史事,这是庆元年间和淳熙年间编修的两部合肥志所无法记载的,是由李大东《合肥新志》首次载入庐州志的,具有开创性意义,为后世方志编修提供了资料来源。这两条资料也是现存庐州府方志中所鲜载的,又具有补阙史料之不足的价值,为更加全面地了解南宋庐州地区仓廪建设、社会发展等方面的情况提供了新的线索。

> 舒城县常平仓,在县治西庑。绍兴癸丑,宰沈圻建。今废。①
> [册七九卷七五〇七页十九]②

这条资料记载了舒城县常平仓的位置、修建的时间和修建者以及存废等情况,说明了此仓建于南宋绍兴癸丑年(绍兴三年,1133年),至迟到嘉定十四年(1221年)就已经废弃不用了。"今废"二字反映了嘉定年间的史事,是庆元年间和淳熙年间编修的两部合肥志所无法收录的,这一内容是由李大东《合肥新志》首次载入庐州府志的,具有开创性意义。关于南宋舒城县常平仓的有关情况在现存方志中很少收录,因此,这条资料还具有补充史料之不足的作用,为了解南宋舒城县仓廪的建设情况提供了新的参考。

---

① 此条在《永乐大典》(北京:中华书局,1986年,第3366页)中收录于"常平仓"条之下。

② 马蓉等点校:《永乐大典方志辑佚》,第二册,北京:中华书局,2004年。

第一章　庐州府方志研究

　　镇敖仓,在合肥县界城楼西北五十里。旧经①云:隋开皇五年,在庐寿州界置镇敖仓②。[册八一卷七五一三页三]③

这条资料介绍了镇敖仓的地理位置,说明了镇敖仓开设的时间,并收录了《旧经》的一条资料。由这条资料可知,镇敖仓的设置历史较早,早在隋朝开皇五年(585年)就曾在寿州境内设置过镇敖仓,而到南宋嘉定年间,合肥县界城楼西北五十里处仍设有镇敖仓。关于镇敖仓的资料在现存庐州府方志中很难见到,因此,这条资料具有补充现存文献记载之不足的作用,是了解庐州府仓廪建设的新资料。

根据《旧经》中"隋开皇五年"一句,说明这是后代人记隋朝事。根据行文的特点,可以看出这部《旧经》应修于隋朝以后。而如前文分析所言,李大东《合肥新志》修于南宋嘉定六年(1213年)至嘉定十四年(1221年)间,可知这部《旧经》应该修于唐朝或南宋,且在嘉定六年(1213年)以前。根据《中国地方志联合目录》等方志书目的记载,南宋嘉定以前编修的庐州地区的图经一部也没有保存下来,所以这部《旧经》应该早已亡佚。那么,李大东《合肥新志》佚文保存的这条资料就为辑佚旧志提供了资料来源,具有辑佚古书的价值。

根据李大东《合肥新志》佚文保存的资料可知,除现存方志记载的仓廪之外,宋朝还曾修建过都仓、省仓、常平仓、大军仓、镇敖仓、椿积仓等形式的仓廪,反映了宋朝政府十分重视仓廪建设,以力求发挥不同种类仓廪的作用来稳定社会秩序。

(三)军事类资料的价值

军事类资料只有一条,70多个字,是关于宋金关系方面的内容。

----

　　①　"旧经"应加书名号,即《旧经》。
　　②　在《永乐大典方志辑本》(北京:燕山出版社,2009年,第75页)中此句为"在庐寿州界,界置镇敖仓",多一"界"字。根据文意,误。
　　③　马蓉等点校:《永乐大典方志辑佚》,第二册,北京:中华书局,2004年。

崔皋,绍兴十五年二月十九日戊子,李显忠军统制,败金人于舒城县。二十日己丑,张俊克庐州,金人退于紫金山。张俊得庐州,与杨沂中、刘锜军皆驻于庐州。[册三三卷二七四一页十五]①

这条资料是军事类资料,介绍了南宋绍兴十五年(1145年)宋军与金军在庐州交战连连得胜的情况。《永乐大典方志辑佚》将这条资料辑在【人物】下,但从其内容看,它不是专记某一人物的资料,而是记载战争的资料,故本书没有将其归在人物类资料下,而是归在军事资料之下进行分析和论述。

这条资料在现存庐州府方志中也很难得见,对方志而言具有补充史料之不足的价值,为了解南宋绍兴年间宋、金双方交战的有关情况提供了参考。其他史书中也有相关资料的记载。《三朝北盟会编》载:绍兴十一年二月"十九日戊子,李显忠军统制崔皋败金人于舒城县。二十日己丑,张俊克庐州。金人退于紫金山。张俊得庐州。与杨沂中、刘锜之军皆驻于庐州。"②《宋史》则载:绍兴十一年二月甲申,"李显忠遣统领崔皋击败金人于舒城县。丁亥,杨沂中、刘锜等大败兀术军于柘皋。己丑,兀术亲率兵逆战于店步,沂中等又败之,乘胜逐北,遂复庐州"。③ 通过比较知三条记载内容基本相同,只有一处不同,就是关于这件事的时间记载不同:李大东《合肥新志》佚文称在"绍兴十五年",而另两部文献则称在"绍兴十一年"。今各本《中国古代史》皆采"十一年"之说,或当以《三朝北盟会编》和《宋史》为正。

另外,通过比较可知大典本《合肥新志》佚文"李显忠军统制"后少"崔皋"二字。

(四)文化类资料的价值

文化类资料有两条,2 100多个字,是两篇记文,一篇是李从的《天圣梁县新建常平仓记》,一篇是《瑞麦赞》。

---

① 马蓉等点校:《永乐大典方志辑佚》,第二册,北京:中华书局,2004年。
② (宋)徐梦莘编:《三朝北盟会编》卷二〇五,台北:大化书局,1979年。
③ 《宋史》卷二九,本纪二九,北京:中华书局,1977年。

第一章　庐州府方志研究

李从《天圣梁县新建常平仓记》：盖闻在天成象，娄南六星主仓谷之所藏；天时不齐，洪范①八庶察旸燠之失序。谅匪储备，曷御赫炎。况乎公刘之厚民也，"乃积乃仓"；后稷之配天也，"维秬维秠"。管子衍轻重之说，抑其豪强；李悝评贵贱之宜，肇兹平籴。是知有国有家者，必贵五谷而贱金玉，使菽粟而如水火。既齐人之粒易得也，则礼节兴而狱讼息矣。皇宋重业熙昌，浃宇嘉靖，懿纲概举，浓化广被。五风十雨，载扬壤歌，千仓万箱，铺昭年瑞。京坻之咏，逾乎周公。阙于汉，犹每岁诏大司农恪治藏之任，益神宗嫌名。存救之术。上自邦畿，下及郡邑，咸听细密之礼，用分旰昊阙鸿惠之钦恤，而下户之欣赖也。长淮之滨，合肥之壤，大小之山邻其境，上下之驿达其路，有属县曰浚遒，实楚白公之阙侯之疏，封占数之泯②一万三千户，给公之谷五万六千③斛。邑既剧矣，务则纷然。操刀学制，治之者罕得其中。食馤怀音□□④其弊⑤。天圣八年夏，今神牧秘阁中山公辍蓬观之清秩，莅价藩之剧任，同判官赞东平公以博望苑之良阙刺史之重委。二公继踵而徕，同谋而治。撤帷视事，被心惠民，无淹不振，有冤必雪。首询兹邑，号曰难治，会今茂宰延平刘君，绍纳驷之闳，被简铜之命，从获佐焉。及之职，二公并言："昔子路为蒲大夫，孔子曰：'蒲多壮士，又难治，唯恭以敬，可以执勇；宽以正，可以比众；恭正以静，可以报上。'此邑之难治也，用是道足以保民。"是岁六月，宰君与从同日而莅局，协力究心，亡李冠之忌；拾遗兴滞，弭秕稗之政。历季孟而事稍济，盖禀二公之成训也。宰君

---

① "洪范"二字当加上书名号，即《洪范》。
② "泯"字在《永乐大典》（北京：中华书局，1986年，第3374页）中为"氓"字。
③ "千"在《永乐大典方志辑本》（北京：燕山出版社，2009年，第76页）中为"斗"字。根据文意，"斗"字误。
④ "□□"在《永乐大典》（北京：中华书局，1986年，第3374页）中为"阙"字。
⑤ "弊"字在《永乐大典》（北京：中华书局，1986年，第3374页）和《永乐大典方志辑本》（北京：燕山出版社，2009年，第77页）中皆为"獘"字。

一日顾从曰:"朝家屡降天旨,以常平仓为急务。吾邑之廪,或附于客馆,或顿于县第,或托于佛刹,深贻燥湿之忧,岂善陈因之计。盍构广庑,用藏嘉谷。"从对曰:"仁者之言,其利博哉!然则鸠工力役,必有明据,治材胥宇,安得虚发!请按国语以制之:一曰其所不夺稼地。二曰其为不匮财用。三曰其事不烦官业。四曰其日不废时务。四者备矣,然后图之!"宰君曰:"善。"初仓之建也,得县牙西南一隙地,前抵达衢,后界曲渚,灌木森以不刊,庶草郁而勿剪,公田而赋薄,人用而土堵,遂筑以基之。其所不夺稼地,一也。当抡材也,或出于邑吏①,或纳于里胥,欣欣而子来,熙熙而日用,何尝诛求于齿徒,竭耗于泉府。其为不匮财用,二也。选总领以监之,列簿书以绳之,程其工以督之,悦其民以使之。鞅掌之际,敢堕厥职?螏蛇之余,乃抚其众。其事不烦官业,三也。百种之工,千夫之役,伺农之隙,计日而更。执斫者忘劳,运甓者任力,罔坠于四业,允洽于众心。其日不废时务,四也。掠前之美,不劳而成,悉由郡政之洪荫,而县尹之矢陈也。东西敖屋前楹各六,北敖屋三,虚其中以容官守出纳之位。凿其池以蓄水,备火灾也。耸其亭以来风,逃暑气也。南设双扉,司启闭也。周置缭垣,御寇盗也。今年夏五月,厥工告毕,墁饰皆完。宰君曰:"是仓也,但以常平目之。"亭曰"锦漪"。又曰:"子之文,尝誉于荐绅间,宜笔其事,以垂不朽。"②从闻命,怵惕避席,谯让不获已而述之。若以勒翠琰流丽藻,固无取焉耳。时天圣九禩,龙集辛未,秋七月,十有九日记。文林郎、试秘书省校书郎、守主簿李从撰文。宣德郎、行大理评事、知县事刘宗孟书并篆额。右班殿直、监在县茶盐酒税张雅,承务郎、行县尉裴继

---

① "吏"字在《永乐大典方志辑本》(北京:燕山出版社,2009年,第77页)中为"史"字。根据文意,"史"字误。

② 在《永乐大典方志辑本》(北京:燕山出版社,2009年,第77页)中为"以垂朽",缺一"不"字。

周,东头供奉官、兵马监押兼在城巡检冯文聪,节度推官、朝奉郎、试大理评事韩泛,将仕郎、试秘书省校书郎、权节度掌书记施元长,节度判官、朝散大夫、试大理司直兼侍御史李惟,宣德郎、守太子右赞官大夫、同判军州兼管内劝农事、骑都尉、借绯吕长吉,朝奉郎、尚书祠部员外郎、秘阁校理、知军州兼管内劝农提举庐寿八州军兵甲巡检公事、轻重都尉、赐绯鱼袋、借紫刘爽,皇兄、保信军节度观察留守后、乐安郡公立石。①[册七九卷七五〇七页三十五]②

  这篇记文是记载常平仓修建的有关情况的。对于这类资料的记载,方志编修时往往采取两种处理办法:一,在"艺文志"类目下全篇收录记文,而在"食货志"中只介绍仓廪情况,不载记文;二,在"食货志"中介绍仓廪时附载相关的记文,以进一步说明仓廪的相关情况。《永乐大典方志辑佚》一书将这条资料归在【仓廪】类目下。本书采用第一种处理方法,故将其放在文化类资料中进行论述。

  这是李从撰写的《天圣梁县新建常平仓记》,撰于北宋天圣九年(1031年)。根据记文的内容可以了解到北宋天圣年间梁县修建常平仓的前因后果和相关情况。记文开篇引经据典或借圣人贤者的论说,来说明有国有家者应该重五谷而轻金玉,应该重视粮食的生产和储存,这是治国安邦最基本的保证。记文歌颂了宋朝统治者"重业熙昌",关心农业生产,重视百姓生活。记文分析了庐州的现状,提出应该建设仓廪贮存粮食,以保证百姓生活之需。记文颂扬了中山公、东平公二公"被心惠民"的精神,并说明了二公与邑宰刘君协商修建常平仓的情况,三人主张修建常平仓是当务之急,而修建常平仓应该考虑四个方面的因素,即"一曰其所不夺稼地,二曰其为不匮财用,三曰其事不烦官业,四曰其日不废时务",只有四者皆备,才可以具体实施修建常平仓的计划。他们认为修建常平仓,发挥常平仓平抑粮价,保证粮

---

① 此条在《永乐大典》(北京:中华书局,1986年)中收录于"常平仓"条之下。
② 马蓉等点校:《永乐大典方志辑佚》,第二册,北京:中华书局,2004年。

食调剂是非常重要的,但修建常平仓亦不能影响农作物用地,不能增加政府财政负担,不能影响其他产业和事务的正常运行秩序。三公在修建常平仓时确实处处考虑了上述四个方面的因素,没有因为修建常平仓而扰乱了社会秩序、劳动秩序和百姓的正常生活。

记文还介绍了常平仓的规模和布局,常平仓有东、西、北三敖,东西敖屋前楹各六,北敖有屋三间;三敖之间空出场地,供守官进出、留守之用;在常平仓场内开凿、修建水池,池中蓄水,以备火灾发生时灭火之用;高耸亭顶,以便通风,可以起到散热的作用,避免所贮谷粮受热、受潮、霉变,减少粮食损失;南面开设双扉,供启闭之用,亦可开窗透气,保证仓内空气流通,粮米完好;仓敖周围还设置缭垣,以防御寇盗来袭,保证常平仓和留守官员的安全。三公在设计、建设常平仓时深思熟虑、费尽心思,修建好的常平仓更是设计精巧、布局合理、结构妥当、功能齐全。从天圣八年(1030年)夏到天圣九年(1031年)夏五月,仅一年左右的时间就完成了常平仓的修建工程,工作效率很高,这也反映出修建者对这项工作的高度重视。

北宋天圣年间梁县常平仓的建造是当地一件非常重要的事情,宰君嘱李从撰写记文,知县事刘宗孟书写篆额,张雅、裴继周、冯文聪、韩泛、施元长、李惟、吕长吉、刘爽、乐安郡公等为之立石,以为纪念。

李从撰写的这篇常平仓记文在现存庐州府方志中很难见到,是一篇新资料,为全面了解宋朝天圣年间梁县常平仓修建的过程和相关情况提供了参考,是对现存其他文献记载不足的补充,具有重要的史料价值。

按:这篇记文中的"梁县"当为"慎县"。据《宋史》和《读史方舆纪要》,南宋绍兴三十二年(1162年)为避孝宗讳改"慎县"为"梁县",始有"梁县"之名。而这篇记文写于北宋天圣九年(1031年),此处的"梁县"当为李大东在嘉定年间修志转录记文时为避孝宗讳所改。

淳熙三年,合肥县境献瑞麦双穗至三穗、四穗。《瑞麦赞》:淳熙九年,夔州麦大熟西门。进士陈谦亨,献其近郊之秀,将以颂声。数其穗三十有六,其中一歧而为三,群目创见,相与叹异。命工图

第一章 庐州府方志研究

之,工欲显三歧之瑞,而遗六六之数,守臣林某以为不可,俾具见焉。图成,仅足其数,而不会诸苞,乃和①化工之妙,有非人为所能逮者。谨涤毫而志之,系之以诗曰:"淳熙天子,御图三七。协气所钟,嘉禾乃出。巴夔之山,亘连阡陌。或两其歧,或六其脊。惟是西门,近郊所植。六六同颖,函三为一。兹诚创见,图写漏逸。乃知人为,不逮天力。上方寅畏,摈华务实。臣不敢献,私志于室。采诗之官,汗青之笔。编诸诗书,示此其质。"②[册百八八卷二二一八一页十一]③

这是一篇《瑞麦赞》,以借赞瑞麦之机而称赞当时之盛世。这篇赞文在现存庐州府方志中很难看到,可以补充现存文献记载的不足。这篇赞文是非常珍贵的资料,可以为了解当时人们的思想、风俗等提供重要的参考价值。

另外,嘉庆《合肥县志》保存李大东《合肥新志》佚文一条,即"皇朝分淮南为东西两路,后并为一路"。④ 这条佚文是对大典本李大东《合肥新志》佚文的辑补,为更加全面的了解这部志书的原始面貌提供了新资料。

综上所述,根据方志编修源流和佚文提供的线索,可知大典本《合肥新志》应该是南宋李大东编修的十卷本《合肥新志》,亦称为《合肥志》或《新合肥志》,此志应修于嘉定年间,且在嘉定六年(1213年)以后。从大典本李大东《合肥新志》佚文看,它收录的内容不仅限于合肥县,还包括舒城县、梁县的内容,因此,它不是一部合肥县志,而应该是宋朝编修的一部庐州府志。其佚文保存的资料包括地理、经济、军事、文化四个方面,共16条,为了解庐州地区历史发展特别是宋朝有关的情况提供了丰富的资料,具有重要的史

---

① "和"在《永乐大典》(北京:中华书局,1986年,第7859页)中为"知"字。《永乐大典方志辑本》(北京:燕山出版社,2009年,第78页)亦为"和"字。均误。
② 此条《永乐大典》(北京:中华书局,1986年,第7859页)收录于"瑞麦"条下。
③ 马蓉等点校:《永乐大典方志辑佚》,第二册,北京:中华书局,2004年。
④ 嘉庆《合肥县志》卷二,沿革志,见《中国地方志集成》,南京:江苏古籍出版社,1998年。

45

料价值,对考察宋朝社会历史发展的情况有积极意义。有些资料还是现存其他文献中较少记载的内容,可以起到补阙史料之不足的作用。佚文中保存的仓廪资料特别重要,通过这些资料可以了解到宋朝庐州仓廪建设与变化的基本情况,了解到当时曾修建了都仓、椿积仓、常平仓、镇敖仓、常平仓等几种形式的仓廪。关于这几种仓廪的情况在现存庐州府方志中很难见到,大典本李大东《合肥新志》佚文为了解宋朝庐州仓廪建设情况提供了新的资料。

第五节　大典本《庐州府合肥县志》、《合肥县志》和《合肥志》研究

《永乐大典》中还收录了《庐州府合肥县志》、《合肥县志》和《合肥志》三部庐州府方志,因三部志书各仅保存一条佚文,内容较少,故合在此处一并论述。

一、大典本《庐州府合肥县志》研究

由于大典本《庐州府合肥县志》佚文只有一条资料,而且没有涉及时间,所以,无法从佚文内容来确定此志的编修时间。

根据庐州府建置沿革的有关情况可知,庐州府自明太祖甲辰即元至正二十四年(1364年)始设,以后相沿不改。从这一角度考虑,大典本《庐州府合肥县志》应该修于明太祖甲辰即元至正二十四年(1364年)至明朝永乐六年(1408年)间,即修于元末明初。从书名看,大典本《庐州府合肥县志》应该是一部合肥县县志。根据文献记载的合肥志的编修源流,元朝和明初并未修过以"合肥"为名的方志,而大典本《庐州府合肥县志》的存在可以补充现存文献记载的不足,为了解历代合肥县志编修情况提供了新的线索。

根据《中国古方志考》提供的线索,20世纪30年代张国淦先生的《蒲圻张氏大典辑本》未从《永乐大典》中辑出《庐州府合肥县志》。《永乐大典方

辑本》则在前者的基础上进一步补充、完善,辑出一部《合肥县志》的两条佚文,即:"丰裕仓"和"弹铗斋"。但实际上"弹铗斋"是大典本《合肥县志》的佚文,"丰裕仓"则是大典本《庐州府合肥县志》中的内容。对于这两部志书的编修时间,编者在按语中说道:"《大典》引《合肥县志》凡一条,又《庐州府合肥县志》凡一条,兹据录作明志。"①《永乐大典方志辑本》的编者应该是将《庐州府合肥县志》和《合肥县志》当作一部志书,故而放在一起辑佚的,并且认为这部志书修于明朝。将《庐州府合肥县志》看作明朝方志,或许是因为书名中有"庐州府"之故,这应该是从建置沿革的角度考虑的。

《永乐大典方志辑本》辑出的《庐州府合肥县志》和《合肥县志》两条佚文"丰裕仓"、"弹铗斋"的内容和出处,与《永乐大典方志辑佚》辑出的《庐州府合肥县志》佚文"丰裕仓"、《合肥县志》佚文"弹铗斋"完全相同。

大典本《庐州府合肥县志》佚文仅保存了一条资料,是仓廪方面的内容,即:"丰裕仓,在城东隅。"②这条资料非常简单,仅介绍了"丰裕仓"的位置。虽然资料内容简单,但也提供了合肥县历史上仓廪建设方面的一条信息,为了解明朝初期以前合肥县仓廪建设的情况提供了新的资料。

二、大典本《合肥县志》研究

大典本《合肥县志》目前只保存下来一条资料,即"弹铗斋,在雅歌堂西。今不存。"③因为缺乏有价值的线索,所以无法根据建置沿革、佚文内容、方志编修源流等方面的线索来探讨它的编修时间。而现存庐州府方志中也很难找到与"弹铗斋"有关的资料和线索,大典本《合肥县志》相对比较具体的编修时间无法推测,只是知道它应修于明朝永乐六年(1408年)以前。

关于大典本《合肥县志》的编修时间,《永乐大典方志辑本》的编者则认

---

① 杜春和整理、张国淦著:《永乐大典方志辑本》,北京:燕山出版社,2009年。
② 马蓉等点校:《永乐大典方志辑佚》,第二册,北京:中华书局,2004年。
③ 马蓉等点校:《永乐大典方志辑佚》,第二册,北京:中华书局,2004年。

为它应该是明朝所修[1],但作出这一推论的依据是什么,却没有说明。

大典本《合肥县志》佚文只保存了一条"弹铗斋"的资料,只是说明庐州府曾在雅歌堂西侧建过一个弹铗斋,此斋至迟在明朝永乐六年(1408年)前就已经废弃不用了。这条资料内容虽然比较简略,但在现存庐州府方志中很难见到,具有补阙现存文献记载之不足的作用,为了解明朝初期以前合肥县人文地理方面的情况提供了新的资料。

三、大典本《合肥志》研究

大典本《合肥志》佚文仅保存了一条舒城县自然地理方面的资料。根据舒城县建置沿革的情况,再依据《永乐大典》成书的时间,则可知大典本《合肥志》应修于唐开元二十三年(735年)以后明朝永乐六年(1408年)之前。

由于合肥县和舒城县属于同一行政级别,没有隶属关系,所以,大典本《合肥志》应该不是一部县志,而是一部庐州府志,只是沿用旧名而已。或与前述《合肥郡志》、《合肥新志》两部志书中的某一部是同一部书,因《永乐大典》的抄工著录不严谨遂成《合肥志》。今不可确考,为慎重起见,未将大典本《合肥志》与《合肥郡志》、《合肥新志》合并研究,而是单独论述。另外,从本书对大典本《合肥郡志》、《合肥新志》、《合肥志》的分析看,以"合肥"为名的志书既可能是合肥县志,也可能是庐州府志,在使用时要慎重对待,加以区别,以免混淆。

大典本《合肥志》佚文只保存了一条资料,即:"毛家岭,在舒城县西三十里大平乡。"[2]这条资料比较简单,只是介绍了山岭的地理位置,但是因为现存舒城方志中很难见到这座山岭的资料,因此,其具有补充史料的价值。

根据《中国古方志考》提供的线索,张国淦先生的《蒲圻张氏大典辑本》也曾辑出一部《合肥志》,但从佚文出处看,它与《永乐大典方志辑佚》辑出的《合肥志》不是一部书。根据佚文的出处,与杜春和整理、张国淦著的《永乐大典方

---

[1] 杜春和整理、张国淦著:《永乐大典方志辑本》,北京:燕山出版社,2009年。
[2] 马蓉等点校:《永乐大典方志辑佚》,第二册,北京:中华书局,2004年。

志辑本》相比,《蒲圻张氏大典辑本》辑出的《合肥志》实则是大典本《合肥新志》。《永乐大典方志辑本》未辑出《合肥志》。《永乐大典方志辑佚》是目前关于大典本《合肥志》佚文内容最丰富的一部辑本。

第六节 大典本《庐江县志》和《庐江志》研究

《庐江县志》和《庐江志》是《永乐大典》收录的两部庐江县方志,《永乐大典方志辑佚》一书各辑出两部志书的两条佚文。

一、庐江县建置沿革和方志编修源流

大典本《庐江县志》和《庐江志》两部志书都以"庐江"为名,从建置沿革的情况看,"庐江"既可能是"庐江郡",也可能是"庐江县",因此,就有必要对庐江郡和庐江县的建置沿革以及志书的编修源流加以考察,从而探讨这两部志书的编修时间。

根据《明一统志》、嘉庆《重修庐州府志》、光绪《庐江县志》等文献记载,庐江县至迟在汉即已设置,以后历代沿用,没有更改。庐江县,唐初属庐州管辖,天宝初则改州为郡,又改属庐江郡,五代还属庐州;宋属无为军;元属无为州;明则属庐州府管辖;清朝因之。关于这一情况在《中国古今地名大词典》中也有介绍:"庐江郡,①楚汉之际分秦九江郡置,辖境相当今安徽省长江以南,泾县、宣城市以西和江西省信江流域及其以北地区。汉武帝后徙治舒县(今安徽庐江县西南)。辖境相当今安徽省巢湖、舒城、霍山等市县以南,长江以北,湖北省英山、武穴、黄梅和河南省商城等县市地。其后治所、辖境一再迁改。隋开皇九年(589年)废。②隋大业初改庐州置,治合肥县(今安徽合肥市)。唐武德三年(620年)改庐州,天宝元年(742年)复为庐江郡,乾元元年(758年)又改庐州。"①

---

① 《中国古今地名大词典》编委会:《中国古今地名大词典》,上海:上海辞书出版社,2005年。

关于庐江县志的编修情况在现存方志中没有专门的介绍,但是从现存方志中保存的"原序"和"庐江县志历修衔名"①可以了解到相关情况。在光绪《庐江县志》的"原序"中保存了部分前志的志序,其中有嘉靖二年(1523年)的邹架序、嘉靖四十二年(1563年)的蔡悉和柳希玭序、顺治十三年(1656年)孙宏喆和王凤鼎序、康熙三十七年(1698年)吴宾彦序、雍正十年(1732年)陈庆门序、嘉庆八年(1803年)张焞序,以及同治七年(1868年)黄光彬序。② 由此可知,嘉靖二年(1523年)、嘉靖四十二年(1563年)、顺治十三年(1656年)、康熙三十七年(1698年)、雍正十年(1732年)、嘉庆八年(1803年)、同治七年(1868年)前后都曾编修过庐江县志。"钱镠序"称:"有同治年修而未成邑志十册。"③这条资料说明同治年间编修的志书最后没有完稿。

光绪《庐江县志》"凡例"亦称:"本邑旧志存者惟雍正、嘉庆两志。雍正志颇简净而率略精浅处不免,嘉庆志较详赅而芜杂疏漏处亦不免,体裁均未允当。"④看来虽然历史上多次纂修过庐江县志,但到清朝光绪十一年(1885年)编修庐江县志时,编修者能看到的也只有清朝雍正和嘉庆年间编修的两部志书了。

从上述各部庐江县志编修的时间看,没有一部是符合《永乐大典》收书的时间条件的。根据上述文献记载,可以考证的最早的一部庐江县志应该是明朝嘉靖二年(1523年)编修的,而此前庐江县志编修的情况却无从考证。关于这一情况,在《稀见中国地方志汇刊》收录的康熙《庐江县志》"编者前言"中亦有说明:"隋改舒县为庐江,明清俱属庐州府。今属安徽省巢湖地区。庐江县志始修不可考。明嘉靖二年(1523)知县周良会以邑志无传,聘邑人王万年纂集;嘉靖四十二年(1563)知县刘裁又修,以迁调去,四十五年(1566)继任龚廷璧踵成之。今皆不传";"清顺治十三年(1656)知县孙弘喆

---

① 光绪《庐江县志》卷首,衔名,见《中国地方志集成》,南京:江苏古籍出版社,1998年。
② 光绪《庐江县志》卷首,原序,见《中国地方志集成》,南京:江苏古籍出版社,1998年。
③ 光绪《庐江县志》卷首,序,见《中国地方志集成》,南京:江苏古籍出版社,1998年。
④ 光绪《庐江县志》卷首,凡例,见《中国地方志集成》,南京:江苏古籍出版社,1998年。

修十卷,传本仅见藏北京图书馆。康熙三十五年(1696)《庐州府志》成,知府张纯修命各属继修邑志,庐江知县吴宾彦乃延广陵王方歧主纂,依府志体例,辑为十六卷,三十七年(1698)梓成。全帙今仅见藏日本内阁文库。"①明朝嘉靖二年(1523年)以前庐江县志的编修情况确实是无法考证。

  根据《中国地方志联合目录》的统计,目前存世的庐江县志有清顺治志、康熙志、雍正志、嘉庆志和光绪志。为何光绪志的编修者称当时只存有雍正志和嘉庆志,而未提及顺治志和康熙志?或许是因为光绪十一年(1885年),康熙志已经散落日本,故光绪志的编修者无法见到的缘故;也或许是因为某种原因顺治志当时并未公开流传,故光绪志的编修者亦不能轻易看到的缘故,所以只能直言"本邑旧志存者惟雍正、嘉庆两志"。顺治志可能是在更晚的时间里才被后来的北京图书馆所收藏。

二、大典本《庐江县志》研究

  根据上文的分析,从建置沿革的情况看,根据《永乐大典》成书的时间,大典本《庐江县志》应修于南朝梁到明朝永乐六年(1408年)之间。明朝嘉靖二年(1523年)的邹架序中未提及这部志书,因此,大典本《庐江县志》应亡佚于明朝嘉靖二年(1523年)以前。由于明朝嘉靖二年以前庐江县志编修情况无法考证,所以现存文献均未记载这方面的情况,而大典本《庐江县志》的存在正好补充了这一阙漏,为了解明朝嘉靖二年(1523年)以前庐江县志编修情况提供了新的依据。这一点也充分体现了大典本《庐江县志》的文献学价值。

  《永乐大典方志辑本》未从《永乐大典》中辑出《庐江县志》,故《永乐大典方志辑佚》是目前关于大典本《庐江县志》佚文内容最丰富的辑本。

  大典本《庐江县志》佚文只保存了两条有关湖泊的资料,70多字,属于自然地理方面的内容。由于大典本《庐江县志》的编修时间较早,它保存的资

---

① 康熙《庐江县志》,编者前言,见《稀见中国地方志汇刊》,北京:中国书店,1992年。

《永乐大典》安徽江北方志研究

料是现存庐江县志中最早的记载。

> 牌子湖,其港汊之有名者曰团林,曰双城,曰王城,曰唇港,曰莞河,水皆断港,曰马头河,可入牌子湖,至盛家渡止。[册二十卷二二七〇页十五]①

这条资料介绍了牌子湖港汊的名称和水流流向情况,说明了牌子湖水系发达。现存庐江县志有"排子湖"和"排字湖"的记载。康熙《庐江县志》载:"排字湖,治东北三十里,与白湖相连。"②光绪《庐江县志》载:"排子湖,距治东北三十里,与白湖相连。"③光绪《重修安徽通志》在记载庐江县"白湖"时提到"排子湖":"白湖,庐江县东北三十里,周七十余里,其北为排子湖,与巢湖相连,东南合西河,由无为州界入江。"④嘉庆《大清一统志》⑤所载与之略同。从地理位置和内容上看,这几条资料记载的湖泊应该是同一个湖泊,"排子湖"和"排字湖"是音同字不同而已。这两个湖泊名的发音与"牌子湖"相同,且都在庐江县境内,但所载内容完全不同,尚无法确定大典本《庐江县志》佚文中的"牌子湖"和现存方志中的"排子湖"、"排字湖"是不是同一个湖泊。大典本《庐江县志》佚文保存的这条资料是目前庐江县志中最早的记载,而且因现存庐江县志中没有与之相似的记载,它具有非常重要的价值,可以补充现存文献记载的不足,为了解庐江县自然地理状况提供了新的参考。

> 上白湖,视白湖得四分之一。旧本圩田,名孤城圩。[册二十卷二二七页一]⑥

---

① 马蓉等点校:《永乐大典方志辑佚》,第二册,北京:中华书局,2004年。
② 康熙《庐江县志》卷三,山川,见《稀见中国地方志汇刊》,北京:中国书店,1992年。
③ 光绪《庐江县志》卷二,舆地志,见《中国地方志集成》,南京:江苏古籍出版社,1998年。
④ 光绪《重修安徽通志》卷二九,舆地志,清光绪四年(1878年)刻本。
⑤ (清)穆彰阿:《(嘉庆)大清一统志》卷一二二,《四部丛刊》续编影旧抄本。
⑥ 马蓉等点校:《永乐大典方志辑佚》,第二册,北京:中华书局,2004年。

第一章 庐州府方志研究

这条资料介绍了上白湖的大小、用途等方面的情况。由此条资料可知，上白湖最初名为"孤城圩"，这里曾是圩田区，后来才逐渐变成一个湖泊。这条资料反映了庐江县自然地理变迁的一些情况。这是保存下来的最早的记载，也是现存庐江县志中很难见到的珍贵资料，为了解庐江县的自然地理情况提供了新的线索。

根据现有线索，目前只能判定大典本《庐江县志》修于南朝梁到明朝永乐六年（1408年）之间，至于其具体编修时间和编修者尚难确定。大典本《庐江县志》虽只有两条佚文，但均可以补充现存文献记载的不足，具有一定史料价值。

三、大典本《庐江志》研究

以"庐江"为名的志书既可能是一部郡志，也可能是一部县志，因此，在探讨大典本《庐江志》的编修时间之前应该首先弄清它是郡志还是县志。根据上文介绍的庐江郡、庐江县建置沿革方面的情况可知，庐江郡大体设置于汉朝至唐朝这段时间中，而庐江县则始设于南朝梁，后世一直沿用。大典本《庐江志》佚文保存了四条资料，其中两条资料均明确记载了庐江县相关情况，即"康湖，在庐江县东南二十五里"、"葛母湖，在庐江县南一百里"。另外两条资料则只言"沙湖，在县东南二十里"、"泥湖，在县东二十里"[①]，没有说明具体县名，而从现存文献来看，庐江县确实有一个"沙湖"。由此推论，大典本《庐江志》应该是一部庐江县志。

根据庐江县建置沿革的情况及《永乐大典》收书的时间条件，大典本《庐江志》应修于南朝梁至明朝永乐六年（1408年）间。明朝嘉靖二年的邹槩序中没有提到这部志书，因此，大典本《庐江县志》应该在明嘉靖二年（1523年）之前就已经亡佚了。由于现存文献对明朝嘉靖二年以前庐江县志编修的情况均未记载，因此，大典本《庐江志》的存在补充了这一不足，为了解明朝嘉

---

① 马蓉等点校：《永乐大典方志辑佚》，第二册，北京：中华书局，2004年。

靖以前庐江县志的编修源流提供了新的线索。这是大典本《庐江志》价值的一个体现。

根据《中国古方志考》提供的线索,20 世纪 30 年代张国淦先生的《蒲圻张氏大典辑本》未从《永乐大典》中辑出《庐江志》。而《永乐大典方志辑本》则辑出一部《庐江志》,编者按语称:"《大典》引《庐江志》凡三条,兹据录作明志。"[1]编者认为大典本《庐江志》是明朝所修,但却未说明其依据。《永乐大典方志辑本》辑出的《庐江志》佚文共三条,即:"泥湖"、"沙湖"、"康湖",与《永乐大典方志辑佚》辑出的《庐江志》佚文的内容和出处完全相同,只是后者辑出四条佚文,多辑"葛母湖"一条。因此,《永乐大典方志辑佚》是目前关于大典本《庐江志》佚文内容最丰富的辑本。

大典本《庐江志》佚文保存的四条资料全部都是湖泊的资料,是自然地理方面的内容,均是现存庐州府方志中最早的记载。虽然四条资料的内容比较简略,但这些资料或者为现存文献所鲜载,或者与现存文献记载在内容上有所不同,可以起到补充现存文献记载之不足的作用。

　　沙湖,在县东南二十里,周回三十里,跨两乡。[册二十卷二二六六页三][2]

这条资料介绍了沙湖的地理位置、湖面大小等情况。关于庐江县沙湖的情况在现存方志中多有记载。《读史方舆纪要》载:"沙湖,在(庐江)县东南十里,源亦出冶父山,注于黄陂湖。"[3]康熙《庐江县志》载:"沙湖,治东南十里,径七里许,与黄陂相连。"[4]光绪《庐江县志》[5]、光绪《重修安徽通志》[6]所

---

[1] 杜春和整理、张国淦著:《永乐大典方志辑本》,北京:燕山出版社,2009 年。
[2] 马蓉等点校:《永乐大典方志辑佚》,第二册,北京:中华书局,2004 年。
[3] (清)顾祖禹《读史方舆纪要》卷二六,见《中国古代地理总志丛刊》,北京:中华书局,2006 年。
[4] 康熙《庐江县志》卷三,山川,见《稀见中国地方志汇刊》,北京:中国书店,1992 年。
[5] 光绪《庐江县志》卷二,舆地志,见《中国地方志集成》,南京:江苏古籍出版社,1998 年。
[6] 光绪《重修安徽通志》卷六六,河渠志,清光绪四年(1878 年)刻本。

第一章　庐州府方志研究

载与之略同。《江南通志》载："沙湖,在庐江县东南十里,合于黄陂湖及诸山之水东出缺口。"①《清一统志》②、光绪《重修安徽通志》③、嘉庆《重修庐州府志》④、光绪《续修庐州府志》⑤皆载有相关资料,内容与上述记载差不多。大典本《庐江志》佚文内容与上述文献记载都不相同,即使与现存其他文献记载的不是同一个湖泊,但因内容不同,对现存文献记载也可以起到补充资料之不足的作用,可以为全面了解沙湖以及庐江县自然地理情况提供新资料。

泥湖,在县东二十里。[册二十卷二二六六页十一]
康湖,在庐江县东南二十五里。[册二十卷二二六六页二三]
葛母湖,在庐江县南一百里。[册二十卷二二七〇页七]⑥

以上三条资料都是介绍湖泊的,每条内容都比较简单,只是介绍了湖泊的地理位置。但这三个湖泊的资料在现存庐州府方志中很难见到,是十分珍贵的资料,为了解明初庐江县自然地理情况提供了重要的参考。

综上所述,目前只能判断出大典本《庐江县志》和《庐江志》皆修于南朝梁至明朝永乐六年(1408年)间。因为明朝嘉靖二年(1523年)以前庐江县志编修的情况无所考证,所以,这两部志书的存在弥补了这一阙漏,为更加全面地了解历代庐江县志编修的情况提供了新的线索。另外,这两部志书保存的自然地理方面的资料皆对现存其他文献记载有补阙作用,为了解庐

---

①　(清)赵弘恩等监修:《(乾隆)江南通志》卷一七,见《四库全书》,上海:上海古籍出版社,1987年。
②　(清)和坤等奉敕撰:《钦定大清一统志》卷八五,见《四库全书》,上海:上海古籍出版社,1987年。
③　光绪《重修安徽通志》卷二九,舆地志,清光绪四年(1878年)刻本。
④　嘉庆《重修庐州府志》卷二,山川下,见《中国地方志集成》,南京:江苏古籍出版社,1998年。
⑤　光绪《续修庐州府志》卷七,山川下,见《中国地方志集成》,南京:江苏古籍出版社,1998年。
⑥　马蓉等点校:《永乐大典方志辑佚》,第二册,北京:中华书局,2004年。

江县的自然地理提供了新的资料。笔者认为这两部志书很可能是同一部志书,只是由于《永乐大典》收录时未加统一,因而出现了两个书名。

第七节 无为州建置沿革和无为州志编修源流

《永乐大典》收录的《宝祐濡须志》《濡须志》和《濡须续志》都是以"濡须"为书名的,探讨这些志书的编修时间可以从考察地区建置沿革和方志编修源流入手。

一、无为州建置沿革

根据文献记载,"濡须"当为无为州的旧称,要探讨以"濡须"为名的志书的编修时间,就应该考察无为州的建置沿革情况。《宋史·地理四》载:"无为军,同下州。太平兴国三年,以庐州巢县无为镇建为军,以巢、庐江二县来属。建炎二年,入于金,寻复。景定三年,升巢县为镇巢军";又"县三:无为,望。熙宁三年,析巢、庐江二县地置县。巢,望。至道二年,移治郭下。绍兴五年废,六年复。十一年,隶庐州,十二年,复来属。景定三年升为军,属沿江制置使司。庐江,望。有昆山矾场"。①《元史·地理二》载:"无为州。中。唐初隶光州。宋始以城口镇置无为军,思与天下安于无事,取'无为而治'之意,以名之。元至元十四年,升为路。二十八年,降为州,罢(镇)巢州为县以属焉";"领县:无为,上。倚郭。庐江,中。巢县。下。"②《明一统志》载:"无为州,在府城东南二百八十里。商时巢国地。汉为庐江郡,居巢、临湖、襄安三县地。隋以襄安省入巢县,置无为镇。宋置无为军,又增置无为县。元置无为路,后改无为州。本朝因之以无为县省入。"③嘉庆《无为州志》中也有无

---

① 《宋名》卷八八,志四一,北京:中华书局,1977年。
② 《元史》卷五九,志一一,北京:中华书局,1976年。
③ (明)李贤等奉敕撰:《明一统志》卷一四,见《四库全书》,上海:上海古籍出版社,1987年。

为州建置沿革情况的记载:"无为州,《禹贡》扬州之域。夏、商为巢国,属扬州。周初为巢国,属扬州,后为巢,属楚。战国为居巢,属楚。秦为居巢,属九江郡。西汉高帝为居巢、临湖、襄安,属淮南国。东汉建武六年庚寅,为居巢侯国、临湖侯国、襄安,属庐江郡,隶扬州。东汉初平四年癸酉,为居巢、襄安,属庐江郡。建安十七年壬辰,改为濡须,属吴。晋泰始三年为濡须,属庐江郡。太康元年庚子,复为居巢、临湖,属庐江郡,隶扬州。宋为南谯太守,领扶阳、蕲县。齐因之,统扶阳县。梁以蕲县属南豫州,又属合州。隋改曰襄安,属庐州,后为郡。唐为巢州,析襄安,置开城、扶阳二县,后为巢县地。后隶光州。宋置无为军,领无为,为望县,又领巢及庐江,又为镇巢军所领。元升军为路又为州,罢镇巢州为县,来属,领无为,为上县。明省县为州,领巢县。国朝初年为直隶州,领巢县,雍正二年以州隶庐州府,巢县不属。"①

根据上述文献记载可知,东汉建安十七年(212年)至晋太康元年(280年)间无为州称为"濡须",北宋太平兴国三年(978年)始设无为军,元至元十四年(1277年)改为无为路,至元二十八年(1291年)改为无为州,此后至明清一直相沿未改。关于"濡须"之名的由来,嘉庆《无为州志》中有如下记载:"州号'濡须'以《三国志》濡须坞得名,而《水经注》、《通鉴纲目》因之。"②

二、无为州志编修源流

既然"濡须"是无为州的旧称,因此,有必要进一步考察无为州志的编修情况。嘉庆《无为州志》中记载了历代无为州志编修的有关情况。康熙"颜尧撰序"曰:"无为于庐阳为支郡,阙初有志莫考。其详闽南洪博士所谓旧志,正而略,新志义例未明,罔究厥指。正德庚辰,剑南吴侯尝一修之。嘉靖戊子,重修于缙云李侯。"乾隆"吴元桂序"称:"州志一书,前代莫考。自明正德间州守吴公臻始修之,嘉靖中复修于州守李公玻、郡少参吴公廷翰,其书俱莫有存者。万历九年,常州事府同知查公志文聘郡人节推李希稷、明经杜

---

① 嘉庆《无为州志》卷一,舆地,见《中国地方志集成》,南京:江苏古籍出版社,1998年。
② 嘉庆《无为州志》卷首,凡例,见《中国地方志集成》,南京:江苏古籍出版社,1998年。

佾、儒生邓应诏等重加增葺。后崇正四年文学季步骐、康三捷续有成书，旋刊旋毁矣。国朝顺治六年，州守方公安民亦聘步骐纂，未卒业。康熙癸丑，州守颜公尧揆奉有汇志归典之旨，因延郡之绅士杨公交泰、何公大观、谢公凤毛等纂修一本，查公旧志酌以季稿，益以新事，视前为加详焉。康熙三十八年，太守张公纯修府志告成。"嘉庆"顾浩序"称："无为乃庐郡之支属，志之修于国初者旧矣。予于甲寅岁奉命来牧是邦，详阅州志，则自乾隆壬戌大梁常公重修后，历今六十余年未经继纂，此数十年中有善未录，有美弗彰，沦亡散失，而不可稽考者不知凡几。"嘉庆"龚桂馨序"曰："无为庐郡属邑，其有志也，前不具论。由近计之，康熙癸丑温陵颜公修，阅二十六年己卯①辽阳李公修，阅四十年乾隆壬戌汴州常公修，迄今嘉庆壬戌更阅六十年。"②由以上记载可知，明朝以前无为州志的编修已经无法考证，明朝正德、嘉靖、万历、崇祯、清朝康熙、乾隆年间都曾编修过无为州志，但这些志书均编修于明朝永乐六年（1408年）后，皆不符合《永乐大典》收书的时间条件。

光绪《续修庐州府志》在"艺文略"中也记载了无为志编修的情况："《无为志》三卷，宋郡守柴瑾修，教授宋宜之撰"；"《无为州志》，明隆庆年间修，见诸书所引"；"《无为州乘》，无为吴元桂等纂订"；"《郡事拾遗》，无为吴元庆撰。"③宋郡守柴瑾修、教授宋宜之撰的三卷本《无为志》和明朝隆庆年间所修《无为州志》均未被嘉庆《无为州志》著录。《直斋书录解题》称："《无为志》三卷，教授宋宜之纂，太守柴瑾为之序。"④其中，宋朝宋宜之编修的三卷本《无为志》是符合《永乐大典》收书的时间条件的。

关于宋宜之所纂之《无为志》，文献中多有记载。《文献通考》载："《无为

---

① 笔者注：应为"乙卯"。
② 嘉庆《无为州志》卷首，旧序，见《中国地方志集成》，南京：江苏古籍出版社，1998年。
③ 光绪《续修庐州府志》卷九一，艺文略下，见《中国地方志集成》，南京：江苏古籍出版社，1998年。
④ （宋）陈振孙：《直斋书录解题》卷八，地理类，见《四库全书》，上海：上海古籍出版社，1987年。

志》三卷,陈氏曰:教授宋宜之纂,太守柴瑾为之序。"①《宋史》载:"宋宜之《无为志》三卷。"②《国史经籍志》亦载:"《无为志》三卷,宋宜之。"③光绪《重修安徽通志》载:"《无为志》三卷,教授宋宜之撰。"④文献中对于宋宜之的情况记载较少,《读易举要》提供了一些信息:"直学士院李椿年饶州浮梁人,撰《逍遥公易解》八卷,《疑问》二卷,乃门人鄱阳吴说之景传,所录其问答之辞。胡铨邦衡作序,淳熙己亥又有国博宋宜之再序,又有谏议大夫临江谢谔题。"⑤《宋元学案》中也有所记载:"宋宜之,字□□,不知其何所人也。亦受业于王信伯,尝录其语。"⑥由此可知,宋宜之是南宋淳熙己亥年(淳熙六年,1179年)前后在朝为官的,那么,他的这部三卷本《无为志》应该也是在这段时间前后编纂的。这部志书是符合《永乐大典》收书的时间条件的。

《舆地纪胜》在记载古巢湖水时还提到一部《无为军图经》,即:"古巢湖水北合于肥河,古者□□□□□□□,故魏窥江南则循涡入淮,自淮入肥,由肥而趋巢湖。吴人欲挠魏,亦必由此。厥后肥河堙塞,不复通于巢湖。事见《无为军图经》。"⑦根据无为州的建置沿革,从书名看,这部志书应修于宋朝。王象之《舆地纪胜·序》末署名:"嘉定辛巳孟夏东阳王象之谨序。"⑧嘉定辛巳即是嘉定十四年(1221年)。从王象之在《舆地纪胜·序》末所署时间看,《舆地纪胜》应该修于南宋嘉定十四年(1221年)前后,它转引的《无为军图经》则应修于南宋嘉定十四年(1221年)之前。这部志书也在《永乐大典》收书的时间范围之内。

---

① (宋)马端临:《文献通考》卷二○五,经籍考三二,杭州:浙江古籍出版社,2007年。
② 《宋史》卷二○四,志一五七,北京:中华书局,1977年。
③ (明)焦竑辑《国史经籍志》卷三,史类,明徐象橒刻本。
④ 光绪《重修安徽通志》卷三三九,艺文略,清光绪四年(1878年)刻本。
⑤ (宋)俞琰:《读易举要》卷四,见清文渊阁《四库全书》。
⑥ (清)黄宗羲:《宋元学案》卷二九,清道光刻本。
⑦ (宋)王象之:《舆地纪胜》卷四五,见《中国古代地理总志丛刊》,北京:中华书局,2003年。
⑧ (宋)王象之:《舆地纪胜》,序,见《中国古代地理总志丛刊》,北京:中华书局,2003年。

另外,《文渊阁书目》记载:"《濡须志》十二册。"①这部《濡须志》应修于明朝正统六年(1441年)以前。《山堂肆考》②、《渊鉴类函》③、光绪《重修安徽通志》④、乾隆《江南通志》⑤都曾转引过一部《濡须志》的内容,只是不知这部《濡须志》与《文渊阁书目》著录的《濡须志》是否为同一部志书。《四库全书总目》在介绍宋朝王之道撰写的《相山集》时曾言:"之道尝自号'相山居士',其集即以为名。《宋史·艺文志》作二十五卷,《书录解题》作二十六卷,《宝祐濡须志》及《濡须续志》俱作四十卷。"⑥

根据上述文献记载,从书名来看,历史上还曾修有《濡须志》、《宝祐濡须志》和《濡须续志》三部志书,只是其编修者和具体的编修时间并未说明清楚。《宝祐濡须志》书名中有"宝祐"二字,可知此志应该修于南宋宝祐年间。既然是"续志",则《濡须续志》当修于《宝祐濡须志》之后。《濡须志》也应该修于《濡须续志》之前,但与《宝祐濡须志》是何关系尚无法确认。不过人们称呼志书的习惯,要么直呼其名,要么将其编修时间放在书名前称呼,或者将编纂者姓名放在书名前。如,对于元朝延祐年间洪焱祖编修的《新安后续志》,就有《新安后续志》、《延祐新安后续志》和洪焱祖《新安后续志》三种称呼。以此类推,对同一部志书,既可以直接称其为"《濡须志》",又可以将编修时间带上称其为"《宝祐濡须志》"。但是如果从地区建置沿革的角度考察,以"濡须"为名的志书当修于东汉建安十七年(212年)至西晋太康元年(280年)之间,那么《永乐大典》中收录的以"濡须"为名的志书就应该修于这一时间段中。

从书名中提供的时间线索和从地区建置沿革两个方面考察,对于以"濡

---

① (明)杨士奇:《文渊阁书目》卷四,见清文渊阁《四库全书》。
② (明)彭大翼:《山堂肆考》卷十六,地理,见清文渊阁《四库全书》。
③ (清)张英:《渊鉴类函》卷二四,地部二,见清文渊阁《四库全书》。
④ 光绪《重修安徽通志》卷二九,舆地志,清光绪四年(1878年)刻本。
⑤ (清)赵弘恩等监修《江南通志》卷一七,舆地志,见《四库全书》,上海:上海古籍出版社,1987年。
⑥ (清)永瑢等撰:《四库全书总目》卷一五六,集部九,北京:中华书局,2008年。

须"为名的志书的编修时间会有上述两种不同的看法。出现这种情况的原因可能是：由于古人喜用古地名，如北宋宣和年间"新安"已改称"徽州"，但此后到明弘治以前所修之各部府志，仍皆以"新安"为名；南宋罗愿《新安志》、元朝洪焱祖《新安后续志》、明初朱同《新安志》等都是这种情况。既然借用古地名是方志编修中的一种习惯，则以"濡须"为名的志书也不一定修于东汉建安十七年（212年）至西晋太康元年（280年）间。南宋时期仍以"濡须"名志，应该是借用古地名。而且根据方志发展的基本脉络，魏晋时期尚没有定型的志书，当时流行的主要是地记，大多以"记"、"地记"、"传"为书名，以"志"为方志书名是宋朝方志体例基本定型后才广泛使用的，所以魏晋时期不太可能出现以"濡须志"为名的志书。故《宝祐濡须志》修于南宋宝祐年间，则《濡须续志》应该修于《宝祐濡须志》之后。按照人们对志书称呼的习惯，《濡须志》和《宝祐濡须志》可能是同一部志书，但因缺乏充分的依据，本书仍将《濡须志》和《宝祐濡须志》分开论述。

第八节 大典本《宝祐濡须志》研究

根据地区建置沿革、方志编修源流和佚文提供的时间线索，本节对《宝祐濡须志》的编修时间进行分析和说明，并对其佚文价值进行总结。

一、关于大典本《宝祐濡须志》编修时间的探讨

人们称呼方志书名时习惯于将志书的编修时间置于书名之前，根据这一情况，大典本《宝祐濡须志》书名中的"宝祐"二字应当是指这部志书的编修时间，《濡须志》才是真正的书名，也就是说大典本《宝祐濡须志》修于南宋宝祐年间，即宝祐元年至六年（1253—1258年）。

大典本《宝祐濡须志》佚文提供了较为明显的时间线索，为判断此志的编修时间提供了参考。佚文中提到的最晚时间是【官署】类目下"义桩局"一条中的"宝祐三年"，因此，大典本《宝祐濡须志》当修于南宋宝祐三年（1255

年)至宝祐六年(1258年)之间。

　　大典本《宝祐濡须志》佚文还收录了"庐江县"、"无为县"、"巢县"、"梁县"的资料,可以考察这四个县的建置沿革,进一步确定这部志书的性质。根据《隋书·地理下》①、嘉庆《重修庐州府志》②、光绪《庐江县志》③的记载表明,庐江县始设于南朝梁,后代相沿不改。庐江县宋属无为军,元属无为州,明朝直属庐州府管辖。《宋史·地理四》④、乾隆《无为州志》⑤、《明一统志》⑥和《明史·地理志》⑦的记载表明,无为县是在北宋熙宁三年(1070年)创建的。无为县在宋朝归无为军管辖;元朝初年属无为路,后属无为州;明朝洪武年间,无为县并入无为州。根据《旧唐书·地理志》⑧、《明一统志》⑨和道光《巢县志》⑩的记载,巢县之名始于唐朝,后代一直沿用。巢县宋属无为军,元属无为州,明亦属庐州府无为州。根据《宋史·地理志》⑪和《读史方舆纪要》⑫的记载,梁县本是慎县,因避宋孝宗之讳,在南宋绍兴三十二年(1162年)改名"梁县"。"梁县"之名始自宋朝绍兴三十二年(1162年),宋属庐州,

---

①　《隋书》卷三一,志二六,北京:中华书局,1973年。
②　嘉庆《重修庐州府志》卷一,沿革,见《中国地方志集成》,南京:江苏古籍出版社,1998年。
③　光绪《庐江县志》卷二,舆地志,见《中国地方志集成》,南京:江苏古籍出版社,1998年。
④　《宋史》卷八八,志四一,北京:中华书局,1977年。
⑤　乾隆《无为州志》卷一,建置沿革,1960年合肥古旧书店据清乾隆八年癸亥(1743年)刻本影印(石印)。
⑥　(明)李贤等奉敕撰:《明一统志》卷一四,见《四库全书》,上海:上海古籍出版社,1987年。
⑦　《明史》卷四〇,志一六,北京:中华书局,1974年。
⑧　《旧唐书》卷四〇,志二〇,北京:中华书局,1975年。
⑨　(明)李贤等奉敕撰:《明一统志》卷一四,见《四库全书》,上海:上海古籍出版社,1987年。
⑩　道光《巢县志》卷一,舆地志,见《中国地方志集成》,南京:江苏古籍出版社,1998年。
⑪　《宋史》卷八八,志四一,北京:中华书局,1977年。
⑫　(清)顾祖禹:《读史方舆纪要》卷二六,见《中国古代地理总志丛刊》,北京:中华书局,2006年。

元朝属庐州路，明初则省入合肥县，不复置县。

根据巢县、无为县、庐江县、梁县的区划归属，再结合书名中的"宝祐"二字，以及佚文中最后的时间"宝祐三年"，大典本《宝祐濡须志》佚文同时收录了巢县、无为县、庐江县和梁县的资料，大典本《宝祐濡须志》修于南宋宝祐三年（1255年）至宝祐六年（1258年）之间可知，其应该是一部庐州府志。

20世纪30年代，张国淦先生从《永乐大典》辑出的《濡须志》中实际上还包括一部《宝祐濡须志》。《中国古方志考》中有如下记述：

濡须志十册　宋　佚　蒲圻张氏大典辑本

《文渊阁书目》十九：旧志，《濡须志》十册①

《大典辑本》据大典二千二百六十七：六模（白湖），二千七百五十四：八灰（杂陂名），二千八百零八：八灰（古梅），三千五百二十五：九真（石洞门），七千五百十四：十八阳（济平仓），一万一千零七十七：八贿（鲟鱼觜），一万二千零四十三：二十有（赐酒），一万九千七百八十一：一屋（慈幼局、义椿局），二万三千零五十四：二质（夕），引宝祐《濡须志》十条。又二千五百三十六：七皆（宝晋斋），七千五百十四：十八阳（丰裕仓、平籴仓），七千五百十六：十八阳（大军仓、军仓），一万九千七百八十一：一屋（利民局），引《濡须志》六条。其籴仓条宝祐丁巳，丁巳宝祐六年②，知是宝祐五年以后所修。濡须自昔为重镇，水自巢湖出，《大典》引有庐江、无为、巢县、梁县，均庐州属县。其平籴仓，慈幼局各记，包括一郡事迹，此《濡须志》是《合肥郡志》，非《巢县志》。曰濡须者，以水名。③

由此可见，张国淦先生曾从《永乐大典》中辑出一部《濡须志》，认为此志为南宋宝祐五年（1257年）以后所修，是一部《合肥郡志》，而不是《巢县志》，

---

① 笔者查阅《文渊阁书目》（卷四，见清文渊阁《四库全书》），《濡须志》为"十二册"。
② 笔者注："宝祐丁巳"应为"宝祐五年"。
③ 张国淦：《中国古方志考》，北京：中华书局，1962年。

且已亡佚。在张国淦先生辑出的《濡须志》中实际上还有一部《宝祐濡须志》。看来张国淦先生认为两部志书应该是同一部书，故将两志合在一起辑佚。共辑出佚文16条，其中《濡须志》佚文6条，《宝祐濡须志》佚文10条。

杜春和整理、张国淦著的《永乐大典方志辑本》中辑出一部《宝祐濡须志》，编者按语称："《大典》引《宝祐濡须志》凡十四条，又《濡须志》凡十条。其平籴仓第'宝祐丁巳（宝祐六年）'①云云，知是宝祐五年以后所修。濡须自昔为重镇，水自巢湖出。《大典》引有庐江、无为、巢县、梁县，均庐州属县。其'宝晋斋'、'慈幼局'各条所记，包括一郡事迹，故此《濡须志》是《合肥郡志》，非《巢县志》。曰'濡须'者，以水名。"②编者辑出的《宝祐濡须志》中其实还有一部《濡须志》，看来编者仍将两志看作一志，并认为志书修于南宋宝祐五年（1257年）以后，故将两书佚文放在一起辑佚。相比20世纪30年代的《蒲圻张氏大典辑本》，《永乐大典方志辑本》辑出的佚文内容更为丰富，辑出《宝祐濡须志》佚文14条、《濡须志》佚文10条，多辑出《宝祐濡须志》佚文4条，即"胭脂湖"、"幽求子"、"百万湖"、"戒杀生"。《永乐大典方志辑本》辑出的《宝祐濡须志》佚文与《永乐大典方志辑佚》所辑《宝祐濡须志》佚文条目数量相同，佚文内容和出处基本相同。

笔者根据《永乐大典方志辑佚》辑出的大典本《宝祐濡须志》佚文提供的时间线索，判断此志应修于南宋宝祐年间，且在宝祐三年（1255年）之后，大典本《宝祐濡须志》应该就是《四库全书总目》中提到的那部《宝祐濡须志》，但其编修者无法考证。这部志书应该是一部庐州府志。《永乐大典方志辑本》的编者则是将《宝祐濡须志》和《濡须志》作为同一部志书进行辑佚的，且根据《濡须志》佚文中提供的时间线索，认为《宝祐濡须志》修于南宋宝祐年间，且在宝祐五年（1257年）以后。

---

① 笔者注："宝祐丁巳"应为"宝祐五年"。
② 杜春和整理、张国淦著：《永乐大典方志辑本》，北京：燕山出版社，2009年。

二、大典本《宝祐濡须志》佚文的价值

大典本《宝祐濡须志》佚文保存的资料共 14 条,2 500 字左右,主要是地理、经济、社会、人物、文化五方面的内容,包括山岭、湖泊、官署、陂塘、仓廪、人物、诗文等条目,涉及无为县、庐江县、梁县、巢县四县的有关情况。这些资料涉及面广,内容丰富,为了解相关地区历史发展特别是宋朝社会发展的史实提供了重要的参考资料。

(一)地理类资料的价值

地理类资料主要是自然地理方面的内容,共 4 条,包括山岭和湖泊,主要介绍了这些山川的地理位置、景胜、名称的来历以及相关的传说和历史事实,涉及庐江、无为两县,为了解相关地区历史发展过程中有关地理方面的情况提供了重要的资料。

> 庐江县北白石山有石洞门,在葛仙翁修行庵之西。仙翁诗曰:"白石分金井,丹砂布玉田。古今人自老,片月下平川。"所谓平川者,指巢湖也。按王乔,汉人,为叶令,有凫舄之异。仙翁,晋人,名洪,字稚川,为勾漏令,学道得仙,号抱朴子,距乔已数百年,今对弈于此,果真仙常在而不死。①[册四九卷三五二五页二十五]②

这条资料主要是介绍白石山上石洞门的所在位置,收录了葛洪的一首诗,并简单说明了诗文及作者的有关情况。这是目前庐州府方志中保存下来的最早的记载。现存文献中亦载有庐江县白石山的有关情况。《明一统志》载:"白石山,在无为州西北五十里,上有龙湫。"③《南畿志》④所载与之略

---

① 《永乐大典》(北京:中华书局,1986 年,第 2018 页)将此条收录在"石洞门"下。
② 马蓉等点校:《永乐大典方志辑佚》,第二册,北京:中华书局,2004 年。
③ (明)李贤等奉敕撰:《明一统志》卷一四,见《四库全书》,上海:上海古籍出版社,1987 年。
④ (明)闻人诠、陈沂纂修:《南畿志》卷三六,见《四库全书存目丛书》,济南:齐鲁书社,1996 年。

同。康熙《庐江县志》载:"白石山,治北七十里,山多白石,因名。巅有龙池、仙人洞。麓有侍郎陈公植墓。"①《江南通志》载:"白石山,在无为州西北四十里。山多白石,顶有龙池、仙人洞。"②《清一统志》③所载与之基本相同。乾隆《无为州志》载:"去城西北四十里,坐开城乡四图。上有龙湫、高崖、白石。时出清泉,旱亦不竭。《隋地理志》云:襄安县有白石山,即此。中有龙王小庙,其右为黑石岭,为桃花岭,为楚歌岭,即项羽散兵处。"④光绪《重修安徽通志》载:"白石山,无为州西北四十里。山多白石,顶有龙池、仙人洞。其右为楚歌、桃花诸岭。接巢县界。《隋书·地理志》:襄安县有白石山,即此。"⑤光绪《庐江县志》载:"白石山,距治北六十里。山多白石,故名。上有龙池、仙人洞诸胜迹。其阴为巢湖。"⑥光绪《续修庐州府志》载:"白石山,在庐江县西二十里。山多白石,顶有龙池、仙人洞。"⑦嘉庆《重修庐州府志》载:"白石山,在(庐江)县北二十里,山多白石。"⑧这些记载主要介绍了白石山的所在位置、山上景物、山名来历等情况,而对山上的石洞门没有提及,也未转载葛洪的诗文,对葛洪等人的情况也未作介绍。因此,大典本《宝祐濡须志》佚文保存的资料是从另一个层面来介绍庐江县白石山的相关情况的,与上述这些文献记载完全不同,有补充史料之不足的作用,为全面了解庐江县白石山及

---

① 康熙《庐江县志》卷三,山川,见《稀见中国地方志汇刊》,北京:中国书店,1992年。
② (清)赵弘恩等监修:《(乾隆)江南通志》卷一七,见《四库全书》,上海:上海古籍出版社,1987年。
③ (清)和坤等奉敕撰:《钦定大清一统志》卷八五,见《四库全书》,上海:上海古籍出版社,1987年。
④ 乾隆《无为州志》卷三,山川,1960年合肥古旧书店据清乾隆八年癸亥(1743年)刻本影印(石印)。
⑤ 光绪《重修安徽通志》卷二九,舆地志,清光绪四年(1878年)刻本。
⑥ 光绪《庐江县志》卷二,舆地志,见《中国地方志集成》,南京:江苏古籍出版社,1998年。
⑦ 光绪《续修庐州府志》卷六,山川,见《中国地方志集成》,南京:江苏古籍出版社,1998年。
⑧ 嘉庆《重修庐州府志》卷二,山川,见《中国地方志集成》,南京:江苏古籍出版社,1998年。

第一章 庐州府方志研究

相关问题提供了新的资料,具有重要的史料价值。

另外,上述各记载关于"白石山"距县里数皆不相同,有言"治北七十里"的,有言"县北二十里"的,有言"县西二十里"的,有言"治北六十里"的。未知孰是,姑存其说,俟考。

佚文中葛洪四句诗的前两句"白石分金井,丹砂布玉田",乾隆《江南通志》在记载溧水县白石观时也有收录,但却说是李白之诗,即:"白石观,在溧水县治东南六十五里荆山中。旧传卞和获玉之地,有卞和塑像。李白诗云:'白石分金井,丹砂布玉田'是也。"①为何葛洪和李白的诗中会有两句完全一样?查阅相关文献,李白在溧水游历时曾到过白石观,并赋诗一首咏分金井,诗曰:"白石分金井,丹砂布玉田。古今人易老,片月下长川。"②这首诗的内容与大典本《宝祐濡须志》佚文中葛洪诗内容基本相同,只有两字不同,不知是何原因。《全浙诗话》在介绍清溪道士时有这样的记载:"《处州府志》:清溪道士不详其名氏,修炼于青田山之混元峰。丹成,田产青芝,故田曰'芝田',山曰'芝山',溪曰'芝溪'。丹井尚在。相传有诗:'白石分金井,青芝布玉田。古今人易老,片月下伊川。'"③这首诗与上文中的诗句基本相同,或可能是在其基础上修改而成的。

> 在无为县天河中沙嘴,名曰鲟鱼。每岁四月江水入巢湖,至十月湖水出大江,皆沿鲟嘴过城下,留连顾挹久之,乃委注焉。④[册一百十卷一一〇七页二十三]⑤

这条资料介绍的是无为县天河中沙嘴的有关情况,说明了沙嘴中每年江水、湖水出入流动的情况。

---

① (清)赵弘恩等监修:《江南通志》卷四三,舆地志,见《四库全书》,上海:上海古籍出版社,1987年。
② 光绪《溧水县志》卷二〇,二氏志,见《中国方志丛书》,台北:成文出版社,1970年。
③ (清)陶元藻辑:《全浙诗话》卷二一,宋,清嘉庆元年(1796年)怡云阁刻本。
④ 《永乐大典》(北京:中华书局,1986年,第4624页)将此条收录在"鲟鱼嘴"条下。
⑤ 马蓉等点校:《永乐大典方志辑佚》,第二册,北京:中华书局,2004年。

胭脂湖,在西北十五里张演闸外,今为禁水。[册二十卷二二七〇页十六]①

这条资料记载了"胭脂湖"的地理位置及使用情况。

以上两条资料均为现存庐州府方志所鲜载,为了解自然地理和水运交通的有关情况提供了新的资料。

白湖,在庐江县东北五十里,周回七十余里,跨六乡,与巢湖为邻。[册二十卷二二六七页三十]②

这条资料介绍了庐江县白湖的地理位置、占地面积、邻界方面的情况。这是现存庐州府方志中最早的记载。现存文献多载有庐江县白湖的资料。《明一统志》载:"白湖,在庐江县东北三十里,周回七十余里。跨六乡,与巢湖相连,流入大江。"③《南畿志》④所载与之相同。《读史方舆纪要》载:"白湖,在(庐江)县东北三十里。"⑤康熙《庐江县志》载:"白湖,治东北三十里。其东有姥山,入水中,周连百余里,一方巨浸也。水出史家口西河注于江。"⑥《江南通志》载:"白湖,在庐江县东北三十里,周七十余里。跨六乡之地,与黄陂、后湖相连,为邑巨浸。"⑦《清一统志》载:"白湖,在庐江县东北三十里,周七十余里。其北为排字湖,东南合西河,由无为州界入江。"⑧嘉庆《重修庐州

---

① 马蓉等点校:《永乐大典方志辑佚》,第二册,北京:中华书局,2004年。
② 马蓉等点校:《永乐大典方志辑佚》,第二册,北京:中华书局,2004年。
③ (明)李贤等奉敕撰:《明一统志》卷一四,见《四库全书》,上海:上海古籍出版社,1987年。
④ (明)闻人诠、陈沂纂修:《南畿志》卷三六,见《四库全书存目丛书》,济南:齐鲁社,1996年。
⑤ (清)顾祖禹:《读史方舆纪要》卷二六,见《中国古代地理总志丛刊》,北京:中华书局,2006年。
⑥ 康熙《庐江县志》卷三,山川,见《稀见中国地方志汇刊》,北京:中国书店,1992年。
⑦ (清)赵弘恩等监修:《(乾隆)江南通志》卷一七,见《四库全书》,上海:上海古籍出版社,1987年。
⑧ (清)和坤等奉敕撰:《钦定大清一统志》卷八五,见《四库全书》,上海:上海古籍出版社,1987年。

第一章 庐州府方志研究

府志》载:"白湖,《天下名胜志》:'白湖,周围七十余里。跨六乡,与巢湖接连,流入大江。'《明隆庆志》:在县东北三十里。"①光绪《续修庐州府志》载:"白湖,在庐江县东北三十里";"周围七十八里,跨六乡,与巢湖接连,流入大江。"②光绪《庐江县志》所载与之略同。③ 光绪《重修安徽通志》载:"白湖,庐江县东北三十里,周七十余里。其北为排子湖,与巢湖相连。东南合西河,由无为州界入江。"④上述文献记载比大典本《宝祐濡须志》佚文记载的内容丰富,可以补其不足,也可以互相参证。

上述现存文献皆言白湖在"庐江县东北三十里",而大典本《宝祐濡须志》佚文则言"庐江县东北五十里"。疑佚文误,或以"三十里"为是,当为抄写所误。

(二)经济类资料的价值

经济类资料主要是水利和仓廪方面的内容,共两条。

水利类资料只有一条,是陂塘方面的内容,主要列举了陂塘的名称,为研究南宋宝祐以前庐州水利建设提供了资料。

> 胡母土陂。香山陂。八公乡。谢塘陂。蒲陂。宋政乡。铜陂。柘皇乡。闲慈陂。埠陂。上秦陂。大京陂。以上并在巢县内。许青关陂。柘格陂。子陂。董大陂。刘章陂。下常陂。崔陂。杜受陂。豹陂。丁家陂。高邦国斗陂。陈陂。仁塘陂。王长全陂。赤塍陂。都陂。何陂。荆陂。东角陂。长熟陂。刘仲柳陂。夏郭陂。蓝受陂。韩陂。夏侯陂。浪塍陂。毒龙陂。赤塘塍陂。九重陂。青章陂。却月陂。张聚奈何陂。丁云陂。许汕泉

---

① 嘉庆《重修庐州府志》卷三,山川,见《中国地方志集成》,南京:江苏古籍出版社,1998年。
② 光绪《续修庐州府志》卷七,山川,见《中国地方志集成》,南京:江苏古籍出版社,1998年。
③ 光绪《庐江县志》卷二,舆地志,见《中国地方志集成》,南京:江苏古籍出版社,1998年。
④ 光绪《重修安徽通志》卷二九,舆地志;卷六六,河渠志,清光绪四年(1878年)刻本。

陂。莲荷陂。乌砂陂。柘安陂。显陈陂。塔下陂。独木陂。王住等陂。踏陂。周吉陂。陑陂。助收陂。风陂。七里陂。三滩白陂。中陂。乌旧陂。鲤鱼陂。流湖陂。阚演独名陂。张士通陂。郭马陂。古颜陂。清流陂。桐泉陂。迁陂。小陂子。上陂。蔡隐陂。塘陂。当百陂。上陂。腊羊陂。东上陂。西隔陂。隔子陂。凌道陂。泉陂。张明朝东陂。韦钟二户小陈陂。刘立小洪陂。送陂。道水陂。步古陂。后陂。朴消陂。瓦步陂。使牛陂。莲花陂。牛刀陂。汤弯陂。小陂。上黄泥陂。空塚陂。下柳陂。王九陂。宝陂。虎头陂。南阳陂。大含陂。上各陂。东伦陂。半头陂。书郡陂。塔堲陂。关陂。马家陂。寨南陂。五关陂。下竹陂。东陂。苍百陂。陈隆陂。车古陂。滥陂。矩用陂。孤柳陂。周陂。陈宽陂。下鸦陂。上叉陂。下叉陂。下查陂。冯马陂。白龙陂。上花陂。庞革陂。新堰陂。沈陂。铜罐陂。兑陂。五龙陂。白油陂。丘陂。双卢陂。栅陂。五次陂。黄秀陂。崇陂。大铜陂。柳陂。土花陂。上家陂。游陂。抱土陂。黄郎陂。周琪陂。陈陂。梁彦真陂。上、下柘格陂。上游陂。下游陂。踏春陂。以上并在梁县内。① ［册三四卷二七五四页九］②

这条资料以县为单位,分别列举了200多口巢县和梁县陂塘的名称,陂塘归属明确,便于查阅和使用,是十分重要的资料,为了解南宋宝祐三年（1255年）以前巢县和梁县水利建设的基本情况提供了重要的资料。这是现存庐州府方志中最早的记载,具有补充史料之不足的价值。

济平仓,俗呼"济贫"。专一受纳秋苗,内济平仓受三县绝租。自嘉熙元年放免二税之后,俱成虚设。在军衙东者首废为判官厅,

---

① 此条《永乐大典》（北京：中华书局,1986年,第1398页）收录于"杂陂名"条下。
② 马蓉等点校：《永乐大典方志辑佚》,第二册,北京：中华书局,2004年。

第一章　庐州府方志研究

济平仓继为圣姥庙,今南仓、北仓为制司屯田仓。[册八一卷七五一四页二十]①

这条资料介绍了济平仓的别名、设立之初的目的和作用、地理位置、建设的基本情况和过程,以及后来逐渐成为虚设而改作他用的有关情况。济平仓,亦被民间称为"济贫仓",初设时专门是负责收纳秋季百姓上交的粮米的,但自南宋嘉熙元年(1237年)放免税粮后,便失去了作用,形同虚设。济平仓原址则改作他用,军衙东者改为判官厅,后又为圣姥庙;而制司屯田仓则成为后来的南仓和北仓。这条资料在现存庐州府方志中很难见到,有补阙现存文献记载之不足的作用,为了解南宋仓廪建设和变化的情况提供了新资料。

(三)社会类资料的价值

社会类资料只有一条局署方面的资料,即"义椿局",这条资料介绍了南宋社会救助机构建设方面的情况,为研究宋朝社会救助的有关情况提供了新的资料。

> 义椿局,庆元二年漕使石崇昭创置。以本司钱置赁屋,岁聚其入②,属军学掌之。本以阙士夫之家有丧不能③举、有女不能嫁者,而举人庆钱亦在焉。有规式刻于石。但所入微,其不能应二者之需。嘉定间,既别立贡庄,此局自当专为婚丧设,乃复混淆。宝祐三年,陆垚为各项分剔,盖以运司官产一百五十四亩四分五厘三毫,水田一百三十八亩一分四厘,陆地一④十六亩三分一厘三毫。

---

① 马蓉等点校:《永乐大典方志辑佚》,第二册,北京:中华书局,2004年。
② "人"字在《永乐大典方志辑本》(北京:燕山出版社,2009年,第85页)中为"人"字。根据文意,"人"字误。
③ 在《永乐大典方志辑本》(北京:燕山出版社,2009年,第85页)中缺"能"字。根据文意,应有"能"字。
④ 在《永乐大典方志辑本》(北京:燕山出版社,2009年,第86页)中缺"一"字。根据文意,应有"一"字。

71

规式前一二位云。[册一百七八卷一九七八一页十]①

这条资料主要介绍了宋朝义椿局的有关情况。根据佚文保存的资料，"义椿局"应该是一种救济性的局署，是南宋庆元二年(1196年)由漕使石崇创设的。嘉庆《无为州志》载："石崇昭，会稽人，淳熙间任教授。"②看来义椿局是石崇于昭庆元二年(1196年)任漕使时主持创建的。它的主要目的是帮助那些经济困难、无法办理婚丧之事的家庭，以解其燃眉之急。义椿局置赁房屋，其所聚之财由军学掌管，并将有关规定刻于石碑之上。义椿局的发展经历了一个变化的过程，最初尚能帮助经济困难的家庭，解决相应的问题，但由于收入越来越少，实在不能支撑下去，无法实现最初的愿望，于是在嘉定年间另立贡庄以解决经费来源问题。由于义椿局的职责有所混淆，宝祐三年(1255年)，陆霆对其职责进行了确定，对其财产进行清理，加强了管理，以充分发挥它的社会救济作用。从这条资料可以了解到南宋庐州社会救济工作的有关情况。关于"义椿局"的资料在现存庐州府方志中鲜于记载，这条资料是一条新的资料，也是目前保存下来的最早的一条记载，它为了解南宋庐州社会救济和保障方面的有关情况提供了新的参考资料，具有重要的史料价值。其价值有待进一步发掘利用。

(四)人物类资料的价值

两条人物资料主要介绍了相关历史人物的一些基本情况，为研究这两个历史人物提供了一些参考资料。

宋王蔺，字谦仲。尝在讲筵，孝宗赐酒，公辞以量浅，上曰："量随福至。"及公进酒，上又自令满斟，曰："酒逢知己饮。"君臣相得盖如此。③[册一百二四卷一二〇四三页二]④

---

① 马蓉等点校：《永乐大典方志辑佚》，第二册，北京：中华书局，2004年。
② 嘉庆《无为州志》卷一二，职官志，见《中国地方志集成》，南京：江苏古籍出版社，1998年。
③ 此条在《永乐大典》(北京：中华书局，1986年，第5200页)中收录于"赐酒"条下。
④ 马蓉等点校：《永乐大典方志辑佚》，第二册，北京：中华书局，2004年。

这条资料记载的是王蔺与宋孝宗饮酒时的一段对话。关于王蔺的情况，现存文献中多有记载。光绪《庐江县志》载："王蔺，字谦仲，乾道五年，擢进士第，为信州上饶簿、鄂州教授。四年，宣抚司幹办公事，除武学。谕孝宗幸学，蔺迎法驾立道周，上目而异之，命小黄门问知姓名，由是简记迁枢密院编修。官轮对奏五事，读未竟，上喜见颜色。明日论辅臣曰：'王蔺敢言，宜加奖。'擢除宗正丞，寻出守舒州。陛辞疏数条，皆极言时事之未得其正者。上曰：'卿议论峭直。'寻出手诏，王蔺鲠直敢言，除监察御史。一日，上袖出幅纸赐之曰：'比览陆贽奏议所陈，深切今日之政，恐有如德宗之弊者，可思朕之阙失，条陈来上。'蔺即对曰：'德宗之失在于自用，遂非疑天下士。'退即上疏，陈德宗之弊，并及时政阙失。上嘉纳之，迁起居舍人。言：'朝廷除授失当，台谏不悉举职给舍，始废缴驳内官、医官、药官，赐予之多、迁转之易不可不思，惊懼而正之。'上竦然曰：'非卿言，朕皆不闻。磊磊落落，惟卿一人。'除礼部侍郎兼吏部。尝因手诏谋选监司，欲得刚正如卿者可举数人，即奏举潘时、郑矫、林大中等八人。乞擢用，会以母忧去服。除召还，为礼部尚书，进参知政事。光宗即位，迁知枢密院事，兼参政，拜枢密使。光宗精厉初政，蔺亦不存形迹，除目或自中出，未惬人心者辄留之，纳诸御座，或议建皇后家庙，力争以为不可。因应诏上疏，愿陛下先定圣志，条列八事，疏入不报。中丞何澹论之以罢去。起帅阃易镇蜀，皆不就，后领祠帅江陵。宁宗即位，改帅湖南台臣，论罢归里，奉祠七年，薨。蔺尽言无隐，然嫉恶太甚，同列多忌之，竟以不合去。有奏议传于世。"①

《宋史·王蔺传》②、《南畿志》③、康熙《庐江县志》④、《江南通志》⑤、《清一

---

① 光绪《庐江县志》卷八，人物，见《中国地方志集成》，南京：江苏古籍出版社，1998年。
② 《宋史》卷三八六，列传一四五，北京：中华书局，1977年。
③ (明)闻人诠、陈沂纂修：《南畿志》卷三八，见《四库全书存目丛书》，济南：齐鲁书社，1996年。
④ 康熙《庐江县志》卷一二，人物，见《稀见中国地方志汇刊》，北京：中国书店，1992年。
⑤ (清)赵弘恩等监修：《(乾隆)江南通志》卷一四九，见《四库全书》，上海：上海古籍出版社，1987年。

《永乐大典》安徽江北方志研究

统志》①、乾隆《无为州志》②、嘉庆《庐州府志》③、嘉庆《无为州志》④、光绪《续修庐州府志》⑤、光绪《重修安徽通志》⑥等皆有记载王蔺的资料,但均未收录王蔺与宋孝宗饮酒之事,因此,大典本《宝祐濡须志》佚文保存的资料可以补充现存其他文献记载的不足,为了解王蔺这个历史人物的相关情况提供了新的资料。

  幽求子,晋杜夷,字行齐,潜人。操尚正素,博览经籍。王敦举为方正,遁于寿阳。年四十余,始还乡里,教授生徒。寻以胡寇,又移渡江。著《幽求子》二十篇。[册一百二卷一〇二八七页二十二]⑦

  这条资料主要介绍了杜夷的字、籍贯、品行、学术特点、学术著作,以及他退隐乡里、教授生徒的有关情况。现存文献多载有"杜夷"的资料。万历《六安州志》载:"晋杜夷,字行齐,世以儒学称。夷少而恬泊,操尚贞素,居甚贫,窘不营产业。博鉴化籍百家之书,笺历图纬,靡不毕究,闭门教授生徒千人。惠帝时,三察孝廉,举方正,俱不就。元帝时,特立儒林祭酒,诏曰:'处士杜夷栖情遗远,确然绝俗,才学精博,道行优备,以夷为祭酒。'辞疾,未尝朝会。帝尝欲诣夷,夷陈万乘之主不宜往庶人之家。帝乃与夷书曰:'吾与足下虽情在亡言,然虚心历载正以足下赢,疾故欲相省宁论常仪也。'又除国

---

① (清)和坤等奉敕撰:《钦定大清一统志》卷八六,见《四库全书》,上海:上海古籍出版社,1987年。
② 乾隆《无为州志》卷一五,仕绩,1960年合肥古旧书店据清乾隆八年癸亥(1743年)刻本影印(石印)。
③ 嘉庆《庐江县志》卷二六,名臣,见《中国地方志集成》,南京:江苏古籍出版社,1998年。
④ 嘉庆《无为州志》卷一八,人物志,见《中国地方志集成》,南京:江苏古籍出版社,1998年。
⑤ 光绪《续修庐州府志》卷三三,宦绩传,见《中国地方志集成》,南京:江苏古籍出版社,1998年。
⑥ 光绪《重修安徽通志》卷一四九,人物志,清光绪四年(1878年)刻本。
⑦ 马蓉等点校:《永乐大典方志辑佚》,第二册,北京:中华书局,2004年。

子祭酒,建武中令曰:'国子祭酒杜夷安贫乐道,静志衡门,日不暇给,虽原宪无以加也。'其赐谷二百斛,皇太子三至夷口孝经问义。夷虽逼时命,亦未尝朝谒。国有大政恒就夷咨访焉。明帝即位,夷自表请退。诏曰:'先王之道将坠于地,君下帷研思今之刘杨缙绅之徒,荣仰轨训,岂得高退而朕靡所取则焉。'太宁元年,卒,年六十六。命子以角巾素服敛。赠大鸿胪,谥曰'贞子'。所著《幽求子》二十篇行于世。"①

杜夷,《晋书》有传②,两者比较则知大典本《宝祐濡须志》佚文所载"幽求子"条为采撷《晋书》本传之精要,堪称精善。《隋书·经籍志》③、《旧唐书·经籍志》④和《新唐书·艺文志》⑤子部道家类,皆著录杜夷之书。唯隋《志》称此书为《杜氏幽求新书》二十卷,两唐《志》作三十卷,或因篇卷分合不同所致。而《郡斋读书志》、《直斋书录解题》已不著录杜夷书,其书或于南宋时已亡佚。其后,康熙《庐江县志》⑥、乾隆《霍山县志》⑦、同治《六安州志》⑧、光绪《重修安徽通志》⑨等书亦有相关记载,或袭自前志。

(五)文化类资料的价值

文化类资料共有 5 条,在大典本《濡须志》佚文中占有较大比重,不仅是了解庐州府文化成就的重要参考资料,也是研究庐州府历史发展过程所需的基本资料,具有重要的史料价值。

王蓬作《百万湖》诗二首:台下弥漫百万湖,丛生雚苇伴菰蒲。

---

① 万历《六安州志》卷六,人物,见《日本藏中国罕见地方志丛刊》,北京:书目文献出版社,1991 年。
② 《晋书》卷九一,列传六一,北京:中华书局,1974 年。
③ 《隋书》卷三四,志二九,北京:中华书局,1973 年。
④ 《旧唐书》卷四七,志二七,北京:中华书局,1975 年。
⑤ 《新唐书》卷五九,志四九,北京:中华书局,1975 年。
⑥ 康熙《庐江县志》卷一二,人物,见《稀见中国地方志汇刊》,北京:中国书店,1992 年。
⑦ 乾隆《霍山县志》卷六,人物志,见《稀见中国地方志汇刊》,北京:中国书店,1992 年。
⑧ 同治《六安州志》卷三二,儒林,见《中国地方志集成》,南京:江苏古籍出版社,1998 年。
⑨ 光绪《重修安徽通志》卷二二一,人物志,清光绪四年(1878 年)刻本。

自从围作民田后,每遇凶年一物无。农人今岁不施功,漫①撒田中谷自丰。极目黄云无际限,只将青②色望天公。③［册二十卷二二七〇页二十］④

这条资料收录的是两首关于百万湖的诗文,两首诗反映了不同的历史事实。第一首诗反映的情况是:由于水草丛生和百姓围湖造田,百万湖原来较为宽阔的水域日益变小,周围的环境也遭到破坏,自然条件变得十分恶劣,一遇到自然灾害则颗粒无收。第二首诗反映的情况是:由于自然环境良好,农民种植庄稼无需花费很大的力气就能够有很好的收成。这两首诗一后一前说明了百万湖由盛转衰的情况,反映了地理环境发生的变化,及其对湖域内居民生活的影响,是研究历史地理和社会史乃至经济史的重要资料。这两首诗在现存庐州府方志中很难见到,因此,可以补阙现存文献记载的不足。这条资料可以与大典本《庐州府志》佚文保存的百万湖的资料相互补充,从而更加全面地了解百万湖的变迁情况。

刘用行诗《无为县斋古梅》:疏疏密密卧檐牙,古县清贫有此花。彭泽菊松无酝藉,河阳桃李太铅华。临池照影成双好,与雪争辉自一家。消得抱琴鸣膝上,夜深燃烛对琼葩。⑤［册三五卷二八〇八页十六］⑥

关于刘用行的情况文献中有所记载。弘治《八闽通志》载:"刘用行,字圣与,晋江人。昌言七世孙,登嘉定戊辰第,知零陵、巴陵,皆以最。书通判

---

① "漫"字在《永乐大典方志辑本》(北京:燕山出版社,2009年,第86页)中为"浸"字。根据文意,"漫"字正确。
② "青"字在《永乐大典》(北京:中华书局,1986年,第841页)中为"晴"字。
③ 此条在《永乐大典》(北京:中华书局,1986年,第841页)收录于"百万湖"条下。
④ 马蓉等点校:《永乐大典方志辑佚》,第二册,北京:中华书局,2004年。
⑤ 此条在《永乐大典》(北京:中华书局,1986年,第1454页)收录于"古梅"条下。
⑥ 马蓉等点校:《永乐大典方志辑佚》,第二册,北京:中华书局,2004年。

道州,单车临蛮砦,谕自新蛮,感泣去。除知桂阳军,召为太常簿。出知安庆府,改潮州。详刑使者贪暴,用行命左右掩得其赃,械其卒,引章自劾,使者坐罢。知赣州,振削前蠹,声华烨。然终于郡,年八十二。用行貌修伟,遇事有执,诗文典丽。有《北山温游集》十卷,《杂稿》二十卷。"①《续文献通考》载:"《北山漫游集》十卷,《杂稿》二十卷。刘用行著。用行,字圣与,晋江人。登嘉定戊辰第。遇事有执,诗文典雅。"②从文献记载看,刘用行为南宋人,嘉定戊辰(嘉定元年,1208年)考取进士,后曾在零陵、巴陵、道州、桂阳军、安庆府、潮州等地为官,颇有政绩。刘用行有《北山漫游集》、《杂稿》两部文集问世。他不仅尽心尽职地做好地方官,而且还长于诗文,诗文典雅。

《全宋诗》亦收录了刘用行的《无为县斋古梅》,而且也是转引自"《永乐大典》卷二八〇八引《宝祐濡须志》"③,资料出处和内容皆与大典本《宝祐濡须志》佚文同。《全宋诗》的编者对刘用行也做了简单介绍:"刘用行(1168—1249),字圣与,晋江(今福建泉州人)人。宁宗嘉定元年(1208)进士。历杨子尉、知零陵、巴陵县,通判道州,知桂阳军、安庆府。理宗端平元年(1234),知潮州(清雍正《广东通志》卷二六)。淳祐九年,知赣州,卒于官,年八十二。有《北山漫游集》,已佚。事见《后村先生大全集》卷一五《刘赣州》。"④

刘用行《无为县斋古梅》诗在现存庐州府方志中很难见到,大典本《宝祐濡须志》佚文可以补充现存庐州府方志记载的不足。

杨元亨词《沁园春·无为灯夕上陆史君》:一棹横江,问讯⑤盟鸥,太守谓谁?道皇华使者,光风洒落。元宵三五,乐与民俱。宝楥金鞯,玉梅钗燕,斗鸭阑干花影嬉。人迎笑,似玉京春浅,长是灯

---

① (明)陈道:《(弘治)八闽通志》卷六七,人物,明弘治刻本。
② (明)王圻:《续文献通考》卷一八〇,经籍考,明万历三十年(1592年)松江府刻本。
③ 北京大学古文献研究所编:《全宋诗》,第54册,北京:北京大学出版社,1998年。
④ 北京大学古文献研究所编:《全宋诗》,第54册,北京:北京大学出版社,1998年。
⑤ "讯"字在《永乐大典方志辑本》(北京:燕山出版社,2009年,第86页)中为"信"字。根据文意,当以"讯"字为佳。

时。　风流不减人知,算①岳牧词人谁似之。把南楼风月,渚宫丘壑,竹西歌舞,行乐濡须。万斛金莲,满城开遍,朵朵留迎学士归。明年宴,看柑传天上,月在云西。②[册一百八三卷二〇三五四页二十]③

《全宋词》④收录了这首词,亦是转引自"《永乐大典》卷二万零三百五十四夕字韵引宝祐《濡须志》",资料出处和内容皆与大典本《宝祐濡须志》佚文同。

以上两条资料保存了一首诗和一首词,这些诗词在现存庐州府方志中很难见到,是十分珍贵的资料,为了解文化方面的有关情况提供了新的资料。

皇帝戒杀生御笔:朕惟诞节放生祝寿,乃臣子忠爱。锡宴食品,自有彝式。如闻州军县镇,缘⑤此广务烹宰,殊失好生之意。今宜戒敕不得多杀物命,一如景祐三年诏书,务令遵守,仍往所在放生池刻石。[卷八五六九页十四]⑥

这条资料反映的是继北宋景祐三年(1036年)禁止杀生的诏书下达之后,宋仁宗又一次下达了严禁杀生的诏令,希望人们有好生之德,并严申禁令。这篇"御笔"反映了宋朝统治者的"好生"思想,为了解宋朝政治制度、统治思想等方面的情况提供了新的参考。这条资料在现存庐州府方志中很难看到,可以补史之阙。

---

① "算"字在《永乐大典方志辑本》(北京:燕山出版社,2009年,第86页)中为"弄"字。
② 此条《永乐大典》(北京:中华书局,1986年,第7640页)收录于"夕"字条下。
③ 马蓉等点校:《永乐大典方志辑佚》,第二册,北京:中华书局,2004年。
④ 唐圭璋主编:《全宋词》,第五册,北京:中华书局,1965年。
⑤ "缘"字在《永乐大典方志辑本》(北京:燕山出版社,2009年,第87页)中为"绿"字。"绿"字 误。
⑥ 马蓉等点校:《永乐大典方志辑佚》,第二册,北京:中华书局,2004年。

第一章 庐州府方志研究

《慈幼局记》：昔者圣人茂对时育万物，一草之茁萋萋然，一木之萌夭夭然，毋覆巢，毋杀孩虫，鱼尾不盈尺不中杀，不鬻于市。夫于庶物也如此，则其①于吾民也可知其仁矣，于其子与人之子也可知其亲矣。伊川先生少时取食猫之鱼，大者如指，细者如箸，养盆池中，作文记之曰："生汝诚吾心，汝得生已多。万类天地中，吾心将奈何"。曾南丰之记孙齐杀秃秃曰："人固择于禽兽夷狄。禽兽夷狄于其配合孕育，知不相祸，相祸则其类绝也久矣。如齐何②议焉？"余思圣人之政，又观二书，未尝不三复而叹。山阴陆景思鸷为大农簿，以才选分符徙濡须。予节漕淮南。以书走余杭，抵余于野寺中，曰："吾守边三枣红矣。它不足为公道，顾尝有所怵惕。创慈幼局，节约漕用，得缗钱一十五万，用抵当法，会其息，给生子者。为条目，使经久。郡日有助，率五十缗。局成未几，活婴儿已数十百。盖推行先朝胎养令，亦以闻诸朝矣，欲后人之增培之也。盍为我记？"自仁义之说微，而世之论治者，以兵与财为急。况乎戎马之郊，云霜之外，驰驱四牡，角声满天，撑左支右，日惧不给，旅单而室罄，戈朽而鼓寒，疏以为告焉宜也。若夫野清人散，火腥鬼哭，壮夫健妇化为尘壤，吊古冤新亦可也。居养虽旧典，视兵与财之方急，不几迂乎？曰：不然。方千里者九而取七十焉，或取百焉，其兵财多寡亦可行而计矣。然而卒无敌于天下，岂有他术哉？汤为一童子，文王矜幼无父者，发政必先焉，如此而已耳。志伊、吕之志者，舍是焉学？彼伯者之善于富强，而葵丘载书必曰慈幼，孟子犹有取焉。盖古之人甚爱赤子，每与老老并称，故曰："若保赤子。"曰："乍见孺子。"蒙穉必待养，受之以需，饮食之道也。饮食有讼，则事制曲防以永其终。圣人所以续乾坤之生德者在是，朕使其得之矣。

---

① 《永乐大典方志辑本》（北京：燕山出版社，2009年，第84页）中缺"其"字，误。
② "何"字在《永乐大典方志辑本》（北京：燕山出版社，2009年，第84页）中为"如"字，误。

《养鱼记》曰:"吾知江海之大而未得其路。"此泽天下之志也。景思以文学论议取重当世,而其勤于民者又如此。维时艰虞,方赖其用,使深山穷谷之间,鸡豚酒醪,饘粥在鼎,而鳏寡废疾皆有养也。余羸老也,其亦庶有望乎。宝祐三年九月甲寅,朝散大夫、集英殿修撰、提举江州太平兴国宫杨栋记。①[册一百七十八卷一九七八一页四]②

这篇记文是陆壡请杨栋为慈幼局撰写的。"陆壡,字景思,贯绍兴府,习赋。壬辰进士。五年七月,以尚书礼部员外郎暂兼侍立修注官,兼翰林权直,兼国史院编修,官实录院检讨官,兼崇政殿说书,除少监,兼职依旧。当年八月,除起居舍人"。③杨栋,字元极,眉州青城人,绍定二年(1229年)进士。杨栋之学"本诸周、程二氏,负海内重望,学者称为'平舟先生'。所著有《崇道集》、《平舟文集》。"④《慈幼局记》虽是一篇记文,但其内容却是有关社会救济和保障的。

这篇记文主要论述了有关养老爱幼的思想,并且记述了陆壡创设慈幼局的事情。总之,这则资料可分为两大部分内容:一部分内容主要是列举了程颐和曾巩的例子,借以说明"仁爱"是圣人贤者共有的品行。宋朝理学大师程颐取喂猫之鱼养于盆池中,并称"生汝诚吾心,汝得生已多。万类天地中,吾心将奈何",反映了程颐怜惜生灵的心情。《宋史》⑤有程颐传,但未收录他的这件事和这番言论,大典本《宝祐濡须志》佚文可与其互为补充,借此可全面了解程颐的思想。曾巩曾就孙齐杀秃秃一事作文记之,认为人与人应该相互关爱,而不要互相杀戮,如果滥行杀戮,人类就会走向灭亡。《曾巩

---

① 此条在《永乐大典》(北京:中华书局,1986年,第 7377 页)中收录于"慈幼局"条下。
② 马蓉等点校:《永乐大典方志辑佚》,第二册,北京:中华书局,2004年。
③ (宋)佚名:《南宋馆阁续录》卷七,见清文渊阁《四库全书》。
④ (明)徐象梅:《两浙名贤录》卷五四,明天启刻本。
⑤ 《宋史》卷四二七,列传一八六,北京:中华书局,1977年。

集》①中收录了这篇《秃秃记》，两文相比可以说明大典本《宝祐濡须志》佚文是准确的。另外，这篇记文还列举了商汤、周文王、孟子等圣人贤者有关"仁爱"的言行。记文以这些活生生的例子，充分地论述了慈爱之心、慈爱之举的重要性。

这篇记文的另一部分内容则叙述了陆礿历尽艰辛最后成功地创建了慈幼局的事情，并借此文以彰表他的功绩。慈幼局实际上是一种社会救济性机构，是前朝"胎养令"措施的沿续，救助的对象是刚刚出生的婴儿，主要目的是让新生儿能够顺利生存下来。东汉光武帝时已开始对生育孩子的家庭给予优待，章帝时则颁布《胎养令》，进一步照顾产子的妇女和其丈夫。《玉海》中就收录了《汉胎养令》，并对宋朝胎养令的相关情况也做了介绍，其内容如下："章纪元和二年春三月乙酉诏曰：'令云人有产子者复勿算三岁，今诸怀妊者，赐胎养人三斛，复其夫勿算一岁，著以为令。'三年春正月乙酉诏曰：'盖人君者，视民如父母，有惨怛之忧，有忠利之教、匍匐之救。其婴儿无父母亲属及有子不能养食者，廪给如律。'论曰：'章帝长者，感陈宠之议，除惨狱之科，深元元之爱，著胎养之令。'《晋志》：'光武时，民有产子者，复以三年之算。'宋朝仁宗嘉祐三年，韩宗彦请修《胎养令》，以为继嗣。汉室皆章帝苗裔，以仁心养民故也。绍兴二十七年九月，范如志请举《胎养令》。"②救助和照顾婴幼儿的活动自东汉开始，宋朝则继承了这一做法，用其他方式来实现对婴幼儿的救助，慈幼局的设置即是其中的一种形式。

陆礿为山阴人，任大农簿时被调到无为州，他在无为州做官时设置了慈幼局，用以救助婴幼儿，使其存活下来。从这篇《慈幼局记》反映的情况看，慈幼局的经费主要是通过节约漕用筹集的，刚开始有缗钱15万，将此作为母钱，令其生息，以其息给生子者。慈幼局创立后不久，就成功地帮助数百名婴儿存活下来。这篇记文的撰写者杨栋也深有感触，如果整个社会都能崇尚养老爱幼的精神，那么，不仅是婴幼儿可以保全性命，而且"鳏寡废疾皆

---

① 《曾巩集》卷一七，见《中国古典文学基本丛书》，北京：中华书局，1984年。
② （宋）王应麟：《玉海》卷六五，诏令，见清文渊阁《四库全书》。

有养"。杨栋不禁感慨道:"余羸老也,其亦庶有望乎?"

通过这条资料不仅可以进一步加深对程颐、曾巩等人"仁爱"思想的认识,也可以了解到宋朝庐州府社会救助方面的措施和政策情况。这条资料不仅是研究社会史的重要参考资料,也是研究历史人物思想的重要资料。另外,将这篇记文与大典本《宝祐濡须志》佚文收录的"义椿局"条相结合,不仅可以更加全面地了解陆蓥这个人物的有关情况,也可以进一步了解宋朝社会保障措施实施的情况。由于慈幼局的资料在现存庐州府方志中很难见到,因此,这条资料是十分珍贵的资料,可以补充现存记载的不足,是研究无为州社会历史发展的新资料,特别是研究社会史不可缺少的重要资料。

根据地区建置沿革、方志编修源流、佚文提供的线索,大典本《宝祐濡须志》应该修于南宋宝祐年间且宝祐三年(1255年)以后,它保存的资料都是现存庐州府方志中最早的记载。其中"皇帝御笔"、"《慈幼局记》"、"杨元亨词"、"刘用行诗"、"《百万湖》诗"、"义椿局"、"济平仓"、"陂塘"、"脂胭湖"等资料是现存方志所鲜载的,可以补充现存文献记载的不足,为了解相关地区的文化、经济、自然、社会等方面的情况提供了新的资料。应该进一步发掘利用这些资料的价值。

第九节　大典本《濡须志》研究

根据地区建置沿革、佚文提供的线索以及其他文献记载,本节对大典本《濡须志》的编修时间进行分析和探讨,并对其佚文价值进行总结。

一、关于大典本《濡须志》编修时间的探讨

要想探讨大典本《濡须志》的编修时间,可以从佚文提供的时间线索入手。佚文中多处提到时间,如"崇宁四年"、"嘉泰元年"、"宝庆元年"、"绍定三年"、"淳祐九年"、"宝祐二年"、"宝祐丁巳"等,其中最迟的时间是"宝祐丁巳",即宝祐五年(1257年)。根据这一时间线索,大典本《濡须志》应该修于

南宋宝祐五年(1257年)以后明永乐六年(1408年)以前。

大典本《濡须志》佚文涉及无为州和无为县、庐江县、巢县三县的相关史实。无为州出现时间最迟,元至元二十八年(1291年)无为路改为无为州,而无为县则在明朝洪武年间并入无为州。根据上述四个地区的建置沿革可知,大典本《濡须志》应修于元至元二十八年(1291年)至明朝洪武年(无为县并入无为州之时)间,不应该是一部县志,而是一部庐州志。

如前文所言,《永乐大典方志辑本》的编者辑出的《宝祐濡须志》中还包括一部《濡须志》,编者应该是将两志看作一志,所以将两部志书放在一起进行辑佚,并认为这部志书修于南宋宝祐五年(1257年)以后。

宫为之先生的《皖志史稿》亦对《濡须志》有如下论述:"《濡须志》十册,佚名,书成于宋宝祐五年(1257)以后,是志非巢县志,因志中'平籴仓'、'慈幼局'都各记庐江县、无为县、巢县、梁县,而此皆庐州属县,故此《濡须志》是《合肥郡志》,而非《巢县志》。濡须自古为重镇,水自巢湖出,曰濡须者,以水名。是志书目《文渊阁书目》十九收录,《永乐大典》多征引,《蒲圻张氏大典辑本》亦有所辑。"[①]由此可知,宫先生认为《永乐大典》收录的《濡须志》是南宋宝祐五年(1257)以后编修的,是一部《合肥郡志》,而非《巢县志》。

张国淦和宫为之均认为《永乐大典》收录的《濡须志》是一部《合肥郡志》,他们都是将大典本《濡须志》和《宝祐濡须志》看作同一部志书,将两志佚文合在一起研究,最后得出此结论的。而笔者仅对大典本《濡须志》佚文进行探讨,认为此志应该是一部庐州志,修于元至元二十八年(1291年)至明朝洪武年间(无为县并入无为州之时)间。

将《永乐大典方志辑佚》辑出的《濡须志》和《永乐大典方志辑本》辑出的《濡须志》佚文进行比较,其内容和出处基本相同。

二、大典本《濡须志》佚文的价值

大典本《濡须志》佚文保存的资料共11条,2 000字左右,主要是地理、

---

① 宫为之:《皖志史稿》,合肥:安徽人民出版社,1997年。

经济、社会三方面的内容,包括宫室、斋堂、物产、仓廪、社会救济等方面的内容,资料涉及无为州、无为县、庐江县、巢县。这些资料涉及面广,内容丰富,为了解庐州历史发展特别是宋朝的相关史实提供了重要参考资料。它保存的资料应该是目前地方志中最早的资料。

(一)地理类资料的价值

地理类资料是人文地理方面的内容,共三条,主要介绍了宫室的地理位置、名称的来历、修建情况,以及相关的传说和历史事实。

> 巢许二贤堂,在巢县风水山。宝庆元年,县令胡焯建。① [册六九卷七二三六页八]②

这条资料介绍了巢县二贤堂的地理位置、修建的时间和修建者的姓名。巢许,是指传说中的唐尧时巢父、许由二位隐士。《高士传》载:"巢父者,尧时隐人也。山居不营世利。年老以树为巢而寝其上,故时人号曰'巢父'。尧之让许由也,由以告巢父。巢父曰:'汝何不隐汝形、藏汝光?若非吾友也。'击其膺而下之。由怅然不自得,乃过清冷之水,洗其耳,拭其目,曰:'向闻贪言负吾之友矣。'遂去,终身不相见。"③康熙《巢县志》载:巢父"陶唐时人,以树为巢,楼息其上,故曰巢。今与许由并祀于万家山傍,名二贤祠。"④尧以天下让之,巢父不受。又让许由,亦不受。传说巢父为巢湖人,故设堂纪念。

> 清心堂,在道院后,即旧道院基也。宝祐三年,陆銎创造。堂后主廊六楹,靓深明彻,名曰中斋。左右相向为二阁,取柳子厚名永州东亭之意,左曰朝室,右曰夕室。郡斋容客之多者,无出于此。[册七一卷七二四〇页十一]⑤

---

① 此条在《永乐大典》(北京:中华书局,1986年,第2935页)收录于"二贤堂"条下。
② 马蓉等点校:《永乐大典方志辑佚》,第二册,北京:中华书局,2004年。
③ (晋)皇甫谧:《高士传》卷上,见明刻《古今逸史》。
④ 康熙《巢县志》卷一五,人物,见清康熙十二年(1673年)刻本。
⑤ 马蓉等点校:《永乐大典方志辑佚》,第二册,北京:中华书局,2004年。

这条资料介绍了清心堂的地理位置、修建的时间、修建者的姓名,并说明了该堂的结构和布局,指明此堂是当时当地容客最多的殿堂,规模很大。由此条资料亦可知陆壑的一些情况,将其与大典本《宝祐濡须志》佚文保存的"义椿局"和"《慈幼局记》"两条资料相结合,可以更加全面地认识陆壑这个人物。

以上两条资料都是现存最早的记载,而且是现存文献鲜于记载的,大典本《濡须志》佚文保存的资料对现存文献记载有补阙的作用,为了解庐州府人文地理、人物方面的情况提供了新的参考资料。

宝晋斋,在褒诏堂东北。崇宁四年,米芾始建,以晋人法书碑刻函壁间,故名焉。中更改筑,不知其几,惟张孝祥所书扁尚存。孟植《重建宝晋斋记》:宝晋斋,濡须郡守燕坐之室也。崇宁乙酉,襄阳米公元章由书学博士出守是郡,以梁、唐御府所①藏晋王、谢法书刻于其中而以名之,故宝晋之名闻天下。中更兵燹,尚余王略一帖,仅若灵光之独存,世益珍之。斋旧南乡,蔽于前庑,规制隘甚,屋老欹侧②,当改作矣,前所或未暇也。庆元丁巳,国子监丞金华杨公师旦自诡治郡,以简静之政抚柔此民,岁事涞登,政益暇裕。粤明年九月庚中,乃撤而新之,且易旧乡,东瞰平衍,崇宇修梁,高明靓深,轩楹四达,意象豁如。退食之暇,草公车之楗,详犴狂之讼,藏修游息,莫不在是。冬曦秋月,又乐与宾客共之。而属植记其梗概,植辞不能屡矣。公一日相过而言曰:"君记不作,恐来者不知改造之故,吾将题于柱而刻之,可乎?"植愧而谢之。《诗》曰:"蔽芾甘棠,勿剪勿伐,召伯所茇"。夫善政及民,以茇舍之陋,民犹久而知爱敬之,况夫易湫隘而为爽垲,非务适己,盖以出政而惠民,且使昔

---

① 《永乐大典方志辑本》(北京:燕山出版社,2009年,第89页)缺"所"字。根据文意,以有"所"字义长。

② "欹侧"在《永乐大典方志辑本》(北京:燕山出版社,2009年,第90页)中为"剞侧"。"欹侧"为"倾斜、歪斜"之意。结合文意,应以"欹侧"为确。

贤翰墨,风流雅尚,久而并著,顾岂待言而后传乎?然以公约已省①费,铢积而为此。既成,复取旧刻及扁置梁壁间,以名逊前人,以佚遗后人,若己未尝为之者,又将庇兹石于不朽,是皆宜书。惜乎,予文不足以发挥乎此也,姑使来者有考其岁月焉。又明年十月既望,通守澶渊孟植记。[册二九卷二五三六页七]②③

这篇记文是南宋庆元五年(1199年)孟植奉杨师旦之命撰写的。孟植,字元立,临川人,南宋开禧、嘉定年间曾在朝为官。这条资料介绍了宝晋斋的地理位置、修建的时间、修建者的姓名,以及命名的原因、几经改筑的情况。这条资料最重要的一点是保存了一篇关于宝晋斋重建的记文。通过这篇记文,不仅可以了解到宝晋斋初建的一些情况,还可以较为全面地了解到宋朝庆元年间杨师旦重修宝晋斋的情景,同时也可以了解到杨师旦治郡时善政爱民的事实。这篇记文既是一篇记载宝晋斋重修的文章,又是一篇歌颂杨公惠政爱民的记文。这条资料既可以归为人文地理方面的资料,也可以归为文化类资料。这是目前保存下来的最早的一条记载。现存方志中也有关于宝晋斋的记载,但大多较为简略。《明一统志》载:"宝晋斋,在无为州治,宋守米芾建。有晋人法书碑刻函壁间,因名。"④《南畿志》⑤、《江南通志》⑥、乾隆《无为州志》⑦所载与之略同。《大明一统名胜志》载:"《纪胜》云:郡治有宝晋斋,

---

① "省"在《永乐大典方志辑本》(北京:燕山出版社,2009年,第90页)中为"首"字。根据文意,当以"省"字准确。"首"字误。

② 《永乐大典方志辑本》(北京:燕山出版社,2009年,第90页)标注此条出自《永乐大典》"卷二千五百六十三",笔者核之,误,应为"卷二千五百三十六"。

③ 马蓉等点校:《永乐大典方志辑佚》,第二册,北京:中华书局,2004年。

④ (明)李贤等奉敕撰:《明一统志》卷一四,见《四库全书》,上海:上海古籍出版社,1987年。

⑤ (明)闻人诠、陈沂纂修:《南畿志》卷三七,见《四库全书存目丛书》,济南:齐鲁书社,1996年。

⑥ (清)赵弘恩等监修《江南通志》卷三五,见《四库全书》,上海:上海古籍出版社,1987年。

⑦ 乾隆《无为州志》卷一〇,古迹,1960年合肥古旧书店据清乾隆八年癸亥(1743年)刻本影印(石印)。

米元章建,四壁皆函,晋人法帖因以为名,有墨池,大字书也。池在厅事西北,相传每夜蛙声聒人,公取瓦书押字投之,自是蛙不夜鸣。"①嘉庆《重修庐州府志》载:"宝晋斋,米元章建,中藏晋人法帖";宝晋斋,"在州治东,有法书碑刻"。②嘉庆《无为州志》则载:"宝晋斋,今为米公祠,在州治内。本米芾建,以藏晋人法书因名。国朝相继修葺,乾隆三十七年,州守张侨摹刻陈洪绶所画南宫拜石图于石,并为题识,碑峙祠左。三十九年,署州守琨玉修祠,建有书画舫、香月亭及宝晋斋、拜石轩,记自书勒石。嘉庆元年,州守顾浩修葺题额。"③光绪《重修安徽通志》又载:"宝晋斋,在无为州治东北。宋州守米芾建,以晋人法书碑刻嵌壁间,因名。今为米公祠。"④除嘉庆《无为州志》补充了宝晋斋在清朝相继修葺的一些基本情况外,上述各文献主要记载了宝晋斋的位置、修建时间和修建者姓名及名称来历的情况。相比而言,大典本《濡须志》佚文保存的资料最为丰富,特别是保存了孟植撰写的《重建宝晋斋记》,这是对现存文献记载不足的补充,为了解宋朝与宝晋斋有关的历史事实提供了新资料,应当给予充分的重视。

(二)经济类资料的价值

经济类资料主要包括物产、仓廪两方面的内容,共有7条。

物产类资料有两条,即小麦和大麦两条。

> 小麦四种。蚕白、中白、晚白、和尚。[册一百八八卷二二一八一页二]

> 大麦四种:白。粉多。紫。又名糯,可酿。米。微瘦。番。旧有此种,来自北方。[卷一百八八卷二二一八一页五]⑤

---

① (明)曹学佺:《大明一统名胜志》卷一三,见《四库全书存目丛书》,济南:齐鲁书社,1996年。
② 嘉庆《重修庐州府志》卷五,古迹,见《中国地方志集成》,南京:江苏古籍出版社,1998年。
③ 嘉庆《无为州志》卷四,舆地志,见《中国地方志集成》,南京:江苏古籍出版社,1998年。
④ 光绪《重修安徽通志》卷四九,舆地志,清光绪四年(1878年)刻本。
⑤ 马蓉等点校:《永乐大典方志辑佚》,第二册,北京:中华书局,2004年。

《永乐大典》安徽江北方志研究

这两条资料列举了大麦和小麦的几个品种,并简明扼要地说明了四个大麦品种的特点及来源地。虽然内容较为简略,但这些资料是现存最早的资料,也是现存方志中很难见到的资料,具有补充现存方志记载之不足的价值;且说明了当时小麦和大麦在庐州地区推广的情况,这些大麦和小麦品种在后世鲜有种植,为了解庐州粮食品种变化情况提供了重要的参考。

仓廪类资料五条,包括屯田仓、运司丰裕仓、军仓、大军仓,分别介绍了这些仓廪的地理位置、建设的基本情况和过程,是研究宋朝仓廪情况的重要参考资料。这些资料也是研究庐州经济发展情况的基本资料。

> 屯田仓,在大军仓后。宝祐二年李大亨创建,为屋一十楹。
> [册八十卷七五一二页二二四]①

这条资料介绍了屯田仓的位置、修建的时间、修建者及规模。由这条资料可知,南宋宝祐二年(1254年)李大亨在大军仓后修建了屯田仓,房屋共有10楹。根据《续后汉书》②等文献记载,屯田仓建立的目的之一就是为了保证军食之需。佚文记载的屯田仓应该也具有这方面的功能。

> 运司丰裕仓,东西二所。在仓步门里,古盐仓基也。东仓,嘉泰元年时佐建,宝庆元年曾式中修,宝祐二年陆聱重修,为屋六十三楹。西仓,宝庆元年曾式中重修,为屋八十五楹。专一受纳本司两庄三圩课稻,以充司存百色支遣。自淳祐九年归之屯田,二仓亦成虚设,今为朝廷椿积仓及总所大军仓。[册八一卷七五一四页三十二]③

这条资料记载的是"运司丰裕仓"的数量、位置、修建时间、修建者、受纳支遣粮米的情况,以及修建兴废的发展过程。由这条资料可知,运司丰裕仓

---

① 马蓉等点校:《永乐大典方志辑佚》,第二册,北京:中华书局,2004年。
② (元)郝经:《续后汉书》卷八六,见清文渊阁《四库全书》。
③ 马蓉等点校:《永乐大典方志辑佚》,第二册,北京:中华书局,2004年。

分为东西两所,皆在仓步门里,即古盐仓基。东仓是南宋嘉泰元年(1202年)初建,宝庆元年(1225年)由曾式中建成,宝祐二年(1254年)陆鬒又加以重修,建成和重修之后有屋63楹。而西仓则在宝庆元年(1225年)由曾式中重修,共有屋85楹。此仓建成之后专门受纳本司两庄三圩的课稻,粮食收上来以后则贮存起来以供百色支用。但到淳祐九年(1249年)时这一受纳任务交由屯田仓,此后东西二仓便形同虚设,代之由椿积仓和总所大军仓承担它的职责。

军仓四所:一在军衙东,建造年月不可考。一在报恩寺东,绍定元年沈景渊建,为屋三十九楹,名南仓,扁曰丰积。旧来路径迂僻,又近军寨,宝祐三年陆鬒如辟通大街,置外门。一在嘉莲池西北、古冈之上,绍定三年季衍建,为屋五十五楹,名北新仓。一在朝宗门里。[册八—卷七五—六页一]①

这条资料介绍了军仓的数量、修建时间、修建者、规模等方面的情况。军仓实际上有4所,分置于军衙东、报恩寺东、嘉莲池西北和朝宗门里。这4所军仓的修建时间不一,有绍定元年(1228年)修成的,有宝祐三年(1255年)建成的,有绍定三年(1230年)建成的,还有一所建造年月已不可考。根据军仓建设数量的增加,可知军仓的作用日益突出。

大军仓,在县西北卧牛山之巅。开禧三年令李锜建,为屋五十五楹。嘉定十六年,黄辂添五楹。宝庆二年,胡焞添六楹。淳祐五年,孙立改造一十二楹。十一年,郝镇改造八楹,通甃地面。今为屋六十六楹。[册八—卷七五—六页四]②

这条资料记载了宋朝"大军仓"的位置、初建的时间、初建者及几次扩建的

---

① 马蓉等点校:《永乐大典方志辑佚》,第二册,北京:中华书局,2004年。
② 马蓉等点校:《永乐大典方志辑佚》,第二册,北京:中华书局,2004年。

《永乐大典》安徽江北方志研究

时间和扩建者,还记载了每一次扩建后仓廪的规模。大军仓不断扩建说明了它的作用日益重要,成为南宋政府贮存粮食、调剂各地粮食供给的重要设施。

王苋《新建平籴仓记》：平籴有仓,在他郡犹可缓,在濡须不可缓。政有先后,非知肯①綮者,不切切于此也。尝试登须台泛焦湖,铺观官府都鄙之事,切磋究之,未尝不叹此邦之公私俱匮也。岁困清野,担肩罕颊。雨未半旬,乡籴已闭。曩户二千,今绝江而往者什九,收租江北,货灿江南,而故乡之捐瘠不问也。江浙申下江之禁,淮有欸,听邻国壑,此可挈而往,彼不可馈而来。矧二税久蠲,郡乏调度。国被边,修城补隍无虚日,地若燥刚,或时涂彻,则遍加茸治。两庄三圩,拨租不足以了吏俸,而上司委籴则岁有之,田毛有出而无入。若禾麻菽麦,利以盆鼓,犹可枝柱,倏遇霜俭,虽八尧九舜莫之省忧矣。乙卯冬杪,今黄堂计使郑先生羽紫马西来。甫三月,积潦弥旬,民用狼顾,商车致钟者微辙迹,几抟手牧刍矣。公筹度多方,启江闸以资泛舟之役,散公帑以弘懋迁之化,民免有孚。既然已,则追念畴昔之怅怅,深防他日之凛凛,谓事豫则立,不节则嗟。周视课入而商度之,撙浮祛冗,积铢累寸,行之期年有半,而所储差厚矣。益以已②俸,得缗以十数者二三万,以之易粟,得斛计者可数千,缮丰裕旧仓而藏之,闰时损直,丕惠困穷,而军伍之累多者得附庸焉。敛散伸缩,检昵流通,委官命吏,具有条目。吁,此三代良法,不谓今日复行于悝昌贤大夫之手。夫遭一蹶者得一便,周于利者凶年不能杀。后山谓巧妇莫为面③饼,谁能临渴需远井者,为

---

① "肯"字在《永乐大典方志辑本》(北京：燕山出版社,2009年,第88页)写作"皆"字。
② "己"字在《永乐大典方志辑本》(北京：燕山出版社,2009年,第88页)为"已"字。根据文意,当以"己"字为长。
③ "面"字在《永乐大典方志辑佚》(北京：中华书局,2004年,第1011页)写作"麵",而《永乐大典》(北京：中华书局,1986年,第3427页)和《永乐大典方志辑本》(北京：燕山出版社,2009年,第89页)皆写作"麫"。

第一章　庐州府方志研究

噬脐戒也。而公能为见弹求炙之计,微大寒索裘之失,为之得无难乎。惟其难,斯有以见斡旋之高。《孟子》曰:"无政事,则财用不足。"此可以观政矣。盖公之居珂里也,当田里间阎青黄未交时,率酸价捐租,煦噢乡党,今移理于治,施新若一,无怪也。然则濡须之民,曩无年而今有年,曩枵腹而今鼓腹,不亦春风和气然矣哉。然愚又有说焉。鱼鮇者,浮阳之鱼也。胠于沙则毙矣,激斗升以活之,则圉圉江湖之乐,不惟免索于枯肆,而蝼蚁蛭螾嚼肤咬骨者,莫余毒也已。此食哉惟时,而无猾夏奸宄之害,否则楚国大饥,庸濮启衅,汉湟未充,罕羌易动矣。事固有修于此而得于彼者,至是而后知公之为民者为甚远。使碎戎屏华,悉如公之用心,虽有悄,庸何忧。觅固愿笔之,式附《春秋》以喜书之谊,庶转闻于朝而善郑以劝来者。宝祐丁巳孟夏吉日,迪功郎、特差淮西转运司斡办公事王觅记。①[册八一卷七五一四页七]②

这条资料虽然是一篇仓廪方面的记文,但因其内容涉及仓廪建设方面,故将其放在仓廪类资料中进行论述。通过这篇记文可以了解到庐州仓廪建设的基本情况及相关的历史发展过程。

这条资料保存的是南宋宝祐五年(1257年)王觅撰写的一篇《新建平籴仓记》。这篇记文详细地记述了在庐州修建平籴仓的过程,分析了在庐州修建平籴仓的必要性,说明了当地百姓可以利用平籴仓度过各种难关,保证正常的生活秩序。通过这篇记文叙述的内容可以了解到宋朝宝祐年间庐州社会发展的基本情况,可以了解到社会救助工作的建设和发展情况,也可以了解到当时经济政策的制定和执行情况。这篇记文所提供的不仅是平籴仓建设的有关情况,更多的是揭示了南宋宝祐年间社会发展的真实情况,是研究宋朝庐州社会发展的重要资料。这条资料既是一条文化方面的资料,更是

---

① 此条在《永乐大典》(北京:中华书局,1986年,第3427页)收录于"平籴仓"条下。
② 马蓉等点校:《永乐大典方志辑佚》,第二册,北京:中华书局,2004年。

一条经济方面的资料。

以上五条仓廪方面的资料都是目前保存下来的最早的记载,而且现存方志中很难见到这些资料,它起到了补阙现存记载不足的作用,为了解庐州历史上仓廪建设的有关情况提供了新的参考。这些资料说明宋朝庐州仓廪建设是非常完善的,不仅仓廪形式多样,每一种仓廪分担不同的职责,而且这些仓廪规模和数量在不断扩大,说明仓廪在调剂粮食供给,保障政府需求等方面的作用日益增强。仓廪成为宋朝统治正常运转必不可少的重要工具。

(三)社会类资料的价值

社会类资料有一条官署方面的资料,介绍的是宋朝社会救助机构建设方面的情况,为研究宋朝社会救助的有关情况提供了新的资料。

> 利民局,宝祐二年陆垲创置。每岁以五月至六月,令拨官钱下两厢,听经纪细民结甲互保,量其艺业等第关借,半年始收其本。岁以为常。[册一百七八卷一九七八一页一]①

这条资料介绍了利民局创建的时间、创建者及功能职责等方面的情况。这条资料不到60字,却提供了重要的信息。通过这条资料,可以了解到"利民局"实际上是一种社会救助性机构,是一种由官府出资帮助有经济困难、但又有些手工技艺的百姓营生的机构。每年五月、六月由政府拨款到利民局,百姓结甲互保,到利民局领取钱款,用这些钱从业,以便谋取生计,半年后须归还本钱。由此可以了解到宋朝在社会救助方面所做的努力和实施的有关措施。关于利民局的情况在现存方志中很难见到,所以,这是一条十分珍贵的资料,是研究社会史有关问题的重要参考。由这条资料亦可了解陆垲在无为州做官期间所作的各种善举。这条资料与"义椿局"、《慈幼局记》、"清心堂"、"运司丰裕仓"、"军仓"五条资料相互补充,说明陆垲是一个

---

① 马蓉等点校:《永乐大典方志辑佚》,第二册,北京:中华书局,2004年。

第一章　庐州府方志研究

勤于政事、政绩显著的地方官。

　　大典本《濡须志》应该修于南宋宝祐五年（1257年）至明朝永乐六年（1408年）之间。大典本《濡须志》佚文保存的资料非常重要，特别是屯田仓、运司丰裕仓、军仓、大军仓、王苋《新建平籴仓记》和利民局这6条资料，是研究宋朝无为州、庐州仓廪制度和社会保障制度的重要参考资料。这些记载是现存方志所鲜载的，可以和现存方志中保存的仓廪资料以及其他社会保障制度的记载相互补充，从而更加全面地了解无为州、庐州社会历史发展的总体情况。

　　在对大典本《宝祐濡须志》和《濡须志》佚文进行分析和研究后，如果略去梁县陂塘资料，可以发现两志佚文在许多内容上是相通的，特别是仓廪资料和社会救济方面的资料，不少资料反映了共同的历史背景，记载了共同的历史人物。因此，从佚文内容看，这两部志书很可能是同一部志书，就是《四库全书总目》提到的那部《宝祐濡须志》，应修于南宋宝祐年间且在宝祐五年（1257年）以后。只是《永乐大典》收录时或称《宝祐濡须志》，或称为《濡须志》，未加统一，而《永乐大典方志辑佚》的编者在辑佚时遵循的基本原则是："《大典》征引书名，殊不一致，究为一书或他书，已难寻考，今辑佚时悉遵《大典》所录书名，一般不强为合并。"①编者只是按照书名进行辑佚，将同一书名下的内容收集在一起，这样就会出现同一部志书却分别进行辑佚的现象。

　　如前文所言，现存文献中转引过一部《濡须志》的内容，虽不能判断这部《濡须志》与大典本《濡须志》是否为同一部志书，但因书名相同，现将其被转引的内容抄录下来，以备参考。《山堂肆考》载："冶父山，在庐州府庐江县东北。《濡须志》：旧有人冶铸于此，故名。"②《渊鉴类函》③所载相同。光绪《重修安徽通志》则载："冶父山，庐江县东北二十里……《濡须志》：旧为欧冶铸

---

① 马蓉等点校：《永乐大典方志辑佚》，第一册，前言，北京：中华书局，2004年。
② （明）彭大翼：《山堂肆考》卷十六，地理，见文渊阁《四库全书》。
③ （清）张英：《渊鉴类函》卷二四，地部二，见清文渊阁《四库全书》。

《永乐大典》安徽江北方志研究

剑处。比众山独尊,故曰父。"①乾隆《江南通志》载:"冶父山,庐江县东北二十里……《濡须志》:旧为欧冶铸剑处。山比众山特尊,故称父。"②

第十节 大典本《濡须续志》研究

根据志书名称、地区建置沿革以及佚文提供的线索,本节对《永乐大典》收录的《濡须续志》的编修时间和佚文价值进行分析和探讨。

一、关于大典本《濡须续志》编修时间的探讨

《四库全书总目》曾提到一部《濡须续志》,在介绍宋朝王之道撰写的《相山集》时曾言:"之道尝自号'相山居士',其集即以为名。《宋史·艺文志》作二十五卷,《书录解题》作二十六卷,《宝祐濡须志》及《濡须续志》俱作四十卷。"③如果仅从书名考察,则《四库全书总目》中提到的《濡须续志》与大典本《濡须续志》书名一致。

再从佚文提供的时间线索来考察这部志书的编修时间。佚文中只有一处明确提到时间,即"咸淳二年"。根据这一时间线索及《永乐大典》成书的时间,则可推知大典本《濡须续志》应该修于南宋咸淳二年(1266年)以后明朝永乐六年(1408年)以前。目前只能做出以上判断,至于此志修于何年、由何人所修、何时亡佚,只能在发现新资料后才能进一步推断。

另外,《永乐大典》中收录了《宝祐濡须志》和《濡须志》,张国淦等考证认为,这两部志书是同一部志书,故将两志放在一起进行辑佚。通过上述分析,笔者亦认为这两部志书或可能是同一部志书,应该就是《四库全书总目》中提到的《宝祐濡须志》,此志修于南宋宝祐年间且在宝祐五年(1257年)以

---

① 光绪《重修安徽通志》卷二九,舆地志,清光绪四年(1878年)刻本。
② (清)赵弘恩等监修《(乾隆)江南通志》卷一七,舆地志,见《四库全书》,上海:上海古籍出版社,1987年。
③ (清)永瑢等撰:《四库全书总目》卷一五六,集部九,北京:中华书局,2008年。

后。而大典本《濡须续志》应该修于南宋咸淳二年(1266年)以后,从时间上看,大典本《濡须续志》是与大典本《宝祐濡须志》(或《濡须志》)这两部志书前后相继的。而从书名上看,前者为《宝祐濡须志》(或《濡须志》),而这部志书名为《濡须续志》,这也是符合志书编修的习惯的。先修者为《宝祐濡须志》(或《濡须志》),续修者为《濡须续志》。那么,前文分析指出大典本《宝祐濡须志》和《濡须志》都不是无为州志,而是庐州志,再考虑志书前后相承相继的习惯,则可推定大典本《濡须续志》应该也是一部庐州府志,而不是无为州志。

现存文献中关于明朝以前无为州志、庐州府志编修情况的记载比较模糊,没有办法完全理清志书的编修源流。大典本《濡须续志》修于南宋咸淳二年(1266年)以后明朝永乐六年(1408年)以前,这一情况为更加全面了解明朝以前无为州志或者庐州府志编修情况提供了新的线索,补充了有关记载的不足,印证了《四库全书总目》的记载。这从另一个层面上说明了大典本《濡须续志》的价值所在。

根据《中国古方志考》提供的线索,20世纪30年代,张国淦先生的《蒲圻张氏大典辑本》未从《永乐大典》中辑出《濡须续志》,后来杜春和整理、张国淦著的《永乐大典方志辑本》也未辑出这部《濡须续志》。《永乐大典方志辑佚》就是目前关于大典本《濡须续志》佚文内容最丰富的辑本。

二、大典本《濡须续志》佚文的价值

大典本《濡须续志》佚文保存的资料不多,只有3条,总共100多字,包括地理和文化两个方面的内容,其中地理类资料两条,全部都是人文地理方面的资料,即"嘉莲驿照厅"和"思政堂";文化类资料只有一条,即一条诗文资料。虽然大典本《濡须续志》佚文内容不多,但基本上都是现存记载所鲜载的,是十分珍贵的资料,对现存记载也有补阙作用。

嘉莲驿照厅,曹史君之格扁曰君子堂。一以前有凤凰墩,取义"凤凰鸣矣"、"维君子使"。一以前植池莲,取义莲花之君子。[册

《永乐大典》安徽江北方志研究

六九卷七二三五页四]①

这条资料记载了"嘉莲驿照厅"的位置,并说明了此厅取名的由来。

  思政堂,在郡治。咸淳二年,赵使君淮复前紫芝堂,殊亦轩豁,扁曰思政堂。[册七一卷七二三九页五]②

这条资料介绍了思政堂的位置、命名的有关情况。

这两条资料是目前保存下来的最早的记载,也是现存庐州府方志中鲜于记载的,具有重要的参考价值,为了解宋朝无为州、庐州人文地理方面的情况提供了重要的参考。

  冯理赟见贾易书曰:择乎中庸,以儒道镇乎浮动,如张芸叟者见之。③ [册三卷五四一页十六]④

这是一条文化方面的资料,转引了冯理赟的一句话,阐释了"中庸"的内涵,阐明了哲学方面的某些思想。这条资料为了解宋朝哲学方面的问题提供了一些参考。

根据书名、地区建置沿革和佚文中提供的线索可知,大典本《濡须续志》应该修于南宋咸淳二年(1266年)以后明朝永乐六年(1408年)以前,是续《宝祐濡须志》(或《濡须志》)而修的,是一部庐州府志。它保存的三条资料虽然简单,但却是现存其他文献所鲜载的,是十分少见的珍贵资料,对现存其他文献记载有补充史料的价值,为了解宋朝无为州、庐州历史发展中的某些情况提供了新的资料。

---

① 马蓉等点校:《永乐大典方志辑佚》,第二册,北京:中华书局,2004年。
② 马蓉等点校:《永乐大典方志辑佚》,第二册,北京:中华书局,2004年。
③ 此条《永乐大典》(北京:中华书局,1986年,第103页)收录于"择乎中庸"条下。
④ 马蓉等点校:《永乐大典方志辑佚》,第二册,北京:中华书局,2004年。

第一章　庐州府方志研究

小　结

根据《永乐大典方志辑佚》辑出的方志情况看,就书名统计,《永乐大典》共收录庐州府方志 11 部,即《宝祐濡须志》、《濡须志》、《庐州府合肥县志》、《庐江县志》、《庐江志》、《合肥郡志》、《濡须续志》、《合肥新志》、《合肥志》、《合肥县志》、《庐州府志》。经过分析和探讨,笔者以为大典本《宝祐濡须志》修于南宋宝祐年间且在宝祐三年(1255 年)以后,大典本《濡须志》修于南宋宝祐五年(1257 年)以后明永乐六年(1408 年)以前,两部志书应该都是庐州府志。这两部志书的佚文在许多内容上是相关联的,特别是仓廪和社会救济方面的资料,这些资料反映了共同的历史背景,记载了共同的历史人物,因此,从佚文内容看,这两部志书很有可能是同一部志书,修于南宋宝祐年间且在宝祐五年(1257 年)以后,是《四库全书总目》提到的那部《宝祐濡须志》。《濡须续志》则修于南宋咸淳二年(1266 年)以后明永乐六年(1408 年)以前,与《宝祐濡须志》(或《濡须志》)是前后相继的,也是一部庐州府志。大典本《庐江县志》和《庐江志》应该都修于南朝梁到明永乐六年(1408 年)之间,这两部志书很有可能是同一部志书。因现存文献对于明朝嘉靖以前庐江县志编修源流记载不详,故这两部志书的存在补充了这一不足,为更加全面地了解历代庐江县志编修情况提供了新的线索。大典本《庐州府合肥县志》应该修于明太祖甲辰即元至正二十四年(1364 年)以后明朝永乐六年(1408 年)以前,现存文献记载未提到元末明初曾编修过一部合肥志,这部志书的存在可以补充现存记载的不足,为了解历代合肥志的编修情况提供了新的依据。大典本《庐州府志》修于元至正二十四年(1364 年)到元朝灭亡之间,应该就是光绪《续修庐州府志》"旧志序录"中所说的"元庐州府志",也就是《明一统志》中转引的那部元朝《庐州府志》。综合地区建置沿革和佚文提供的线索,可推断大典本《合肥郡志》是一部庐州府志,应该修于元朝或明朝且在永乐六年(1408 年)以前。《庐州府志》和《合肥郡志》很有可能是同一部

97

志书。大典本《合肥新志》应该是南宋李大东、刘浩然编修的十卷本《合肥新志》，亦称《合肥志》或《新合肥志》，这部志书是一部庐州府志，修于南宋嘉定年间且在嘉定六年(1213年)之后。大典本《合肥志》应该是一部庐州府志，修于唐朝开元二十三年(735年)至明朝永乐六年(1408年)之间。因无更为明确的线索，尚难判断《合肥县志》的编修时间，只知道它修于明朝永乐六年(1408年)以前。根据《中国地方志联合目录》等方志书目的统计，以上11部志书已全部亡佚。这些志书有修于宋朝的，有修于元朝的，也有明朝所修的，而且除李大东《合肥新志》、元朝《庐州府志》、《濡须志》、《宝祐濡须志》、《濡须续志》外，其他几部志书在现存文献中均没有著录，因此，它们的存在为进一步了解历代庐州府方志编修的情况提供了更为丰富的线索，可以补充现存记载的阙漏。这一情况充分体现了《永乐大典》收录的这些庐州府方志的价值。

  由于这11部志书均已亡佚，因此，《永乐大典》保存的这些志书的佚文尤其显得珍贵。《永乐大典》收录的11部庐州府方志保存了丰富的内容，主要分为地理、经济、人物、社会、水利、文化四个方面，包括山岭、湖泊、土产、古迹、官署、陂塘、仓廪、人物、诗文等条目，涉及合肥县、无为县、庐江县、梁县、巢县、无为州的历史资料。这些资料皆为现存庐州府方志中最早的记载，涉及面广，内容丰富，为了解庐州府历史发展尤其是宋朝的相关史实提供了重要的参考。特别是仓廪、陂塘、诗文、社会救济方面的资料为现存庐州府方志所鲜载，可以起到补阙资料的作用，为了解明朝永乐六年(1408年)以前庐州府自然地理变迁、仓廪建设和发展、水利建设规模、社会保障和救济等方面的情况提供了新的资料。大典本《合肥新志》佚文"镇敖仓"保存了一部《旧经》的内容，《庐州府志》收录了一部《旧志》中关于"明元楼"的资料，根据文献记载，《旧经》、《旧志》均早已亡佚，因而大典本庐州府方志佚文具有辑佚这些文献的价值。《永乐大典》保存的庐州府方志佚文具有重要的价值，应该加以充分利用。

第二章
凤阳府方志研究

《永乐大典方志辑佚》从《永乐大典》残卷中辑出了《凤阳府图经志》、《凤阳府图志》、《凤阳府志》、《凤阳图经志》、《凤阳志》、《泗州志》、《泰和志》7部凤阳府方志,本章围绕着这7部志书,从相关地区的建置沿革、方志编修源流和佚文提供的线索入手,对志书的编修时间、佚文价值等有关问题进行分析和探讨。

第一节 关于五部"凤阳"方志编修时间的探讨

《永乐大典》中收录了《凤阳府图经志》、《凤阳府图志》、《凤阳府志》、《凤阳图经志》、《凤阳志》5部志书,分别以"凤阳府"或"凤阳"名志。根据建置沿革和志书佚文提供的线索,可推断这5部志书应该是同一部志书,修于明朝洪武七年(1374年)八月以后洪武十三年(1380年)以前。

一、凤阳府和凤阳县的建置沿革

要分析以"凤阳府"或"凤阳"为名的志书的编修时间,有必要对凤阳府和凤阳县建置沿革情况作一考察。

关于凤阳府建置沿革的有关情况,在现存文献中多有记载。《明史·地理一》载:"凤阳府,元濠州,属安丰路。太祖吴元年复升为临濠府。洪武二年九月建中都,置留守司于此。六年九月曰中立府,七年八月曰凤阳府。领州五,县十三。"①光绪《凤阳府志》载:"洪武元年,革行中书省,置十三布政使司,分领天下府州县,而凤阳府隶南京。本元濠州,大吴元年,升为临濠府。洪武二年九月,建中都,置留守司。六年九月,曰中立府。七年八月,曰凤阳府,领州五县十三。今府境有其七。"②清朝陈芳绩撰写的《历代地理沿革表》亦载:凤阳府"吴元年仍为濠州,是年改临濠府。洪武二年,改中立府。七年,迁府治于新城,更名凤阳府。领州五县十三,直隶南京,置凤阳县附郭。"③《明一统志》则载:凤阳府"《禹贡》扬州之域,天文斗分野。古为涂山氏之国。战国时属楚淮南郡。秦属九江郡。汉更郡为淮南国。武帝初,复属九江郡。东汉为钟离侯国。晋复属淮南郡。安帝时,置钟离郡,属徐州。刘宋泰始末改属南兖州,后置北徐州,治钟离。北齐改为西楚州。隋开皇初,改为濠州。大业初,复改为钟离郡。唐复为濠州。天宝初,又改为钟离郡。乾元初,复为濠州。贞元中,改属徐州,后复为濠州。五代时,南唐改置定远军。宋建炎间,复为濠州。元至元中置濠州安抚司,后升为濠州路。未几,改临濠府。洪武三年,改中立府,定为中都。七年,改为凤阳府,自旧城移治中都城,直隶京师,领州五县十三。"④

根据上述文献记载可知,宋朝的濠州到元朝至元以后升为濠州路,未几又改临濠府,后又复为濠州,属安丰路。元至元年间改临濠府,明朝洪武六年(1373年)改中立府,洪武七年(1374年)八月改为凤阳府。"凤阳府"之名始见于明朝洪武七年(1374年)八月,此后相沿未改。

关于凤阳县的建置沿革,《明史·地理一》有如下记载:"凤阳,倚。洪武

---

① 《明史》卷四〇,志一六,北京:中华书局,1974年。
② 光绪《凤阳府志》卷三,沿革表,见《中国地方志集成》,南京:江苏古籍出版社,1998年。
③ (清)陈芳绩:《历代地理沿革表》卷九,扬州:江苏广陵古籍刻印社,1991年。
④ (明)李贤等奉敕撰:《明一统志》卷七,见《四库全书》,上海:上海古籍出版社,1987年。

第二章 凤阳府方志研究

七年八月,析临淮县地置,为府治。十一年,又割虹县地益之。"①《明一统志》亦载:"凤阳县,附郭。秦汉并为钟离县地,历代皆因之。本朝改为临淮县。洪武七年,始析临淮之太平、清洛、广德、永丰四乡置凤阳县,以在凤凰山之阳故名。十一年,又割虹县南八都益之。编户三十四里。"②《历代地理沿革表》载:凤阳县"洪武七年十月,析临淮四乡置,为凤阳府治。"③光绪《凤阳府志》载:凤阳县"洪武七年八月祈④临淮县地置,为府治。十一年,又割虹县地益之。"⑤光绪《凤阳县志》亦载:"明初,分临淮地设凤阳县。"⑥可见,凤阳县始建于明朝洪武七年(1374年)八月,因凤阳府也始设于洪武七年,故凤阳县应该是在这一年隶属凤阳府管辖的,且为凤阳府治。

由以上记载可知,"凤阳"二字始见于明朝,凤阳府是在明朝洪武七年(1374年)八月开始设置的,凤阳县亦始建于明朝洪武七年(1374年)八月,属凤阳府,为凤阳府治。因此,可以初步断定,以"凤阳府"和"凤阳"为名的志书应该修于明朝洪武七年(1374年)八月以后。而根据《永乐大典》成书的时间,《永乐大典》收录的以"凤阳府"和"凤阳"为名的志书应修于明朝洪武七年(1374年)八月以后永乐六年(1408年)以前。

另外,根据《明史·地理一》⑦和成化《中都志》⑧的记载,明朝凤阳府领州五、县十三,即:凤阳县、临淮县、怀远县、定远县、五河县、虹县、寿州(领县二:霍丘县、蒙城县)、泗州(领县二:盱眙县、天长县)、宿州(领县一:灵璧

---

① 《明史》卷四〇,志一六,北京:中华书局,1974年。
② (明)李贤等奉敕撰:《明一统志》卷七,见《四库全书》,上海:上海古籍出版社,1987年。
③ (清)陈芳绩:《历代地理沿革表》卷三一,扬州:江苏广陵古籍刻印社,1991年。
④ 笔者注:"祈"字误,应为"析"。
⑤ 光绪《凤阳府志》卷三,沿革表,见《中国地方志集成》,南京:江苏古籍出版社,1998年。
⑥ 光绪《凤阳县志》卷一,舆地志,见《中国地方志集成》,南京:江苏古籍出版社,1998年。
⑦ 《明史》卷三三,志七,北京:中华书局,1974年。
⑧ 成化《中都志》卷一,建置沿革,见《四库全书存目丛书》,济南:齐鲁书社,1996年。

县)、颍州(领县二:颍上县、太和县)、亳州。

上文是根据建置沿革情况对这五部以"凤阳府"和"凤阳"为名的志书的编修时间所做的初步探讨,要想进一步确定这些志书的编修时间还应该从志书佚文提供的线索进行考察。

二、关于大典本《凤阳府图经志》编修时间的探讨

大典本《凤阳府图经志》佚文中没有明确的时间线索,但却记载了有关凤阳县、灵璧县、泗州、颍州、滁州、光州、息县的资料,那么,可以从考察这些地区的建置沿革和行政归属来判断此志的编修时间。上文已经对凤阳县的建置沿革进行了说明,凤阳县是在明朝洪武七年(1374年)八月设立的。

关于灵璧县的建置沿革,在《明一统志》中有如下记载:"灵璧县,在州城东一百二十里。本隋虹州地,唐为虹县之零璧县镇。宋元祐初,置零璧县。政和中,改曰灵璧,属宿州。元省入泗州,后复置,属宿州。"灵璧县明朝归属于凤阳府宿州管辖。① 光绪《重修安徽通志》则载:灵璧县,汉沛郡穀阳县。后汉沛国穀阳县、洨县。魏沛国穀阳县。晋沛国洨县。宋阳平郡阳平县。北魏穀阳郡连城县。梁平阳郡。北齐穀阳郡临淮县。隋彭城郡穀阳县。唐宿州虹县。五代泗州虹县。宋元符元年(1098年)以虹县之零璧镇为县。七月,复为镇。元符七年(1104年),复为县。政和七年(1117年),改零璧为灵璧,属宿州。元至元四年(1267年),属泗州。至元十七年(1280年),属归德府宿州。明朝灵璧县属凤阳府宿州。清朝灵璧县则直属凤阳府。② 灵璧县之名始于宋政和七年(1117年),初属宿州,元至元四年(1267年)改属泗州,至元十七年(1280年)则改属归德府泗州。明洪武七年(1374年)八月始设凤阳府,灵璧县则改属凤阳府宿州,至清朝灵璧县则直属凤阳府。

关于泗州的建置沿革,文献中多有记载。《明一统志》载:"泗州,在府东

---

① (明)李贤等奉敕撰:《明一统志》卷七,见《四库全书》,上海:上海古籍出版社,1987年。
② 光绪《重修安徽通志》卷二〇,舆地志,清光绪四年(1878年)刻本。

二百一十里。《禹贡》徐州周青州之域。春秋时徐子国。秦属薛郡。汉初为东海郡地。元鼎中为泗水国,后为凯犹县。晋为宿预县,属淮阳国。后魏为宿预郡,寻改东徐州,又为东楚州。陈改安州。后周改泗州。隋为下邳郡。唐仍改泗州。天宝初,改临淮郡。乾元初,复为泗州。五代、宋、元仍旧。本朝因之,以附郭临淮县省入。"泗州领盱眙、天长二县①。"泗州"之名始于后周,隋改为下邳郡,而唐又复为泗州,天宝初年,又将泗州改为临淮郡,乾元初年,又复改为泗州。五代、宋、元、明四朝皆为泗州,明朝泗州归属凤阳府。因凤阳府是在明朝洪武七年(1374年)八月才设置的,所以泗州应该是在这一年开始隶属于凤阳府管辖的。

关于颍州的建置沿革,《明一统志》则有如下记载:"颍州,在府西四百四十里。《禹贡》豫州之域。春秋为胡子国。战国属楚。秦为颍川郡地。汉为汝阴县,属当南郡。魏置汝阴郡。后魏置颍州,取颍水而名。齐罢州置郡。隋初废。大业初,复置。唐初,置信州,寻改颍州。天宝初,改汝阴郡。乾元初,复为颍州。五代因之。宋置顺昌军。政和中,改顺昌府治汝阴县。金复为颍州。元属汝宁府。本朝改今属。"②"颍州"之名始于后魏,因颍水而得名。自齐至宋几经更改,金最终定为颍州。元朝颍州属汝宁府,明朝则改属凤阳府。颍州最早是在明洪武七年(1374年)八月开始隶属凤阳府管辖的。

关于滁州的建置沿革,文献中也有明确记载。《明史·地理一》载:"滁州,元属扬州路。洪武初,以州治清流县省入。七年,属凤阳府。二十二年二月,直隶京师。"③《明一统志》则载:"滁州,《禹贡》扬州之域,天文斗分野。春秋时为吴楚之交。战国属楚。秦为九江郡地。汉初属淮南国。元狩初,复属九江郡。三国为魏地。晋属淮南郡。东晋于此侨置南谯郡。宋置新昌郡。梁置南谯州。北齐徙南谯州于新昌郡,又改北谯州为临滁郡。隋初,置

---

① (明)李贤等奉敕撰:《明一统志》卷七,见《四库全书》,上海:上海古籍出版社,1987年。
② (明)李贤等奉敕撰:《明一统志》卷七,见《四库全书》,上海:上海古籍出版社,1987年。
③ 《明史》卷四〇,志一六,北京:中华书局,1974年。

新昌郡,改南谯州为滁州,因滁水而名。大业初,州废,以其地属江都郡。唐初复置滁州。天宝初,改为永阳郡。乾元初,复为滁州。五代时,杨吴南唐有其地,后入于周。宋属淮南东路。元初为滁州路,后复为州,隶扬州路。本朝初,以清流、全椒、来安三县并入州,隶凤阳府。洪武十四年,复置全椒、来安为属县,直隶京师。"①滁州是在明朝洪武七年(1374年)八月开始隶属于凤阳府管辖的,而到洪武十四年(1381年)则直属京师,成为直隶州,与凤阳府平级。

关于光州的建置沿革,《明一统志》有如下记载:"光州,在府城东三百里。本《禹贡》扬州之域。春秋为弦黄蒋三国地。战国属楚。秦属九江郡。汉属汝南、江夏二郡。三国魏析置弋阳郡。晋属弋阳、汝阴二郡。宋齐属光城、弋阳、新蔡三郡。梁末置光州,治光城县。隋改弋阳郡。唐复为光州,徙治定城。天宝初,改弋阳郡,后复为光州。宋升光山军节度,后改蒋州,寻复光州。元属当宁府,省定城县入焉。本朝初,改属凤阳府。洪武十三年,仍属汝宁府。"②《明史·地理三》载:明代光州为汝宁府下属,"光州,洪武初,以州治定城县省入。四年二月,改属中都临濠府。十三年,仍来属"。③ 临濠府于洪武七年(1374年)八月改为凤阳府,而光州是在洪武四年(1371年)二月归属临濠府,又于洪武十三年(1380年)改属汝宁府,因凤阳府始建于洪武七年(1374年)八月,那么,光州在洪武七年(1374年)八月至洪武十三年(1380年)间是隶属于凤阳府管辖的。

关于息县的建置沿革,《明一统志》则载:"息县,在(光)州西北九十里。春秋为息侯国。汉置息县,属汝南郡,后徙于东,改曰新息。晋为汝南郡治。后魏置东豫州。梁改曰西豫州,又改曰淮州。东魏复曰东豫州。后周改息州。隋废。唐复置,贞观初废,以县属蔡州。金复置息州。元属汝宁府。本

---

① (明)李贤等奉敕撰:《明一统志》卷七,见《四库全书》,上海:上海古籍出版社,1987年。
② (明)李贤等奉敕撰:《明一统志》卷三一,见《四库全书》,上海:上海古籍出版社,1987年。
③ 《明史》卷四二,志一八,北京:中华书局,1974年。

朝改州为息县,初属颍州,后改属光州。"①汉朝即已设置息县,时属汝南郡。后周时改为息州,其后几经废复,至金复置,元则属汝宁府。而到明朝则将息州改为息县,初属颍州,后属光州。光州在洪武七年(1374年)八月至洪武十三年(1380年)间隶属凤阳府管辖,息县在这段时间里也曾是凤阳府属县。

根据上文的分析,凤阳县、灵璧县、泗州、颍州、滁州、光州同时属于凤阳府管辖的时间应该是在明洪武七年(1374年)八月至洪武十三年(1380年)间,那么,大典本《凤阳府图经志》应该修于这段时间内。

三、关于大典本《凤阳图经志》编修时间的探讨

"凤阳"既可能是府名,也可能是县名。大典本《凤阳图经志》以"凤阳"为名,所以单从书名看,此志既可能是府志,也可能是县志。因此,在探讨它的编修时间前,首先需要弄清它究竟是一部府志还是一部县志。要解决这一问题可以从佚文提供的线索入手加以考察。如果是县志,大典本《凤阳图经志》佚文中保存的资料应该仅限于凤阳县。而实际上,其【人物】类目下记载了"定远县蒲从善"的资料,这说明佚文记载的范围不仅仅局限于一个凤阳县,还有凤阳县以外其他凤阳府属县的资料。因而可以通过考察定远县建置沿革情况来分析大典本《凤阳图经志》的编修时间。

关于定远县建置沿革的情况,《明一统志》有这样的记载:"定远县,在府南九十里。本秦曲阳县。汉为东城县,属九江郡。东汉为西曲阳县。晋属淮南郡。梁改曰丰城县,置定远郡,寻改郡曰广安,县曰定远。南齐改广安曰大安郡。隋罢郡,改县曰临濠。唐初复为定远县。宋、元仍旧。本朝因之。"②光绪《重修安徽通志》则载:定远县,汉为九江郡阴陵县、东城县地。后汉为下邳国东城县、九江郡阴陵县地。魏、晋时为淮南郡阴陵县、东城县地。

---

① (明)李贤等奉敕撰:《明一统志》卷三一,见《四库全书》,上海:上海古籍出版社,1987年。

② (明)李贤等奉敕撰:《明一统志》卷七,见《四库全书》,上海:上海古籍出版社,1987年。

北魏为北谯郡北谯县地。梁为临濠定远县。北齐属广安郡。隋属钟离郡。唐则属濠州钟离郡。五代改属濠州。宋还属濠州钟离郡。元属安丰路濠州。明则改属凤阳府。清朝因之。① 定远县始设于梁,隋改县为临濠,唐初又复为定远县,宋、元因之,定远县在明朝直属凤阳府管辖。因凤阳府始设于洪武七年(1374年)八月,则定远县最早应该是在这一年成为凤阳府属县的。所以,大典本《凤阳图经志》应该修于明洪武七年(1374年)八月到永乐六年(1408年)之间,是一部凤阳府志,而不是凤阳县志。

大典本《凤阳图经志》佚文中也提到了明确的时间线索,即:"定远县蒲从善,真定人。元元统年间为主簿,有能声。"② 只有后代称元朝年号时才在前面加上"元"字。从"元元统年间"这一行文方式看,大典本《凤阳图经志》确实应该修于明朝。

四、关于大典本《凤阳府图志》编修时间的探讨

大典本《凤阳府图志》佚文收录了盱眙县、天长县、宿迁县的有关资料,因此,可以通过考察这三个县的建置沿革来确定此志的编修时间。

关于盱眙县建置沿革,文献中多有记载。《明一统志》载:"盱眙县,在州城南七里。春秋时为吴善道地。汉置盱眙县,属临淮郡。东汉属下邳国。晋为临淮郡治,后置盱眙郡。南齐于此置北兖州。陈属北谯州。唐属楚州。宋置盱眙军,复仍为县。绍定中,改招信军。元升招信路,寻改临淮府,后仍为盱眙县,属泗州。本朝因之。"③ 光绪《重修安徽通志》则载:盱眙县,元朝属泗州,明朝则属凤阳府泗州。④ 光绪《盱眙县志稿》亦载有该县的建置沿革情况:"盱眙县在淮水南,为《禹贡》扬州之域。殷为徐州地。周为青州地。春秋末为吴善道地。战国时为楚邑。秦置盱眙县,属泗水郡。盱眙县之名于

---

① 光绪《重修安徽通志》卷二〇,舆地志,清光绪四年(1878年)刻本。
② 马蓉等点校:《永乐大典方志辑佚》,第二册,北京:中华书局,2004年。
③ (明)李贤等奉敕撰:《明一统志》卷七,见《四库全书》,上海:上海古籍出版社,1987年。
④ 光绪《重修安徽通志》卷二〇,舆地志,清光绪四年(1878年)刻本。

是始。楚汉之际县属西楚东阳郡。汉属临淮郡。莽曰武匡。后汉仍置盱眙县,为徐州地,属东海郡。明帝时,属下邳国。三国时,县入于魏,属徐州下邳郡。晋初因之,太康元年置临淮郡来治,县属焉。永嘉之乱,沦没石氏。义熙中,以县治置盱眙郡。是时无盱眙县,郡属徐州。宋仍置盱眙郡,属南徐州。元嘉初,属南兖州。二十八年,自广陵移南兖州来治,郡属焉。三十年,南兖州废,郡如故。南齐置盱眙县,属南兖州盱眙郡。高帝建元四年,自淮阴移北兖州来治,领盱眙郡,县属焉。梁初,郡县属北兖州如故,后属淮州。武帝末,陷于东魏,于县治置盱眙郡,属淮州如故。后入北齐,仍属淮州。陈太建五年,郡入于陈,属谯州。七年,改隶南兖州,复于郡治置北谯州,寻省。十一年,郡县没于周。周复于县治立盱眙郡,属扬州。隋开皇三年,废州郡,仍立盱眙县,属江都郡。唐初因之,武德四年于县治置西楚州,隶淮南道。八年,废西楚州,以县属楚州,仍隶淮南道。光宅初,改县曰建中,后复为盱眙县。德宗建中二年,以县属泗州临淮郡,隶河南道。五代时,县入于吴。后唐长兴二年,吴升盱眙县为招信军,寻复旧。后入南唐,属楚州。周显德中,县入于周。宋仍置盱眙县,紧,属楚州,隶淮南路。乾德元年,改属泗州,仍隶淮南路。熙宁五年,隶淮南东路。南宋建炎三年六月,升盱眙县为盱眙军。四年九月,废盱眙军,仍为县,隶泗州。绍兴七年,隶京东路。十二年正月,升天长县为军,割盱眙招信隶之,隶淮南东路。五月,复升盱眙县为军,废天长军为县,隶盱眙,隶淮南东路。乾道初,地入于金,仍为盱眙军。宣宗南渡后,改为镇淮府,未几弃去。宝庆三年,复入金。绍定五年,金将以盱眙降宋,诏改盱眙军为招信军。元仍置盱眙县,招信军治焉。十四年,于县治立招信军总管府。十五年,改为临淮府。二十七年,罢临淮府,仍为盱眙县,属泗州,隶淮安路。明仍置盱眙县,属泗州,隶淮安府。洪武四年,隶凤阳府。国朝仍明制。"①秦朝即已设置盱眙县,其后几经变更,宋置盱眙军,后又改为盱眙县。绍定中,改为招信军。元朝改为盱眙县,至元

---

① 光绪《盱眙县志稿》卷一,疆域,见《中国方志丛书》,台北:成文出版社,1970年。

二十七年(1291年)罢临淮府,盱眙县属泗州管辖。明朝初年,盱眙县先属淮安府泗州,后改隶属凤阳府泗州管辖。因凤阳府设置于洪武七年(1374年)八月,盱眙县应该是在这一年成为凤阳府泗州下辖之县的。

关于天长县建置沿革的情况,《明一统志》有如下记载:"天长县,在州城东南一百五十七里。本汉广陵县地。梁置泾州,后周置石梁郡及石梁县。隋初郡罢,大业中,改县曰永福。唐置千秋县。天宝中,改天长县。五代时,南唐置建武军,周改为雄州。宋初,为天长军。至道初,复为县。建炎初,复为军,后复为县。元仍旧。本朝因之。"天长县归属于凤阳府泗州管辖。① 唐朝天宝年间始设天长县,五代南唐时置建武军,后周又改其为雄州。宋初改设为天长军。至道初年又恢复为天长县。建炎初年先后复为天长军和天长县。元朝为天长县,明朝则归属凤阳府泗州。因明洪武七年(1374年)八月始设凤阳府,盱眙县应该是在这一年归属凤阳府泗州管辖的。

根据《元史·地理二》②和《明史·地理一》③记载可知,天长县、盱眙县在元至元二十七年(1290年)以后属于淮安路泗州管辖,到明朝则属凤阳府泗州管辖。

关于宿迁县的建置沿革,文献中也有不少记载。《旧唐书·地理一》载:"宿迁,晋宿预县,元魏于县置徐州。州移彭城县,隶泗州。宝应元年,以犯代宗讳,改'预'为'迁',仍隶徐州。"④《宋史·地理一》载:"淮阳军,同下州。太平兴国七年,以徐州下邳县建为军,并以宿迁来属。"⑤《元史·地理二》载:"邳州。下。唐初为邳州,后废属泗州,又属徐州。宋置淮阳军。金复为邳州。金亡,宋暂有之。元初以民少,并三县入州。至元八年,以州属归德府。

---

① (明)李贤等奉敕撰:《明一统志》卷七,见《四库全书》,上海:上海古籍出版社,1987年。
② 《元史》卷五九,志一一,北京:中华书局,1976年。
③ 《明史》卷四〇,志一六,北京:中华书局,1974年。
④ 《旧唐书》卷三八,志一八,北京:中华书局,1975年。
⑤ 《宋史》卷八五,列传三八,北京:中华书局,1977年。

十二年,复置睢宁、宿迁两县,属淮安。十五年,还来属(归德府)。"①《明史·地理一》载:"邳州,元属归德府。洪武初,以州治下邳县省入。四年二月,改属中都。十五年,来属(淮安府)。"宿迁县在明朝属邳州管辖。②《明一统志》载:"宿迁县,在州城南一百二十里。春秋时钟吾子国,亦宿国所迁地。秦置下相县。汉又置岇犹县。晋省下相,置宿豫县及宿豫郡。后魏属南徐州。东魏属东楚州。后周属泗州。隋下邳郡治此。唐始改为宿迁县,属徐州。宋属邳州。元省,后复置。本朝因之。"③由此可知,"宿迁"之名始于唐朝宝应元年(762年),时隶徐州,宋时属淮阳军和邳州,元属淮安路邳州。宿迁县在明朝一直属于邳州管辖,而邳州于明洪武四年(1371年)二月改属中都,又于洪武十五年(1382年)改属淮安府。由于洪武七年(1374年)八月改中都为凤阳府,因此,洪武七年(1374年)八月至十五年(1382年)间邳州属凤阳府,宿迁县在洪武七年(1374年)八月至十五年(1382年)间亦属凤阳府邳州管辖。

由于盱眙县、天长县和宿迁县三县只有在明朝同属凤阳府管辖,而大典本《凤阳府图志》佚文又同时收录这三个县的资料,因此,根据凤阳府建置沿革的情况,并参考三个县归属凤阳府的时间,特别是宿迁县在洪武七年(1374年)八月至十五年(1382年)间隶属凤阳府管辖的情况可知,大典本《凤阳府图志》应该是一部明志,修于明洪武七年(1374年)八月至洪武十五年(1382年)间。

五、关于大典本《凤阳志》编修时间的探讨

在确定大典本《凤阳志》编修时间之前,首先应该弄清它是一部府志,还是一部县志。要解决这一问题可以通过考察佚文提供的线索解决。大典本

---

① 《元史》卷五九,志一一,北京:中华书局,1976年。
② 《明史》卷四〇,志一六,北京:中华书局,1974年。
③ (明)李贤等奉敕撰:《明一统志》卷一三,见《四库全书》,上海:上海古籍出版社,1987年。

《凤阳志》佚文①【官署】类目下记载了"凤阳府临县军器局"的有关情况,【宫室】类目下"仙女台"一条则记载了霍丘县人文地理方面的情况。那么,大典本《凤阳志》应该是一部凤阳府志,而不是凤阳县志。因此,有必要考察临县和霍丘县建置沿革情况,从而分析大典本《凤阳志》的编修时间。

从《明一统志》记载的建置沿革情况看,临县是太原府下辖之县,②而不是凤阳府的。明朝凤阳府辖县中只有"临淮县",而没有"临县",因此,大典本《凤阳志》佚文"凤阳府临县军器局"中当缺一"淮"字,应该是"凤阳府临淮县军器局"。《明一统志》对临淮县建置沿革情况做了如下记载:"临淮县,在府东北二十里。本秦九江郡之钟离县。东汉为钟离侯国。晋复置安离县,属淮南郡。隋于此置濠州。唐以涂山县省入。宋、元仍旧。本朝洪武三年,改置中立县,寻改临淮县,仍治旧城。"③临淮县是在明洪武三年(1370年)由中立县改名为临淮县的,在明朝它是直属凤阳府管辖的。明洪武七年(1374年)八月始设凤阳府,临淮县应该是在这一年开始直属于凤阳府的。

关于霍丘县建置沿革的情况,《明一统志》中也有记载:"霍丘县,在州城西南一百二十里。本周霍叔封邑。春秋为蓼国地。汉为安丰、松滋二县地。晋属安丰郡,后置霍丘城。梁置安丰郡于此。东魏废。隋置霍丘县。唐、宋仍旧。本朝因之。"霍丘县在明朝属凤阳府寿州管辖④。霍丘县在元朝归属于安丰路,⑤到明朝则属于凤阳府管辖。⑥ 霍丘县应该是在明洪武七年(1374年)八月开始归属于凤阳府管辖的。

由于大典本《凤阳志》记载了凤阳县之外的临淮县、霍丘县的相关情况,

---

① 马蓉等点校:《永乐大典方志辑佚》,第二册,北京:中华书局,2004年。
② (明)李贤等奉敕撰:《明一统志》卷一九,见《四库全书》,上海:上海古籍出版社,1987年。
③ (明)李贤等奉敕撰:《明一统志》卷七,见《四库全书》,上海:上海古籍出版社,1987年。
④ (明)李贤等奉敕撰:《明一统志》卷七,见《四库全书》,上海:上海古籍出版社,1987年。
⑤ 《元史》卷五九,志一一,北京:中华书局,1976年。
⑥ 《明史》卷四〇,志一六,北京:中华书局,1974年。

第二章 凤阳府方志研究

因此,这部志书应该是一部凤阳府志。而且因为凤阳府是在明洪武七年(1374年)八月设置的,临淮县和霍丘县在明朝又都统属于凤阳府,所以,可以初步推断大典本《凤阳志》应该修于明洪武七年(1374年)八月至永乐六年(1408年)之间。

六、关于大典本《凤阳府志》编修时间的探讨

大典本《凤阳府志》佚文保存了有关徐州丰县的资料,借此可以进一步考察徐州的建置沿革以确定此志的编修时间。

关于徐州的建置沿革,《明一统志》有如下记载:徐州"《禹贡》徐州之域,天文房心分野。本古大彭氏国。春秋为宋地。战国属楚。秦置彭城县,属泗水郡。项羽自立为西楚霸王,都于此。汉改泗水为沛郡,又分沛郡立楚国,置徐州。宣帝更为彭城郡,寻复为楚国。晋武帝于淮南侨立徐州。安帝始分淮北,曰北徐州。刘宋改北徐州曰徐州,而加淮南,徐州曰南徐州。后魏于徐仍立彭城郡。隋开皇初郡废,复为徐州。大业初,改为彭城郡。唐置徐州。天宝初,复改彭城郡。乾元初,复为徐州,后升武宁军。宋因之。金属山东西路。元复为徐州,属归德府。本朝初,隶凤阳,后直隶京师。"①《明史·地理一》载:"徐州,元属归德府。洪武四年二月,属中都临濠府。十四年十一月,直隶京师。"②临濠府于洪武七年(1374年)八月改为凤阳府,而徐州在洪武四年(1371年)二月归属临濠府,又于洪武十四年(1381年)十一月直隶京师,那么,徐州在洪武七年(1374年)八月至洪武十四年(1381年)十一月间是隶属于凤阳府管辖的,然后直隶京师。

丰县在明朝为徐州属县,根据《明一统志》记载,其建置沿革情况如下:"丰县,在州城西北一百一十里。秦为沛县之丰邑,属泗水郡。汉以丰为县,属沛郡。晋属沛国。刘宋改属济阴郡。北齐属永昌郡。隋属彭城郡。唐宋

---

① (明)李贤等奉敕撰:《明一统志》卷一八,见《四库全书》,上海:上海古籍出版社,1987年。

② 《明史》卷四〇,志一六,北京:中华书局,1974年。

及金并属徐州。元属济宁路。本朝复改今属。"①汉朝即设立丰县,属沛郡,其后归属几经更改,至唐宋及金时属徐州管辖,元朝又改属济宁路,明朝复改归徐州管辖。所以,丰县在明朝归属于凤阳府的情况是与徐州一致的。

根据徐州的行政归属情况,可以初步推测大典本《凤阳府志》修于明洪武七年(1374年)八月至洪武十四年(1381年)十一月间。

综合以上分析,大典本《凤阳府图经志》应该修于明洪武七年(1374年)八月至十三年(1380年)间,大典本《凤阳图经志》和《凤阳志》皆修于明代洪武七年(1374年)八月至永乐六年(1408年)间,大典本《凤阳府图志》修于明洪武七年(1374年)八月至洪武十五年(1382年)间,大典本《凤阳志》修于明洪武七年(1374年)八月至洪武十四年(1381年)十一月间。总之,《永乐大典》收录的五部以"凤阳"为名的志书都是凤阳府志,皆修于明朝洪武七年(1374年)八月至永乐六年(1408年)之间。根据志书编修的习惯和有关规定,洪武七年(1374年)八月至永乐六年(1408年)近三十年的时间里,不太可能连续纂修几部同一地区的府志,所以,笔者认为这五部凤阳府志应该是同一部志书。而且,根据上文的分析,大典本《凤阳府图经志》的编修时间应该是一个聚合点,《永乐大典》收录的这部凤阳府志应该修于明朝洪武七年(1374年)八月至洪武十三年(1380年)之间。由于缺乏更多的依据,目前只能初步判断它的编修时间,至于它的纂修者、编修的具体时间和亡佚的时间等问题尚无法确定。

同一部志书在《永乐大典》中却有五个名称,最可能的原因是,人们对于同一部志书的称呼不统一,或称《凤阳府图经志》,或称《凤阳府图志》,或称《凤阳府志》,或称《凤阳图经志》,或称《凤阳志》,而《永乐大典》的编者收录时又未加统一,同一部志书便会有五个书名。而《永乐大典方志辑佚》的编者在辑佚方志时遵循的原则是:"《大典》征引书名,殊不一致,究为一书或他

---

① (明)李贤等奉敕撰:《明一统志》卷一八,见《四库全书》,上海:上海古籍出版社,1987年。

第二章 凤阳府方志研究

书,已难寻考,今辑佚时悉遵《大典》所录书名,一般不强为合并",①结果就按照书名的不同,将同一部书的内容分辑在五个书名下了。一般来说,"图经"之名到明朝已很少使用,但为什么《永乐大典》收录的明朝志书还有称"图经"、"图经志"或"图志"的,这可能还是个人的习惯不同,有些人喜欢沿用古名的原因。

既然《永乐大典》收录的这五部"凤阳"志是同一部书,当然应该将其合并在一起进行分析。为了分析和论述的方便,笔者将这部志书统称为大典本《凤阳府志》。

根据《中国古方志考》提供的线索,20世纪30年代张国淦先生的《蒲圻张氏大典辑本》未从《永乐大典》中辑出以"凤阳"为名的志书。后经补充、整理的《永乐大典方志辑本》则辑出了以"凤阳"为名的志书。从辑出的书名看,只辑出《凤阳府图经志》、《凤阳府图志》、《凤阳府志》三部志书,但从辑出的佚文内容看,则实际上还辑出了《凤阳图经志》、《凤阳志》二部志书,总共辑出五部以"凤阳"为名的志书。《永乐大典方志辑本》的编者以按语形式对这几部志书的相关情况作了简单说明。

《凤阳府图经志》下按语称:"《大典》引《凤阳府图经志》凡八条;又《凤阳图经志》凡一条,宋濠州钟离郡,元濠州,明凤阳府,知是明志。曰'凤阳',曰'凤阳府',或修《大典》时有增省字。"②在《凤阳府图经志》下实际上辑出了两部志书的佚文,一部是《凤阳府图经志》,辑出佚文8条,一部则是《凤阳图经志》,辑出佚文1条。编者应该是根据凤阳府的建置沿革判断这两部志书修于明朝,而且编者应该是将两志看作同一部志书,故将两志佚文辑在一处。将《永乐大典方志辑本》所辑《凤阳府图经志》和《凤阳图经志》佚文与《永乐大典方志辑佚》所辑内容相比,前者《凤阳府图经志》辑出"颍州西湖"、"石湖"、"白莲湖"、"小湖"、"广积仓"、"百万仓"、"永盈仓"、"凤阳三屯"8条,比后者少"平路岭"、"磨拖岭"、"东西湖"、"耳毛湖"、"泗州北门仓"、"泰紫寺"、

---

① 马蓉等点校:《永乐大典方志辑佚》,第一册,前言。北京:中华书局,2004年。
② 杜春和整理、张国淦著:《永乐大典方志辑本》,北京:燕山出版社,2009年。

"崔白"7条;《凤阳图经志》辑出"蒲从善"1条,比后者少辑"量积仓"1条。《永乐大典方志辑佚》是目前关于大典本《凤阳府图经志》和《凤阳图经志》佚文内容最丰富的辑本。

《凤阳府图志》下按语则曰:"《大典》引《凤阳府图志》凡四条,兹据录作明志。"①《永乐大典方志辑本》的编者将辑出的《凤阳府图志》看作明志,但并未说明其依据。将《永乐大典方志辑本》所辑《凤阳府图志》佚文与《永乐大典方志辑佚》所辑内容相比,前者辑出"白鹿洞"②、"际留仓"、"军储仓"、"八仙台"4条佚文,比后者少辑"落马湖"、"万岁湖"2条。《永乐大典方志辑佚》是目前关于大典本《凤阳府图志》佚文内容最丰富的辑本。

《凤阳府志》下按语则称:"《大典》引《凤阳府志》2条,又《凤阳志》凡1条,兹据录作明志。《文渊阁书目·旧志》:'《凤阳府志》一册',当即是志。"③《凤阳府志》下实际辑出两部志书的佚文,一部是《凤阳府志》,辑出佚文2条;一部是《凤阳志》,辑出佚文1条。编者应该是根据凤阳府的建置沿革推论出这两部志书均修于明朝,而且应该是将两部志出看作同一部志书,故将两志佚文辑在一处,并且明确指出这部志书应该就是《文渊阁书目》中提到的一册本《凤阳府志》。《文渊阁书目》著录的《凤阳府志》应修于明朝正统六年(1441年)以前,但其具体的编修时间尚难确定,故《永乐大典方志辑本》编者认为大典本《凤阳府志》就是这部志书,依据并不充分。将《永乐大典方志辑本》所辑《凤阳府志》和《凤阳志》佚文与《永乐大典方志辑佚》所辑内容相比,前者《凤阳府志》辑出"蔡湖"、"朱陈村"2条,与后者所辑相同;后者《凤阳志》辑出"军器局"1条,比后者少辑"仙女台"1条。《永乐大典方志辑佚》是目前关于大典本《凤阳志》佚文内容最丰富的辑本。

---

① 杜春和整理、张国淦著:《永乐大典方志辑本》,北京:燕山出版社,2009年。
② "白鹿洞"误,应为"白鹿湖"。
③ 杜春和整理、张国淦著:《永乐大典方志辑本》,北京:燕山出版社,2009年。

第二节　大典本《凤阳府志》佚文的价值

现存文献中著录或提到的最早的凤阳府志是明朝柳瑛编纂的《中都志》。《千顷堂书目》载："柳瑛《中都志》十卷，字廷英，凤阳人。天顺元年进士，河南按察司佥事。又尝著《皇明大礼》。"①《明史》②、《续文献通考》③都有相似记载。关于这部志书，《四库全书总目》中有著录："《中都志》，十卷，浙江范懋柱家天一阁藏本"；"明柳瑛撰。瑛，字廷玉，临淮人。天顺丁丑进士，官至河南按察使佥事。初明太祖吴元年，改濠州为临濠府。洪武三年，改为中立府，定为中都。立宗社，建宫室。七年，又改为凤阳。此志不曰凤阳，而曰中都，用太祖制也。其书成于成化丁未，体例庞杂，最为冗滥。"④柳瑛的《中都志》应该修于明成化丁未年（成化二十三年，1487 年）。而以《凤阳府志》为名的志书现在知道的最早的一部是清朝康熙年间编修的。因大典本《凤阳府志》修于明洪武七年（1374 年）八月至洪武十三年（1380 年）之间，早于柳瑛的《中都志》，所以，它便是目前可知的明朝编修的最早的一部凤阳府志，它保存的资料都是现存凤阳府志中最早的记载。另外，现存文献中关于明朝柳瑛编纂的《中都志》之前的凤阳府志记载很少，无法理清早期凤阳府志编修的情况，大典本《凤阳府志》可以为进一步了解这一方面的情况提供线索。这是大典本《凤阳府志》价值的又一方面的体现。

大典本《凤阳府志》佚文保存的资料共有 27 条，800 多字，主要分为地理、经济、人物、军事四大类，包括山川、村寨、仓廪、寺观、宫室、人物、古迹几个类目，涉及凤阳府所辖灵璧县、颍州、泗州、临淮县、定远县、霍丘县、滁州、凤阳县、光州、徐州丰县、宿迁县等地，保存的资料十分丰富，为研究凤阳府

---

① （清）黄虞稷：《千顷堂书目》卷六，见清文渊阁《四库全书》。
② 《明史》卷一三四，志一〇八，北京：中华书局，1974 年。
③ （清）嵇璜：《续文献通考》卷一七〇，经籍考，见清文渊阁《四库全书》。
④ （清）永瑢等撰：《四库全书总目》卷七三，史部二九，北京：中华书局，2008 年。

历史发展变化的有关情况提供了重要的参考资料。

一、地理类资料的价值

地理类资料可分为自然地理和人文地理两方面的内容,共17条。自然地理方面主要是11条山川湖泊方面的资料,介绍了山川的地理位置;人文地理则包括村寨、寺观、古迹、宫室四方面的资料,共6条,记载了它们的位置、名称以及有关的基本情况。这些资料为了解凤阳府地理方面的情况提供了丰富的内容。

平路岭,在凤阳县东南四十里。[册一百二二卷一一九八〇页一]①

这条资料介绍了平路岭的地理位置。现存凤阳府志的记载中没有"平路岭",却有"平路山"的资料。成化《中都志》记载凤阳县山川时称:"平路山,在县东南四十里。"②光绪《凤阳府志》则载:"平路山,在凤阳县东南四十里,其高五里,其崖巉峭。"③从山名的相似性和地理位置的一致性看,"平路岭"和"平路山"应该是同一座山岭。大典本《凤阳府志》佚文记载的山岭地理位置与现存凤阳府志中的记载相同,可以互相参证。而《肇域志》在介绍凤阳县山川时称:"东南三十里平路山,其高五里。"④这里记载的平路山的地理位置与上述文献不同,疑误。

磨拖岭,在琅琊山西。[册一百二二卷一一九八〇页一]⑤

这条资料记载了磨拖岭的地理位置。现存滁州志亦载有磨拖岭的资

---

① 马蓉等点校:《永乐大典方志辑佚》,第二册,北京:中华书局,2004年。
② 成化《中都志》卷二,山川,见《四库全书存目丛书》,济南:齐鲁书社,1996年。
③ 光绪《凤阳府志》卷九,山考,见《中国地方志集成》,南京:江苏古籍出版社,1998年。
④ (清)顾炎武:《肇域志》卷六,清抄本。
⑤ 马蓉等点校:《永乐大典方志辑佚》,第二册,北京:中华书局,2004年。

料。万历《滁阳志》载:"磨拖岭,在琅琊山北。"①康熙《滁州志》载:"磨拖岭,在州西南一十五里,琅琊山西。"②关于磨拖岭的地理位置,上述二志皆言"在琅琊山西",而万历《滁阳志》独言"在琅琊山北"。未知孰是,姑存两说。

东西湖,在凤阳县北。[册二十卷二二七〇页二十六]③

这条资料仅记载了东西湖的地理位置。现存文献也有相关记载,如成化《中都志》介绍凤阳县湖泊时称:"东西湖在县北。"④两则记载完全相同,可以互相参证。

白莲湖,在灵璧县。一在澧州松渚村。[册十八卷二二六一页二十四]⑤

这条资料主要介绍了白莲湖的地理位置。现存灵璧县志仅有清志两部,其中康熙年间编修的《灵璧县志》国内仅存孤本,收藏于北京图书馆;常见的只有乾隆年间编修的《灵璧县志》,而乾隆志中未收录此条资料,因此,大典本《凤阳府志》佚文保存的这条资料就显得十分珍贵,为了解灵璧县自然地理方面的情况提供了新的参考资料,具有重要的史料价值。

从大典本《凤阳府志》佚文的句式看"一在澧州松渚村",这一句式应该是"一在……,一在……",灵璧县应有两个白莲湖,而此处只存有其一,不知另一白莲湖所在位置。

石湖,在灵璧县。[册二十卷二二六六页四]⑥

―――――――――――――――

① 万历《滁阳志》卷三,山川,见《稀见中国地方志汇刊》,北京:中国书店,1992年。
② 康熙《滁州志》卷五,山川,见《稀见中国地方志汇刊》,北京:中国书店,1992年。
③ 马蓉等点校:《永乐大典方志辑佚》,第二册,北京:中华书局,2004年。
④ 成化《中都志》卷二,山川,见《四库全书存目丛书》,济南:齐鲁书社,1996年。
⑤ 马蓉等点校:《永乐大典方志辑佚》,第二册,北京:中华书局,2004年。
⑥ 马蓉等点校:《永乐大典方志辑佚》,第二册,北京:中华书局,2004年。

这条资料介绍了石湖的地理位置。现存文献多载有灵璧县石湖的资料。成化《中都志》载："石湖,在县东北十五里。中有巨石,水涨涸不过旧痕,人以为异。"①嘉靖《宿州志》载："石湖,中有巨石。水涨涸不过旧痕,人以为异。"②《南畿志》③、《江南通志》④所载与之略同。《清一统志》载："石湖,在灵璧县东北十五里。《县志》:亦睢水支流所汇。中有石城,水涨涸不过旧痕。"⑤光绪《重修安徽通志》则载："石湖,灵璧县东北十五里。中有巨石,水消长不过旧痕。"⑥光绪《凤阳府志》载："石湖,在灵璧县东北十五里三注山下。湖四面有沟,西北入水,东南出水。"⑦乾隆《灵璧县志略》⑧记载的内容与其基本相同。这些记载可相互补充,为全面了解灵璧县石湖的有关情况提供了参考依据。

耳毛湖,在灵璧县。[册二十卷二二七〇页十六]⑨

此条资料亦是介绍灵璧县湖泊的,说明灵璧县有一个耳毛湖。乾隆《灵璧县志略》中未曾载有此条资料,大典本《凤阳府志》佚文保存的"耳毛湖"资料就成为现存十分珍贵的资料,补充了现存灵璧县志记载的不足。光绪《重

---

① 成化《中都志》卷二,山川,见《四库全书存目丛书》,济南:齐鲁书社,1996年。
② 嘉靖《宿州志》卷一,地理,见《天一阁藏明代方志选刊》,上海:上海古籍书店影印,1964年。
③ (明)闻人诠、陈沂纂修:《南畿志》卷八,见《四库全书存目丛书》,济南:齐鲁书社,1996年。
④ (清)赵弘恩等监修:《(乾隆)江南通志》卷一七,见《四库全书》,上海:上海古籍出版社,1987年。
⑤ (清)和珅等奉敕撰:《钦定大清一统志》卷八七,见《四库全书》,上海:上海古籍出版社,1987年。
⑥ 光绪《重修安徽通志》卷三〇,舆地志;卷六六,河渠志,清光绪四年(1878年)刻本。
⑦ 光绪《凤阳府志》卷一〇,水考,见《中国地方志集成》,南京:江苏古籍出版社,1998年。
⑧ 乾隆《灵璧县志略》卷一,山川,见《中国地方志集成》,南京:江苏古籍出版社,1998年。
⑨ 马蓉等点校:《永乐大典方志辑佚》,第二册,北京:中华书局,2004年。

第二章 凤阳府方志研究

修安徽通志》在记载耳毛山时提到了耳毛湖,即:"耳毛山,灵璧县北九十里。下有耳毛湖。"①嘉庆《大清一统志》②中也有相似记载。可知大典本《凤阳府志》佚文无误。

  小湖,在旧全椒县南一十二里蔡母庙之后。虽旱不竭。前有蔡湖甚大,故此名小湖。[册二十卷二二六七页三十三]③

这条资料是介绍全椒县自然地理情况的,记载了小湖的地理位置、特点、名称的来历等方面的情况。现存方志亦载有小湖的资料。万历《滁阳志》载:"小湖,在(全椒)县南十里蔡姥庙之后。虽旱不竭,庙前有蔡湖甚大,故名小。"④康熙《滁州志》载:"小湖,在(全椒)县南十里";"蔡湖,在小湖前。"⑤康熙《全椒县志》亦载:"小湖,南十里,为古蔡湖之枝流,故以小名,在今蔡姥庙之后。姥素著灵,岁旱祷雨辄应。产菱藕、鱼虾诸物。其湖心虽亢旱不竭。"⑥将这些记载与大典本《凤阳府志》佚文进行比较则知佚文无误。光绪《重修安徽通志》亦收录了有关小湖的资料,即:"蔡姥庙,在全椒县南小湖旁。宋时滁水泛溢,因建是庙,以祈福佑。"⑦这条资料可以与大典本《凤阳府志》佚文互相补充。光绪《重修安徽通志》则只记载了小湖的地理位置,即:"小湖,在(全椒)县南十里。"⑧内容比较简单。

  白鹿湖⑨,在宿迁县。旧传昔有白鹿,出没其中,故名⑩。或

---

① 光绪《重修安徽通志》卷三〇,舆地志,清光绪四年(1878年)刻本。
② (清)穆彰阿:《(嘉庆)大清一统志》卷一二五,《四部丛刊》续编影旧抄本。
③ 马蓉等点校:《永乐大典方志辑佚》,第二册,北京:中华书局,2004年。
④ 万历《滁阳志》卷三,山川,见《稀见中国地方志汇刊》,北京:中国书店,1992年。
⑤ 康熙《滁州志》卷五,山川,见《稀见中国地方志汇刊》,北京:中国书店,1992年。
⑥ 康熙《全椒县志》卷三,山川,1960年合肥古旧书店复制油印本。
⑦ 光绪《重修安徽通志》卷五六,舆地志,清光绪四年(1878年)刻本。
⑧ 光绪《重修安徽通志》卷六七,舆地志,清光绪四年(1878年)刻本。
⑨ "白鹿湖"在《永乐大典方志辑本》(北京:燕山出版社,2009年,第877页)中为"白鹿洞"。"白鹿洞"误。
⑩ 《永乐大典方志辑本》(北京:燕山出版社,2009年,第877页)中缺"故名"二字。

云白鹭飞集,讹为白鹿湖云。去县治西南一十里,南北长一十五里,东西阔五里。上通小河,转流入黄河。[册十八卷二二六一页二十三]①

这条资料记载了白鹿湖的地理位置、名称来历、距县治里数、方圆大小、水流方向等方面的情况。关于白鹿湖的情况在同治《宿迁县志》中也有记载,即:"白鹿湖,《一统志》、《方舆纪要》、《江南通志》、《天启淮安志》、《康熙县志》、《张忭私志》俱作在县西南五十里,水由小河入黄河。《旧志》云:在县东北五十里,今沙淤成田。案:今治东北有地名白鹿村,土色青黎,'东北'字当系讹定。"②《读史方舆纪要》载:"白鹿湖,在(宿迁)县西南五十里。由小河入泗。"③嘉庆《大清一统志》亦载:"白鹿湖,在宿迁县西南五十里。由小河入泗。"④乾隆《江南通志》载:"白鹿湖,在宿迁县西南五十里。由小河入运河。"⑤《漕运通志》亦载:"白鹿湖,在(宿迁)县西南五十里。东北流由小河入漕。"⑥《行水金鉴》载:"白鹿湖,在治南五十里。由小河入泗。"⑦《天下郡国利病书》在介绍宿迁县情况时也有如下记载:"白鹿湖,去治西南五十里。由小河入泗。"⑧《肇域志》载:"白鹿湖,在(宿迁)县西南五十里。由小河入运河。"⑨上述文献中关于白鹿湖的记载都比较简单,主要介绍了它的位置,以及白鹿湖将小河与运河相连的情况,是漕运的一条通道。相比而言,大典本《凤阳府志》佚文保存的内容更为丰富,多出了有关白鹿湖名称来历、方圆大

---

① 马蓉等点校:《永乐大典方志辑佚》,第二册,北京:中华书局,2004年。
② 同治《宿迁县志》卷八,山川志,清同治十三年(1874年)刻本。
③ (清)顾祖禹:《读史方舆纪要》卷二二,见《中国古代地理总志丛刊》,北京:中华书局,2006年。
④ (清)穆彰阿:《(嘉庆)大清一统志》卷一○○,《四部丛刊》续编影旧抄本。
⑤ (清)赵弘恩等监修:《(乾隆)江南通志》卷一四,舆地志,见《四库全书》,上海:上海古籍出版社,1987年。
⑥ (明)谢纯:《漕运通志》卷一,明嘉靖七年(1528年)杨宏刻本。
⑦ (清)傅泽洪:《行水金鉴》卷一四九,见清文渊阁《四库全书》。
⑧ (清)顾炎武:《天下郡国利病书》,稿本。
⑨ (清)顾炎武:《肇域志》卷十一,清抄本。

小等方面的内容,起到了补充资料的作用,为全面了解白鹿湖的情况提供新的资料。

上文所列各文献中,除《行水金鉴》外,均称白鹿湖在宿迁县西南五十里,而大典本《凤阳府图志》佚文则言在县西南十里,当误,应以"五十里"为确。或为《永乐大典》抄工抄写所误。

> 落马湖,在宿迁县。昔传项羽堕马此处,故名为落马湖。[册二十卷二二七〇页十四]①

这条资料记载了落马湖的所在位置及有关湖名来历的传说。同治《宿迁县志》中记载了骆马湖的资料,即:"骆马湖,《大金国志》:金将挞懒屯乐马湖。《明史·地理志》:县西北有骆马湖,入大河。《府志》:在县西北十里,运河北岸,旧作'落马',受蒙沂诸山水之汇为巨浸,周百五十余里。"②根据这段记载,骆马湖旧称"落马湖",那么"骆马湖"与"落马湖"应该是同一个湖泊。两则记载内容不同,大典本《凤阳府志》佚文所载内容主要说明了湖名的来历,而同治《宿迁县志》则主要说明了湖泊的位置和大小。《漕运通志》载:"落马湖,在(宿迁)县西北二十里。东南流由沟口入漕。"③《肇域志》载:"落马湖,在(宿迁)县西北十里。由董家沟西二里陈瑶沟以入运河。"④《读史方舆纪要》载:"(宿迁)县西二十里曰董沟口,即落马湖,南通大河之口也。"⑤同治《徐州府志》则载:宿迁县西"十五里为落马湖,'落'今作'骆'。"⑥大典本《凤阳府志》佚文与现存其他文献对"落马湖"或"骆马湖"的记载不同,可以补充现存其他文献记载的不足,为更加全面地了解落马湖的情况

---

① 马蓉等点校:《永乐大典方志辑佚》,第二册,北京:中华书局,2004年。
② 同治《宿迁县志》卷八,山川志,清同治十三年(1874年)刻本。
③ (明)谢纯:《漕运通志》卷一,明嘉靖七年(1528年)杨宏刻本。
④ (清)顾炎武:《肇域志》卷十一,清抄本。
⑤ (清)顾祖禹:《读史方舆纪要》卷二二,见《中国古代地理总志丛刊》,北京:中华书局,2006年。
⑥ (清)刘庠:《(同治)徐州府志》卷十三,清同治十三年(1874年)刻本。

提供了新的资料。

现存文献对落马湖的地理位置记载不同,有称在"县西北二十里"的,有称在"县西北十里"的,有称在"县西二十里"的,也有称在"县十五里"的。未知孰是,姑存其说。

> 万岁湖,其湖在天长县西三里。宋太祖征扬州,驻跸其地,县人迎迓,呼万岁,故名。[册二十卷二二七〇页十九]①

这条资料介绍了万岁湖的地理位置以及有关湖名来历的传说。从现存文献记载的情况看,以明朝凤阳府所辖地统计,当时府辖之地天长县和盱眙县各有一个万岁湖。成化《中都志》记载盱眙县湖泊时称:"万岁湖,在县西二里,方圆三十里。昔周世宗驻跸于此,民皆呼'万岁',故名";记载天长县湖泊时又称:"万岁湖,在县西五里。相传秦始皇东游止此郡,臣呼'万岁',故名。"②从成化《中都志》记载的内容看,两个万岁湖皆在县西,但从天长县和盱眙县两县的位置关系看,两个万岁湖不应该是同一个湖。另外,康熙《天长县志》③和嘉靖《天长县志》④皆言万岁湖在天长县西五里,别无其他内容。而光绪《重修安徽通志》则载:"万岁湖,盱眙县西二里。周世宗伐南唐驻师于此,一名西湖。"⑤《大明一统名胜志》亦载凤阳府有两个万岁湖,即:"万岁湖在(盱眙)县西二里,方圆三十里。昔周世宗驻跸于此,民皆呼'万岁',故名";"万岁湖,在(天长)县西五里,方圆十里。相传秦始皇东巡时,郡人呼'万岁'处。"⑥《读史方舆纪要》载:"万岁湖,在(天长)县西五里,周十里。

---

① 马蓉等点校:《永乐大典方志辑佚》,第二册,北京:中华书局,2004年。
② 成化《中都志》卷二,山川,见《四库全书存目丛书》,济南:齐鲁书社,1996年。
③ 康熙《天长县志》卷一,舆地志,1960年合肥古旧书店借安徽图书馆藏本油印。
④ 嘉靖《天长县志》卷一,疆域,见《天一阁藏明代方志选刊》,上海:上海古籍书店影印,1964年。
⑤ 光绪《重修安徽通志》卷三三,舆地志,清光绪四年(1878年)刻本。
⑥ (明)曹学佺:《大明一统名胜志》卷一四,见《四库全书存目丛书》,济南:齐鲁书社,1996年。

第二章 凤阳府方志研究

相传以秦始皇经此而名。"①《舆地纪胜》记载天长县舆地时则言：万岁湖"在城西二里，方圆三十里。昔周世宗驻跸于此，民因山呼，因以为名焉。"②同治《盱眙县志》载："万岁湖，治西。周世宗驻跸，民呼万岁，因名。"③根据上述记载，天长县和盱眙县各有一个万岁湖。关于天长县万岁湖名称的来历，现存文献多言与秦始皇东游至此地有关，而大典本《凤阳府志》佚文独言与宋太祖征扬州驻跸此地有关。大典本《凤阳府志》佚文所载内容与现存文献不同，为了解天长县万岁湖的来历提供了新资料，有补阙现存文献记载之不足的价值。

　　蔡湖，在蔡母庙前。④ ［册二十卷二二六六页二十二］⑤

这条资料记载了蔡湖的地理位置。根据现存文献记载，以明朝凤阳府所辖地区统计，凤阳府辖区内寿州、颍州、滁州三地皆有蔡湖，但大典本《凤阳府志》佚文并未指明蔡湖归属何地，无法根据佚文判断它记载的是哪一个蔡湖。但现存文献记载中唯有全椒县的蔡湖与"蔡姥庙"有关系。康熙《全椒县志》载："蔡湖，在县南十余里，上有蔡姥庙"⑥。康熙《滁州志》载：（全椒）"蔡湖，上有蔡姥庙"⑦。"母"与"姥"字音、字义相近，由此可以推知，大典本《凤阳府志》佚文所载之"蔡湖"也应属全椒县，其内容可以与现存其他文献记载相互参考。《读史方舆纪要》中也记载了全椒县蔡湖的情况："在县南十

---

① （清）顾祖禹：《读史方舆纪要》卷二一，见《中国古代地理总志丛刊》，北京：中华书局，2006年。
② （宋）王象之：《舆地纪胜》卷四四，《中国古代地理总志丛刊》，北京：中华书局，2003年。
③ 同治《盱眙县志》卷一，舆地志，清同治十二年（1873年）刊本。
④ 《永乐大典方志辑本》（北京：燕山出版社，2009年，第878页）标注此条出自于《永乐大典》"卷二千二百六十七"，笔者核之，误，应出自于"卷二千二百六十六"。
⑤ 马蓉等点校：《永乐大典方志辑佚》，第二册，北京：中华书局，2004年。
⑥ 康熙《全椒县志》卷八，古迹，1960年合肥古旧书店复制油印本。
⑦ 康熙《滁州志》卷一九，古迹，见《稀见中国地方志汇刊》，北京：中国书店，1992年。

123

五里,居民多引流以溉田。旁有蔡城。"①光绪《重修安徽通志》则有两处关于蔡湖的记载,两处皆是记载全椒县蔡湖的,一处是:"蔡湖,全椒县南十里。相传南唐筑城,湖侧凿湖蓄水,以御周师。今居民引流以资灌溉"②;另一处是:"蔡湖,在(全椒)县南十五里。居民多引流以溉田。"③嘉庆《大清一统志》载:"蔡湖,在全椒县南十里。其水自赭涧南至鹊门二十余里皆陂泽,通滁水。相传南唐筑城湖侧,凿湖蓄水,以御周师。今居民引流,以资灌溉。"④大典本《凤阳府志》佚文关于蔡湖的资料虽然不如现存其他文献记载的内容丰富,但却是目前保存下来的最早记载。

现存文献中关于全椒县蔡湖地理位置的记载,有两种观点,一说在县南十里,一说在县南十五里。未知孰是,故存两说。

  泰紫寺,在光州息县东。兵废,遗址尚存。[册一百四一卷一三八二四页十七]⑤

这条资料介绍的是光州息县寺观方面的情况,记载了泰紫寺的地理位置、存废的情况和原因。关于泰紫寺的资料在现存凤阳府方志中很难看到,这条资料是一条新的资料,可以补充现存记载之阙,为了解凤阳府历史变迁提供了重要的参考资料,具有十分珍贵的史料价值。

  凤阳三屯:瞿相山屯、鲁⑥山屯、独山屯。[册五二卷三五八七页十四]⑦

---

① (清)顾祖禹:《读史方舆纪要》卷二九,见《中国古代地理总志丛刊》,北京:中华书局,2006年。
② 光绪《重修安徽通志》卷三二,舆地志,清光绪四年(1878年)刻本。
③ 光绪《重修安徽通志》卷六七,舆地志,清光绪四年(1878年)刻本。
④ (清)穆彰阿:《(嘉庆)大清一统志》卷一三〇,见《四部丛刊》续编影旧抄本。
⑤ 马蓉等点校:《永乐大典方志辑佚》,第二册,北京:中华书局,2004年。
⑥ "鲁"字在《永乐大典方志辑本》(北京:燕山出版社,2009年,第877页)中为"曾"字。"曾"字误。
⑦ 马蓉等点校:《永乐大典方志辑佚》,第二册,北京:中华书局,2004年。

第二章 凤阳府方志研究

这条资料介绍了凤阳府村寨方面的情况,虽然内容非常简单,只是列举了三个屯的名称,但却是现存凤阳府方志中很难见到的资料,具有补充现存文献记载之不足的价值。

> 朱陈村,在徐州丰县百里,有朱、陈二姓所居。①[册五十卷三五八〇页一]②

这条资料介绍了凤阳府徐州丰县村寨的朱陈村的基本情况,虽然内容并不丰富,但关于朱陈村的资料在现存凤阳府方志中很难见到,大典本《凤阳府志》佚文保存的资料可以补其之阙。

关于徐州丰县朱陈村的情况,在现存其他文献中也有记载。《锦乡万花谷后集》载:"朱陈村,徐州丰县有村号'朱陈一村',惟两姓,世世为婚姻。"③《类林杂说》载:"朱陈村,徐、泗间有一村居民皆姓朱,有一村居民皆姓陈,于是二村世为婚姻。风俗淳厚,礼法简严。天下称之曰'朱陈村'。"④嘉庆《大清一统志》亦载:"朱陈村,在丰县东南。唐白居易《朱陈村》诗:'徐州古丰县,有村曰朱陈。去县百余步,桑麻青氤氲。一村惟两姓,世世不婚姻。'"⑤《南濠诗话》则载:"朱陈村,在徐州丰县东南一百里深山中。民俗淳质,一村惟朱陈二姓,世为婚姻。白乐天有《朱陈村》诗三十四韵,其略云:'县远官事少,山深民俗淳。有财不行商,有丁不入军。家家守村业,头白不出门。生为陈村人,死为陈村尘。田中老与幼,相见何欣欣。一村惟两姓,世世为婚姻。亲疏居有族,少长游有群。黄鸡与白酒,欢会不隔旬。生者不远别,嫁娶先近邻。死者不远葬,坟墓多绕村。既安生与死,不苦形与神。所以多寿考,往往见元孙。'予每诵之,则尘襟为之一洒,恨不生长其地。后读坡翁《朱

---

① 《永乐大典方志辑本》(北京:燕山出版社,2009年,第878页)标注此条出自于《永乐大典》"卷三千五百十八",笔者核之,误,应出自"卷三千五百八十"。
② 马蓉等点校:《永乐大典方志辑佚》,第二册,北京:中华书局,2004年。
③ (宋)佚名:《锦乡万花谷后集》卷二六,见清文渊阁《四库全书》。
④ (金)王朋寿:《重刊增广分门类林杂说》卷一三,民国嘉业堂丛书本。
⑤ (清)穆彰阿:《(嘉庆)大清一统志》卷一〇一,《四部丛刊》续编影旧抄本。

陈村嫁娶图》诗:'我是朱陈旧使君,劝农曾入杏花村。而今风物那堪画,县吏催几夜打门。'则宋之朱陈已非唐时之旧。若以今视之,又不知其何如也。"①《筼斋漫录》②、《书永编》③中也有相似记载。由以上文献记载可知,徐州丰县朱陈村至少在唐朝就已存在,朱陈村犹如一个世外桃源,朱姓和陈姓两姓世世结为婚姻,无论老少,无论生死,从不离开自己生活的地方。唐朝时,朱陈村官不扰民,百姓生活平静。但到了宋朝,情况发生了一些变化,出现了"县吏催几夜打门"的情况。当然到了明朝,朱陈村的情况发生了更大的变化,正如《南濠诗话》的作者明朝人都穆的感慨:"若以今视之,又不知其何如也。"

仙女台,一在叠玉峰。一在霍丘县南一百六十里。[册三十卷二六〇三页十八]④

这条资料仅介绍了仙女台的位置,内容比较简略,但却是现存凤阳府方志中很难见到的资料,具有重要的史料价值,可以补现存文献记载的不足,为了解霍丘县自然地理方面的情况提供了新的线索。

颖州古迹西湖,在西门外,宋欧阳文忠公游息之地。文忠公《游西湖》诗:"况西湖之胜概,擅东颖之佳名"。子由《持文忠公宴西湖》诗⑤:"城上乌棲暮蔼生,银缸画烛照湖明"。⑥[册十九卷二二六三页十七]⑦

---

① (明)都穆:《南濠诗话》,清乾隆道光间知不足斋丛书本。
② (明)黄学海:《筼斋漫录》卷一〇,明万历三十年刻本。
③ (明)宋岳:《书永编》下集,明嘉靖四十三年阁永光刻本。
④ 马蓉等点校:《永乐大典方志辑佚》,第二册,北京:中华书局,2004年。
⑤ "子由《持文忠公宴西湖》诗"在《永乐大典方志辑本》(北京:燕山出版社,2009年,第877页)中标点为"子由持文忠公《宴西湖诗》",不妥。
⑥ 此条在《永乐大典》(北京:中华书局,1986年,第765页)中收录于"西湖"条下。
⑦ 马蓉等点校:《永乐大典方志辑佚》,第二册,北京:中华书局,2004年。

这条资料介绍了颍州的古迹情况,所载内容较为丰富,不仅介绍了颍州西湖的地理位置和欧阳文忠公游息此地的事实,还收录了欧阳修和苏辙的诗文。这条资料既包含了自然地理方面的资料,又收录了文化方面的内容。现存文献也多载有颍州"西湖"的资料。成化《中都志》载:"西湖,在城西二里,袤十里,广二里余。清风徐来,碧波浩荡,莲芰蘋蓼,鱼跃禽鸣,美景不一。欧阳文忠公乐颍州风土,尝筑室湖上。"①《南畿志》载:"(颍州)西湖,在城西二里。欧阳永叔尝筑室湖上。"②《明一统志》载:"西湖,在颍州西北二里,长十里,广二里,景象甚佳。宋晏殊、欧阳修、苏轼相继为守,皆尝宴赏于此,题咏甚富。"③《读史方舆纪要》载:"西湖,(颍)州西北二里,长十里,广二里。颍河合诸水汇流处也。"④光绪《重修安徽通志》亦载:"西湖,府治西北二里,颍河合诸水汇流处。唐许浑从事于颍已有'西湖清宴'之句,及宋晏殊、欧阳修先后为守,皆尝宴赏于此。论者与杭之西湖并称。"⑤相比而言,大典本《凤阳府志》佚文保存的这条资料与现存其他文献记载的内容有很大的不同,收录的欧阳修和苏辙的两首诗是现存文献中很难见到的,对现存文献记载有补阙作用,为了解颍州西湖的情况以及颍州历史发展的情况提供了新的参考,具有重要的史料价值。

欧阳修曾作《采桑子》13首,在这组词前还有一段《西湖念语》。念语,又称"致语"、"乐语",是北宋时期比较流行的一种歌颂体,其作用类似于序或引言。《西湖念语》对于宏观地了解《采桑子》13首的内涵是十分重要的,是解读《采桑子》的钥匙。大典本《凤阳府志》佚文保存的所谓欧阳修《游西湖》

---

① 成化《中都志》卷二,山川,见《四库全书存目丛书》,济南:齐鲁书社,1996年。
② (明)闻人诠、陈沂纂修:《南畿志》卷八,见《四库全书存目丛书》,济南:齐鲁书社,1996年。
③ (明)李贤等奉敕撰:《明一统志》卷七,见《四库全书》,上海:上海古籍出版社,1987年。
④ (清)顾祖禹:《读史方舆纪要》卷二一,见《中国古代地理总志丛刊》,北京:中华书局,2006年。
⑤ 光绪《重修安徽通志》卷三一,舆地志;卷六七,河渠志,清光绪四年(1878年)刻本。

的诗句,实际上就是《西湖念语》中的内容。欧阳修《西湖念语》全文为:"昔者王子猷之爱竹,造门不问于主人;陶渊明之卧舆,遇酒便留于道士。况西湖之胜概,擅东颍之佳名。虽美景良辰,固多于高会;而清风明月,幸属于闲人。并游或结于良朋,乘兴有时而独往。鸣蛙暂听,安问属官而属私;曲水临流,自可一觞而一咏。至欢然而会意,亦傍若于无人。乃知偶来常胜于特来,前言可信;所有虽非己有,其得已多。因翻旧阕之辞,写以新声之调,敢陈薄伎,聊佐清欢。"①《欧阳修全集》②、《乐府雅词》③中亦收录此念语。关于欧阳修在颍州做官之事,乾隆《颍州府志》有如下记载:"欧阳修,字永叔,庐陵人。皇祐元年,杜、韩、范、富相继以党议去,修慨然上疏,奸党忌之,出知滁州,徙颍州。尝塞白龙沟,蓄水西湖,灌田以为民利。建书院于西湖上,俾颍人咸知向学。"④由此可知,欧阳修是宋皇祐元年(1049年)开始知颍州的。在颍州时,他做了不少有利于百姓的事,如蓄水西湖以灌溉、建书院以教民向学。大典本《凤阳府志》佚文收录的欧阳修的这段《西湖念语》应该是宋皇祐年间他在颍州为官时所作,大典本佚文与传世本内容完全相同。

佚文称"子由《持文忠公宴西湖》",子由当是苏辙,查阅《苏辙集》只有"陪欧阳少师永叔燕颍州西湖"⑤一诗与欧阳修及颍州西湖有关,但其内容却完全不同。而苏轼有一首《陪欧阳公燕西湖》诗,此诗全文为:"谓公方壮须似雪,谓公已老光浮颊。朅来湖上饮美酒,醉后剧谈犹激烈。湖边草木新著霜,芙蓉晚菊争煌煌。插花起舞为公寿,公言百岁如风狂。赤松共游也不恶,谁能忍饥啖仙药。已将寿夭付天公,彼徒辛苦吾差乐。城上乌栖暮霭

---

① (宋)欧阳修:《欧阳文忠公集》,近体乐府,卷一,《四部丛刊》影抄本。
② 李逸安点校:《欧阳修全集》卷一三三,诗余卷三,见《中国古典文学基本丛书》,北京:中华书局,2001年。
③ (宋)曾慥编:《乐府雅词》卷上,《四部丛刊》影抄本。
④ 乾隆《颍州府志》卷六,名宦志,见《中国地方志集成》,南京:江苏古籍出版社,1998年。
⑤ 陈宏天、高秀芬校点:《栾城集》卷三,见《苏辙集》,北京:中华书局,1990年。

生,银釭画烛照湖明。不辞歌诗劝公饮,坐无桓伊能抚筝。"①其中"城上乌栖暮霭生,银釭画烛照湖明"两句与大典本《凤阳府志》佚文相同,当与佚文所收之诗为同一首诗。可见,大典本《凤阳府志》佚文所载"子由《持文忠公宴西湖》"有误,当为苏轼之诗。而且从《明一统志》的记载看,宋晏殊、欧阳修、苏轼相继在颍州为守②,那么,更能够肯定大典本《凤阳府志》佚文所收子由诗应为苏轼之诗。苏轼,字子瞻,佚文中"子由"应为"子瞻"之误。从诗名看,苏轼应该是与欧阳修一起游颍州西湖写的这首诗,此诗抑或是宋皇祐年间所作。

> 八仙台,在盱眙县东三里。有八仙座石,故名。下有神仙洗肠池。[册三十卷二六〇三页十六]③

这条资料介绍了八仙台的地理位置、名称来历以及周边景致的情况。现存文献也有类似记载。成化《中都志》载:"八仙台,在(盱眙)县东三里。上有八仙坐石,下有溪流,名神仙洗肠池。米芾有诗。"④《明一统志》载:"八仙台,在盱眙县东三里。上有八仙坐石,下有神仙洗肠池。宋米芾诗:'山径重重锁绿苔,松花曾见几番开。神仙费尽招呼力,那得休官一个来。'"⑤《南畿志》载:"八仙台,在(盱眙)县东三里。石岩下有八仙坐石,石下有溪流,名神仙洗肠池。"⑥《江南通志》载:"八仙台,在盱眙县东三里。上有八仙坐石,

---

① (宋)苏轼著:《苏轼集》卷六,上海:上海古籍出版社,2000年。
② (明)李贤等奉敕撰:《明一统志》卷七,见《四库全书》,上海:上海古籍出版社,1987年。
③ 马蓉等点校:《永乐大典方志辑佚》,第二册,北京:中华书局,2004年。
④ 成化《中都志》卷三,舆地,见《四库全书存目丛书》,济南:齐鲁书社,1996年。
⑤ (明)李贤等奉敕撰:《明一统志》卷七,见《四库全书》,上海:上海古籍出版社,1987年。
⑥ (明)闻人诠、陈沂纂修:《南畿志》卷九,见《四库全书存目丛书》,济南:齐鲁书社,1996年。

《永乐大典》安徽江北方志研究

坐处有石棋秤,为十景之一。"①相比而言,大典本《凤阳府志》佚文保存的内容与现存记载的主要内容基本相同,可以互为考证。

二、经济类资料的价值

经济类资料主要是仓廪方面的内容。仓廪类资料共有 7 条,虽然这些资料主要只是说明了仓廪的位置,但却为进一步全面了解凤阳府仓储建设的有关情况提供了线索,其价值应当重视。

  泗州北门仓,大油房仓,小油房仓,以上皆在州治西北。[册八十卷七五一二页二十四]②

这条资料介绍的是泗州仓廪的种类,虽只有一条资料,却提到了三种仓廪形式,并说明了它们的所在位置。

  广积仓,在城北门内。[册八一卷七五一四页二十五]③

这条资料只介绍了广积仓的地理位置,内容非常简单。现存文献中也有关于颍州广积仓的记载。成化《中都志》载:"广积仓,在城西北隅。原系颍川卫军储仓,正统二年改属本州。"④光绪《重修安徽通志》载:"广积仓,在钟鼓楼前大街迤西巷内。"⑤从这两则记载的广积仓情况看,与大典本《凤阳府志》佚文中提到的广积仓好像不是同一所。现存文献中没有与大典本《凤阳府志》佚文相同的记载,后者可以补前者之阙,两者也可以互相补充,为了解颍州广积仓的情况提供了更多的线索。

---

① (清)赵弘恩等监修:《(乾隆)江南通志》卷三六,见《四库全书》,上海:上海古籍出版社,1987年。
② 马蓉等点校:《永乐大典方志辑佚》,第二册,北京:中华书局,2004年。
③ 马蓉等点校:《永乐大典方志辑佚》,第二册,北京:中华书局,2004年。
④ 成化《中都志》卷三,舆地,见《四库全书存目丛书》,济南:齐鲁书社,1996年。
⑤ 光绪《重修安徽通志》卷三八,清光绪四年(1878年)刻本。

第二章 凤阳府方志研究

滁州永盈仓,二所:一所在西北隅来苏坊北,一所在东南隅草场南。[册八一卷七五一四页二十六]①

这条资料说明滁州永盈仓实有二所,分别位于滁州的东南隅和西北隅。关于滁州永盈仓的资料在现存凤阳府方志中很难见到,大典本《凤阳府志》佚文可以补现存文献记载之不足,为了解明朝初年以前滁州仓廪建设情况提供了新资料。

关于"广积仓"和"永盈仓"的情况,《新元史·百官七》载:"广积仓。达鲁花赤、监支纳、大使、正六品。副使各一员。正七品。中统初置永盈仓。《元典章》:永盈仓副使,正七品。大德间改广积仓。"②由此可知,元朝曾设有广积仓,有专门官员进行管理,到中统初又设置了永盈仓,亦有专官管理。永盈仓到大德年间改为广积仓。《新元史》的记载是在介绍官员的设置和官品时提到了"广积仓"和"永盈仓"的情况,而大典本《凤阳府志》佚文保存的资料却是直接反映地方仓廪建设的,两者可以互相补充,借此可以更加全面地了解这两种仓廪的有关情况。康熙《滁州志》也记载了滁州永盈仓的相关内容,即:"永盈仓,在通济桥之东西。久废,尚存基址。"③大典本《凤阳府志》佚文与此记载不同,可以补充现存文献记载内容的不足,为更加全面地认识滁州永盈仓的情况提供了资料。

百万仓,在皇城北。[册八一卷七五一四页三十五]④

这条资料虽然只介绍了百万仓的地理位置,但关于百万仓的情况在现存凤阳府方志中很难见到,因此,大典本《凤阳府志》佚文可以补其不足,为了解凤阳县仓廪建设提供了新线索。

---

① 马蓉等点校:《永乐大典方志辑佚》,第二册,北京:中华书局,2004年。
② 《新元史》卷六一,志二八,北京:中国书店,1988年。
③ 康熙《滁州志》卷一四,公署,见《稀见中国地方志汇刊》,北京:中国书店,1992年。
④ 马蓉等点校:《永乐大典方志辑佚》,第二册,北京:中华书局,2004年。

《永乐大典》安徽江北方志研究

量积仓,二所:在新城东北。一靠西湖,一俗称为花园仓。[册八十卷七五一二页二十三]①

此条资料简单介绍了量积仓的数量、地理位置。现存凤阳府方志中很少有这方面的记载,因此,大典本《凤阳府志》佚文可以补其记载之不足,为了解凤阳府仓廪建设情况提供了新资料。

以上五条仓廪方面的资料是现存方志中很难见到的资料,对现存方志记载能够起到补充史料之不足的作用。这五条资料共列举了北门仓、大油房仓、小油房仓、广积仓、永盈仓、百万仓、量积仓共七种仓廪形式,提供了有关凤阳府仓廪的类型和所在位置方面的资料,是研究明朝洪武初年凤阳府仓廪制度发展的重要参考资料。

军储仓,在州治东南。[册八一卷七五一六页三]②

这条资料记载了军储仓的地理位置。这条资料提到地理位置时仅称"州治东南",但此"州"是指明朝凤阳府下辖的泗州、宿州、颍州、寿州、滁州、徐州、光州中的哪一个州,尚无法确定。现存文献中与凤阳府有关的资料也有军储仓的记载。嘉靖《寿州志》载:"军储仓,州治东北,官军俸粮贮此。"③乾隆《颍州府志》载:"军储仓,在(亳)州治东,设有大使一员,今裁废,即旧儒学基。"④光绪《亳州志》载:"军储仓,旧在州治东,即旧儒学也,旧设有仓大使署。"⑤《南畿志》载:"军储仓,在(寿)州治北。"⑥《大明会典》中的记载称亳州

---

① 马蓉等点校:《永乐大典方志辑佚》,第二册,北京:中华书局,2004年。
② 马蓉等点校:《永乐大典方志辑佚》,第二册,北京:中华书局,2004年。
③ 嘉靖《寿州志》卷三,建置纪,见《天一阁藏明代方志选刊》,上海:上海古籍书店影印,1964年。
④ 乾隆《颍州府志》卷二,建置志,见《中国地方志集成》,南京:江苏古籍出版社,1998年。
⑤ 光绪《亳州志》卷三,营建志,见《中国地方志集成》,南京:江苏古籍出版社,1998年。
⑥ (明)闻人诠、陈沂纂修:《南畿志》卷九,见《四库全书存目丛书》,济南:齐鲁书社,1996年。

设有军储仓。① 光绪《重修安徽通志》载:"军储仓,在(寿)州署东北";"军储仓,在(亳)州署东,即旧儒学。兵毁未修。"②上述文献记载表明,寿州和亳州都曾设置军储仓,但仅从军储仓的地理位置看,这几则记载与大典本《凤阳府志》佚文皆不相同,无法判断佚文所言之"州"是哪个州。不过由于这几则记载的内容都不相同,可以互相补充,借此可以进一步认识凤阳府军储仓的基本情况。

从嘉靖《寿州志》的记载看,军储仓主要是用来贮存官军俸粮的。关于明朝军储仓的情况在《明史·职官志》中有如下记载:"军储仓,大使一人,从九品。副使一人,后大使、副使俱革"③;"明初,京卫有军储仓。洪武三年,增置至二十所,且建临濠、临清二仓以供转运"④;"隆庆三年,革宝钞司提举、军储仓大使。"⑤据此可知,明朝初年京卫即设置了军储仓,到洪武三年(1370年)总共设置的军储仓达20所。此外,还在临濠和临清二地也设置了军储仓,这两所军储仓的主要任务是供货物转运之用。为了加强对军储仓的管理,明朝曾专门设置军储仓大使、副使各一人,由他们来主管军储仓的各项事务。隆庆三年(1569年)大使和副使皆被革除。临濠府在明洪武六年(1373年)改为中立府,洪武七年(1374年)又改为凤阳府,因此,《明史》提到的临濠军储仓实际就是后来凤阳府军储仓的前身。总之,《明史》记载的是有关军储仓全局方面的情况,而大典本《凤阳府志》佚文记载的则是凤阳府一地的情况,两者可以互补,丰富了文献记载中关于明朝军储仓的资料,为更加全面地了解军储仓设置、变化、功能等方面的情况提供了参考依据。

际留仓,三座,俱在州治东。[册八一卷七五一六页十]⑥

---

① (明)赵用贤:《大明会典》卷二一,户部八,明万历内府刻本。
② 光绪《重修安徽通志》卷三八,清光绪四年(1878年)刻本。
③ 《明史》卷七二,志四八,北京:中华书局,1974年。
④ 《明史》卷七九,志五五,北京:中华书局,1974年。
⑤ 《明史》卷七五,志五一,北京:中华书局,1974年。
⑥ 马蓉等点校:《永乐大典方志辑佚》,第二册,北京:中华书局,2004年。

这条资料说明了际留仓的地理位置和数量。此条资料亦只称"在州治东",而不知此"州"为凤阳府下辖的哪一个州。现存文献也保存了凤阳府际留仓的资料,也有称"济留仓"的。弘治《宿州志》载:"际留仓,在州治之东。"①成化《中都志》载:"济留仓,在(宿)州治东。"②光绪《重修安徽通志》载:"际留仓,在(宿)州署东。"③《江南通志》载:"际留仓,在州署东。"④以上几则记载中的际留仓(或济留仓)均在宿州,且都在州治之东,这与大典本《凤阳府志》佚文中所言际留仓的地理位置相同,因此,大典本《凤阳府志》佚文中收录的际留仓应该就是宿州的际留仓。上述几则记载只介绍了际留仓的地理位置,却没有说明数量,相比而言,大典本《凤阳府志》佚文补充了这方面的内容,为更加全面地了解宿州际留仓的有关情况提供了新的资料。

三、人物类资料的价值

人物方面有两条,是关于"崔白"和"蒲从善"这两个历史人物的资料,为了解宋、元时期历史人物的有关情况提供了参考资料。

> 定远县蒲从善,真定人。⑤ 元元统年间为主簿,有能声。⑥ [册一百五四卷一四六〇九页八]⑦

这条资料介绍了蒲从善的籍贯、任官的时间和声誉方面的情况。现存文献中也载有蒲从善的资料。嘉靖《定远县志》载:"蒲从善,敦武,真定人。元统间为县主簿,修政勤事,百废具兴。刻石纪功,见康存诚碑记。从祀名

---

① 弘治《宿州志》卷上,明弘治增补刻本。
② 成化《中都志》卷三,储合,见《四库全书存目丛书》,济南:齐鲁书社,1996年。
③ 光绪《重修安徽通志》卷三八,清光绪四年(1878年)刻本。
④ (清)赵弘恩等监修:《(乾隆)江南通志》卷二四,见《四库全书》,上海:上海古籍出版社,1987年。
⑤ 《永乐大典方志辑本》(北京:燕山出版社,2009年,第877页)作"其真定人","其"字衍。
⑥ 此条在《永乐大典》(北京:中华书局,1986年,第6505页)中收录于"县主簿"条下。
⑦ 马蓉等点校:《永乐大典方志辑佚》,第二册,北京:中华书局,2004年。

宦祠。"①道光《定远县志》载："蒲从善,字叙武,真定人。元统间为邑主簿,修政勤事,百废纪功。见余阙、唐存诚碑记。从祀名宦祠。"②上述关于蒲从善的籍贯、为官时间、官品情况的三则记载内容基本相同；相比之下,大典本《凤阳府志》佚文内容较上述二志简略。

《元诗选》中收录的《新堤谣》诗序中曾提到一个"蒲从善",序曰："近岁河决白茅东北,泛滥千余里,始建行都水监于郓城,以专治之。少监蒲从善筑堤建祠,病民可念。予闻而哀之,乃为作歌。"③《四朝诗》④也收录了这篇诗序,内容完全相同。因这篇诗序中提到的蒲从善的相关信息非常简略,只知其为行都水监少监,并在郓城治河、筑堤、建祠。这个蒲从善与大典本《凤阳府志》佚文中的蒲从善是否是同一个人,尚有待进一步考证。

蒲从善,字或为"敦武",或为"叙武",今不可详考。另外,将嘉靖志和道光志进行比较,道光《定远县志》"百废纪功"中当有脱字,应为"百废俱兴,刻石纪功"。

> 崔白,字子西,濠梁人。善画花鸟类,无不精绝。宋画院较艺者,必以黄筌父子笔法为程式,自白及吴元瑜出,其格遂变。神宗朝,画垂拱殿御扆,称旨,补图画院艺学。见《图绘宝鉴》。[册三三卷二七四一页十五]⑤

这条资料介绍了北宋画家崔白的字、籍贯、专业特长和在当时书画界的影响、地位等方面的情况。现存方志也多载有崔白的资料。光绪《凤阳县志》载："崔白,字子西,濠梁人。善画花竹羽毛、芰荷凫雁、道释鬼神、山林飞走之类,尤长于写生,极工于鹅。所画无不精绝,落笔运思即成,不假绳尺,

---

① 嘉靖《定远县志》卷四,宦绩,见《四库全书存目丛书》,济南:齐鲁书社,1996年。
② 道光《定远县志》卷六,名宦传,见《中国地方志集成》,南京:江苏古籍出版社,1998年。
③ (清)顾嗣立编:《元诗选》初集,卷四一,见清文渊阁《四库全书》。
④ (清)张豫章辑:《四朝诗》,元诗卷六,见清文渊阁《四库全书》。
⑤ 马蓉等点校:《永乐大典方志辑佚》,第二册,北京:中华书局,2004年。

曲直方圆皆中法度。熙宁初,神宗命白与艾宣、丁贶、葛守昌共画垂拱御扆、夹竹、海棠、鹤图,独白为诸人之冠,即补为图画院艺学。白性疏逸,力辞以去,恩许。非御前有旨无与其事,乃勉就焉。盖白恃才故不能无利钝,其妙处亦不减于古人。尝作《谢安登东山》、《子猷访戴》二图,为世所传。非其好古博雅,而得古人之所以思,致于笔端,未必有也。神宗以来,图画院之较艺者,必以黄筌父子笔法为程式,自白及吴元瑜出,其格遂变。今御府所藏二百四十有一。"①光绪《重修安徽通志》②、《宣和画谱》③所载内容与之基本相同。《画史会要》亦载:"崔白,字子西,濠梁人。善画花鸟、道释、人物、山林飞走之类,尤长于写生,极工于鹅。宋画院较艺者,必以黄筌父子笔法为程式,自白及吴元瑜出,其格遂变。仁宗朝画垂拱殿宸扆称旨,补龙图画院艺学。"④《佩文斋书画谱》中也记载了崔白的资料:"崔白,字子西,濠梁人。工画花竹翎毛,体制清瞻。虽以败荷凫雁得名,然于佛道鬼神、山林人兽无不精绝。凡临素多不用朽,复能不假直尺、界笔为长弦挺刃。熙宁初,命与艾宣、丁贶、葛守昌画垂拱、殿御扆、鹤竹各一扇,而白为首出。后恩补图画院艺学。白自以性疏阔度,不能执事,固辞之。"⑤相比而言,大典本《凤阳府志》佚文保存的资料比上述文献记载简略,但其主要内容与上述文献记载基本相同,可以说明佚文无误。

　　大典本《凤阳府志》佚文还具有校勘现存文献记载、订正其讹误的作用。成化《中都志》载:"崔白,唐濠梁人。攻画,以败荷凫雁得名,然尤精花竹翎毛。"⑥《江南通志》载:"唐崔白,濠人。工画,尤精花卉翎毛。"⑦根据大典本

---

① 光绪《凤阳县志》卷一一,人物,见《中国地方志集成》,南京:江苏古籍出版社,1998年。
② 光绪《重修安徽通志》卷二六三,人物志,清光绪四年(1878年)刻本。
③ (宋)佚名:《宣和画谱》卷一八,花鸟四,明刻津逮秘书本。
④ (明)朱谋垔:《画史会要》卷二,见清文渊阁《四库全书》。
⑤ (清)孙岳颁:《佩文斋书画谱》卷五〇,画家传六,见清文渊阁《四库全书》。
⑥ 成化《中都志》卷五,仙释,见《四库全书存目丛书》,济南:齐鲁书社,1996年。
⑦ (清)赵弘恩等监修:《(乾隆)江南通志》卷一七一,见《四库全书》,上海:上海古籍出版社,1987年。

《凤阳府志》佚文和光绪《凤阳县志》、光绪《重修安徽通志》、《画史会要》、《宣和画谱》、《佩文斋书画谱》等文献记载可知,崔白为宋朝人,因此,成化《中都志》和《江南通志》称其为唐朝人是错误的。光绪《凤阳府志》载:"雀白,字子西,濠人,善画花竹,羽毛芰荷凫雁……"①根据所载内容,此志中的"雀白"应该就是上述文献所载之"崔白","雀"字有误,当为"崔"字。

四、军事类资料的价值

军事资料只有一条,主要介绍了军器局的情况,为了解明朝洪武初年凤阳府军器制造方面的有关情况提供了资料。

    凤阳府临②县军器局,在东门内。[册一百七八卷一九七八一页二十]③

这条资料介绍了临淮县军器局的位置。关于临淮县军器局,成化《中都志》有如下记载:"开元寺,在攀桂坊,俗名庄台寺。《旧志》云:始于唐开元间创建,曰都道场,李绅寓此寺,后因兵燹,殿宇俱废。洪武初,濠梁卫即寺置军器局。"④这则记载与大典本《凤阳府志》佚文内容不同,可以互相补充,从而更加全面地了解临淮县军器局的情况。按明朝凤阳府的辖地统计,凤阳府辖地内亳州和宿州都有军器局。光绪《亳州志》载:"军器局,在城西北隅。"⑤光绪《宿州县志》载:"军器局,在游击署内。"⑥以上几条资料记载的内容可以互相补充,为了解明朝洪武初年凤阳府军器局的基本情况提供了线索。

---

 ① 光绪《凤阳府志》卷一八,人物志,见《中国地方志集成》,南京:江苏古籍出版社,1998年。
 ② 从明朝凤阳府建置沿革和其属县看,凤阳府下辖属县中没有临县,只有临淮县,因此,佚文中"临县"当脱一"淮"字,应为"临淮县"。关于这一问题,前文已有论述。
 ③ 马蓉等点校:《永乐大典方志辑佚》,第二册,北京:中华书局,2004年。
 ④ 成化《中都志》卷四,寺院,见《四库全书存目丛书》,济南:齐鲁书社,1996年。
 ⑤ 光绪《亳州志》卷三,营建志,见《中国地方志集成》,南京:江苏古籍出版社,1998年。
 ⑥ 光绪《宿州县志》卷四,舆地志,见《中国地方志集成》,南京:江苏古籍出版社,1998年。

《永乐大典》安徽江北方志研究

综上所述,大典本《凤阳府图经志》、《凤阳府图志》、《凤阳府志》、《凤阳图经志》、《凤阳志》应该是同一部志书,修于明洪武七年(1374年)八月至洪武十三年(1380年)之间。大典本《凤阳府志》佚文保存的资料门类丰富,涉及地区广泛,提供了研究宋、元和明朝洪武初年凤阳府地区历史发展变化所需的有关资料,具有重要的史料价值。大典本《凤阳府志》佚文保存的资料有些是现存方志所鲜载的,仓廪资料尤为重要,是认识明初以前凤阳府仓廪建设情况的重要线索。佚文中也有一些内容与现存记载不完全相同,但可以补充现存文献记载之不足,为更加全面地了解有关凤阳府历史发展情况提供了新的资料。另外,大典本《凤阳府志》佚文还具有校勘现存文献记载的价值。

第三节　大典本《泗州志》研究

《泗州志》是《永乐大典》收录的众多方志中的一部。根据大典本《泗州志》佚文提供的线索及地区建置沿革的有关情况,本节对这部志书的编修时间和佚文价值进行探讨和分析。

一、关于大典本《泗州志》编修时间的探讨

可以通过考察泗州建置沿革来探讨大典本《泗州志》的编修时间。乾隆《泗州志》记载了泗州的建置沿革情况,即:"后魏为下邳郡,兼置南徐州。梁改东徐州。东魏改东楚州。陈改安州。后周改泗州,泗州之名始此。《隋书志》":"泗州徐城县,梁置高平郡。东魏又并东平、阳平、清和、归义四郡为高平县,又并梁朱沛、循仪、安丰三郡,置朱沛县。又有安远郡,后齐废,后周又并朱沛入高平。开皇初,郡废。十八年,更名徐城。泗《旧志》云:隶下邳郡,后复改为泗州。唐初仍为徐城县。长安四年,析徐城南境置临淮县,仍隶泗州。天宝元年(742年),更名临淮郡。至德初,仍为泗州,隶河南道。自后所隶不常。唐末又改属楚州。五代,为南唐所据,建静淮军,周世宗取之,仍为

泗州。宋建隆二年,废徐城县。乾德元年,以楚州之盱眙、濠州之招兴来属。太平兴国三年,领县三,临淮、盱眙、招信,属淮南路。景德三年,移临淮县治徐城驿,自是临淮始不附郭。熙宁五年,分隶淮南东路。南宋绍兴十一年,和议成,割以予金,为泗州中防御使,治所属南京路,领县四,淮平、虹、临淮、睢宁县。元仍为泗州。《元史志》:至元十三年,降为下州,旧领临淮、淮平、虹、灵璧、睢宁五县。十六年,割睢宁属邳州。十七年,割灵璧属宿州,以五河县来属。二十一年,并淮平入临淮。二十七年,废临淮府,以盱眙、天长二县隶焉。领县五,临淮、虹县、五河、盱眙、天长。明仍为泗州,属凤阳府,以附郭临淮县省入,领县二,盱眙、天长。国朝顺治中仍属凤阳府,领盱、天二县。"①

《明一统志》亦载:"泗州,在府东二百一十里。《禹贡》徐州,周青州之域。春秋时徐子国。秦属薛郡。汉初为东海郡地。元鼎中为泗水国,后为岊犹县。晋为宿预县,属淮阳国。后魏为宿预郡,寻改东徐州,又为东楚州。陈改安州。后周改泗州。隋为下邳郡。唐仍改泗州。天宝初,改临淮郡。乾元初,复为泗州。五代、宋、元仍旧。本朝因之,以附郭临淮县省入。"②

从以上文献记载可知,后周始有"泗州"之名。隋初改名,后又复名泗州。唐初为徐城县,后仍为泗州。天宝元年(742年),更名临淮郡。至德初年,仍复为泗州。南唐时建静淮军,周世宗取之,仍为泗州。南宋绍兴十一年(1141年),宋金和议,割以予金,为泗州中防御使。元朝为泗州。明朝亦为泗州,属凤阳府。根据建置沿革,"泗州"之名自后周始,那么,以"泗州"为名的志书亦当以此为始。根据《永乐大典》成书的时间,结合泗州的建置沿革,大典本《泗州志》应修于后周至明朝永乐六年(1408年)之间。

大典本《泗州志》佚文中还提供了一些时间线索,为判断这部志书的编修时间提供了参考。佚文中提到的时间线索有"唐大中时"、"宋朱弁"。从

---

① 乾隆《泗州志》卷一,舆地志,见《中国地方志集成》,南京:江苏古籍出版社,1998年。
② (明)李贤等奉敕撰:《明一统志》卷七,见《四库全书》,上海:上海古籍出版社,1987年。

其行文的特点看,这是后代对前代的称呼,因此,大典本《泗州志》当修于宋朝以后,即元朝到明朝永乐六年(1408年)间。

另外,大典本《泗州志》佚文还收录了天长、盱眙、虹县三个县的资料,因此,可以通过考察这三个县的建置沿革情况来分析此志的编修时间。根据《元史·地理二》①、《明史·地理一》②、《明一统志》③的记载,元朝盱眙县属淮安路泗州,明朝则属凤阳府泗州。天长县元朝属淮安路泗州,明朝则属凤阳府泗州。《元史·地理二》载:"(元至元)二十七年,革临淮府,以盱眙、天长隶泗州。"元朝泗州领有五县,即虹县、临淮、盱眙、天长、五河。④ 由此可知,在元朝至元二十七年(1290年)以后,盱眙、虹县和天长三县同时隶属于泗州。而《明史·地理一》有载:"虹,(凤阳)府东北,元属泗州。洪武七年七月来属。"⑤虹县元朝属泗州,明朝洪武七年(1374年)八月始置凤阳府,虹县在这一年直属凤阳府管辖。⑥ 明朝泗州只领有盱眙和天长二县,属凤阳府,虹县不再归属泗州而直属于凤阳府。那么,盱眙和天长二县是在元至元二十七年(1290年)归属泗州的,而虹县则是在明朝洪武七年(1374年)八月改为直属凤阳府的,也就是说,元至元二十七年(1290年)至明朝洪武七年(1374年)八月间这三县是同属于泗州的。既然大典本《泗州志》佚文同时保存了这三个县的资料,它就应该修于元至元二十七年(1290年)至明朝洪武七年(1374年)八月间。

关于历代泗州志的编修情况,现存文献中有所记载。光绪《泗虹合志》"凡例"称:"泗志创修于前明学正王庄,继之者天长戴缨、知州汪应轸,国朝康熙二十七年知州莫之翰重加修葺,洎并虹为治,州守叶公兰始就各志汇纂

---

① 《元史》卷五九,志一一,北京:中华书局,1976年。
② 《明史》卷四〇,志一六,北京:中华书局,1974年。
③ (明)李贤等奉敕撰:《明一统志》卷七,见《四库全书》,上海:上海古籍出版社,1987年。
④ 《元史》卷五九,志一一,北京:中华书局,1976年。
⑤ 《明史》卷四〇,志一六,北京:中华书局,1974年。
⑥ 《明史》称虹县"洪武七年七月来属"凤阳府,误,应是洪武七年八月。

之，合泗虹为一书，迄未蒇事而去，今又百余年矣。"①根据这一记载，泗州志应首创于明朝泗州学正王庄，其后天长人戴缨、泗州知州汪应轸、清朝康熙二十七年（1688年）知州莫知翰及泗州州守叶兰都曾编修过泗州志。其中，叶兰修志之事未竟。

现存文献中还有其他关于泗州志编修情况的记载。《天一阁书目》载："《泗州志》十二卷，刊本，明正德辛巳山阴汪应轸重修并序"；"《泗志备遗》三卷，刊本，明嘉靖泗州判官侯廷训撰并序，唐龙序。"②光绪《重修安徽通志》亦载："《泗州志》，天长戴缨修"；"《泗州志》十二卷，汪应轸修"；"《泗州志》十一卷，乾隆五十三年叶兰、嘉庆十八年左辅修。《续志》，同治九年，王希曾修。"③《千顷堂书目》载："汪应轸《泗州志》十二卷"；"又《泗州备遗志》二卷"；"胡纯《泗州志》，会稽人。"④雍正《浙江通志》则载："《泗州志》十二卷，《泗州备遗志》二卷，《黄氏书目》：汪应轸修"；"《泗州志》，万历《会稽县志》：胡纯修。"⑤《明史》载："汪应轸《泗州志》十二卷，又《泗州备遗志》二卷，正德中为庶吉士，以疏议南巡出知泗州时编。"⑥《传是楼书目》载："《泗州志》三十卷，明成埤，二本。"⑦

根据上述文献记载，历代曾多次编纂泗州志，可以明确编修时间的是：明朝正德辛巳（正德十六年，1521年）汪应轸重修一部12卷《泗州志》，并为之作序；明朝嘉靖时泗州判官侯廷训纂修一部3卷本《泗志备遗》，亲自作序，唐龙亦为之作序；清朝乾隆五十三年（1788年）叶兰初修、嘉庆十八年（1813年）左辅续修一部11卷本《泗州志》；同治九年（1870年）王希曾再修一部《续志》。另外，上述文献中还列出胡纯、戴缨、成埤各修有一部泗州志。

---

① 光绪《泗虹合志》，凡例，见《中国地方志集成》，南京：江苏古籍出版社，1998年。
② （清）范邦甸：《天一阁书目》卷二，史部，清嘉庆文选楼刻本。
③ 光绪《重修安徽通志》卷三三九，经籍志，清光绪四年（1878年）刻本。
④ （清）黄虞稷：《千顷堂书目》卷六，见清文渊阁《四库全书》。
⑤ 雍正《浙江通志》卷二四四，见清文渊阁《四库全书》。
⑥ 《明史》卷一三四，志一〇八，北京：中华书局，1974年。
⑦ （清）徐乾学藏：《传是楼书目》，清道光八年（1828年）味经书屋抄本。

关于胡纯的情况，万历《绍兴府志》中有记载："胡纯，字惟一，会稽人"；"所著有《双溪稿》、《诗礼抄》、《泗州志》、《崇安志》。"①万历《会稽县志》②中亦有相似记载。万历《会稽县志》为明万历三年（1575年）刊本，其修成时间至迟在这一年，而此志为胡纯立传，按照方志编修生不立传的原则，可知胡纯为明万历三年（1575年）以前人士，其所修《泗州志》当修于明万历三年（1575年）之前。戴缨，字沧浪，为万历举人。他编修的《泗州志》应在万历年间。关于明朝人成埠的情况，文献中没有记载，故其所修之志修于何时尚无法判断，只知该志修于明朝。

光绪《泗虹合志》"凡例"中指出泗州志最早创自于明朝学正王庄。那么，第一部泗州志修于何时？要想解决这一问题，必须弄清王庄生活的时代。关于王庄的情况，现存泗州志中有所记载。乾隆《泗州志》称王庄为庐陵举人，是明朝景泰年间的儒学学正。③又载："王庄，庐陵人，由举人任学正。尝纂辑州志。"④光绪《泗虹合志》亦称"王庄，庐陵举人，学正"，正统年间任泗州知州。⑤又载："王庄，为泗州学正。泗向无志，庄莅任，创纂之。"⑥由以上文献记载可知，明朝正统、景泰年间王庄在泗州做官，泗州旧无志书，王庄始创修一部志书。根据这些文献记载可知，明朝正统或景泰年间王庄编修的志书应该是第一部泗州志。

但根据上文已做过的分析，大典本《泗州志》当修于元至元二十七年（1290年）至明朝洪武七年（1374年）八月间。这一情况与光绪《泗虹合志》所说的泗州志始创于明朝正统年间王庄所修之志是不相符的。大典本《泗州志》应该很早就已经亡佚了，清朝光绪年间《泗虹合志》的编修者根本就不知道还曾编修过一部泗州志，光绪《泗虹合志》记载的泗州志编修源流中就

---

① （明）张元忭：《（万历）绍兴府志》卷四三，人物志，明万历刻本。
② （明）张元忭：《（万历）会稽县志》卷一一，礼书三，明万历刻本。
③ 乾隆《泗州志》卷七，秩官，见《中国地方志集成》，南京：江苏古籍出版社，1998年。
④ 乾隆《泗州志》卷九，名宦志，见《中国地方志集成》，南京：江苏古籍出版社，1998年。
⑤ 光绪《泗虹合志》卷八，职官，见《中国地方志集成》，南京：江苏古籍出版社，1998年。
⑥ 光绪《泗虹合志》卷九，政绩，见《中国地方志集成》，南京：江苏古籍出版社，1998年。

没有提到这部志书,其记载有所阙漏。大典本《泗州志》是对这一阙漏的补充,说明了元至元二十七年(1290年)至明朝洪武七年(1374年)八月间曾编修过一部泗州志,而光绪《泗虹合志》记载的泗州志编修情况只是清朝光绪年间所能考证到的情况。大典本《泗州志》的存在具有重要的价值,为更加全面地了解历代泗州志的编修情况提供了新的线索。

由于资料有限,目前只能初步判断出大典本《泗州志》修于元至元二十七年(1290年)至明朝洪武七年(1374年)八月间,但此志出于何人之手、修于何时尚无法推断。

根据《中国古方志考》提供的线索,20世纪30年代,张国淦先生的《蒲圻张氏大典辑本》未从《永乐大典》中辑出《泗州志》,后经不断补充,《永乐大典方志辑本》则辑出一部《泗州志》,佚文内容和出处与《永乐大典方志辑佚》辑出的基本相同,书中按语称:"《大典》引《泗州志》凡三条,兹据录作明志。"① 编者只是指出大典本《泗州志》是明朝所修,但并未给出依据。故笔者认为大典本《泗州志》修于元至元二十七年(1290年)至明朝洪武七年(1374年)八月间,更有说服力。

二、大典本《泗州志》佚文的价值

大典本《泗州志》佚文虽然只保存了三条资料,却包括了地理、人物、文化三方面的资料,涉及天长、盱眙、虹县三个县历史发展变化的内容。因其编修的时间早于现存泗州志,所以大典本《泗州志》佚文保存的资料应该是现存泗州志中最早的资料。

> 驴湖,王象之《纪胜》云:天长县北一里。旧传有二驴斗于此,须臾,云雾四合,平地起波。至今阴晦,闻水下有鸡犬机杼之声。
> [册二十卷二二六七页二]②

---

① 杜春和整理、张国淦著:《永乐大典方志辑本》,北京:燕山出版社,2009年。
② 马蓉等点校:《永乐大典方志辑佚》,第二册,北京:中华书局,2004年。

这是大典本《泗州志》佚文保存的自然地理类资料。这条资料引用了南宋王象之《舆地纪胜》中的一条资料,介绍了驴湖的地理位置及有关的传说。《舆地纪胜》载:"驴湖,在天长县北一里。旧传有二驴斗于此,须臾,云雾四合,平地起波。至今阴晦,闻水下有鸡犬机织之声。"①可证大典本《泗州志》佚文无误。《记纂渊海》只有"驴湖,在天长"②的记载。而且现存凤阳府方志中很难见到关于驴湖的记载,所以,大典本《泗州志》佚文对现存凤阳府方志记载有补充史料的价值,为了解泗州历史发展的有关情况提供了参考资料。

> 顾非熊,况之子。唐大中时,为盱眙簿。善诗艺文,后弃官隐③茅山。④ [册一百五四卷一四六〇九页一]⑤

这条资料是大典本《泗州志》佚文保存的人物方面的资料,主要介绍了顾非熊为官的情况、学术特长以及弃官归隐的事实。现存其他文献中也有关于顾非熊的资料。光绪《盱眙县志稿》载:"顾非熊,况子,长庆进士,大中间盱眙尉。寻弃官隐茅山。有《顾非熊集》一卷。唐刘得仁《送顾非熊作尉盱眙》诗:'一名兼一尉,未足是君伸。历数为诗者,多来作谏臣。路翻平楚阔,草带古淮新。天下虽云大,同声有几人。'"⑥此处称顾非熊为盱眙县尉,而大典本则言其为盱眙主簿,《直斋书录解题》亦称其为"唐盱眙主簿"⑦。《唐摭言》有其小传,曰:"顾非熊,况之子。滑稽好辩,凌轹气焰,子弟为众所怒,非熊既为所排。在举场三十年,屈声聒人耳。长庆中,陈商放榜,上怪无

---

① (宋)王象之:《舆地纪胜》卷四五,见《中国古代地理总志丛刊》,北京:中华书局,2003年。
② (宋)潘自牧:《记纂渊海》卷一一,见清文渊阁《四库全书》。
③ "隐"字在《永乐大典方志辑本》(北京:燕山出版社,2009年,第878页)中为"稳"字。根据文意,"稳"字误。
④ 此条在《永乐大典》(北京:中华书局,1986年,第6501页)收录于"县主簿"条下。
⑤ 马蓉等点校:《永乐大典方志辑佚》,第二册,北京:中华书局,2004年。
⑥ 光绪《盱眙县志稿》卷七上,秩官,见《中国方志丛书》,台北:成文出版社,1970年。
⑦ (宋)陈振孙:《直斋书录解题》卷二〇,见《四库全书》,上海:上海古籍出版社,1987年。

非熊名。诏有司追榜放,及第。时天下寒进皆知劝矣。诗人刘得仁贺诗曰:'愚为童稚时,已解念君诗。及得高科晚,须逢圣主知。'"①看来顾非熊是个怪才,很有个性。《吟窗杂录》载:"顾非熊,况之子也。三十年场屋。长庆中,上怪榜无非熊名,令有司追榜。刘得仁以诗贺之曰:'愚为童稚时,已解念君诗。及得高科晚,须逢圣主知。'"②顾非熊亦长于诗文,并有诗文集问世。《直斋书录解题》称:"《顾非熊集》一卷,唐盱眙主簿顾非熊撰";"况子之,会昌五年进士。"③《国史经籍志》载:"《顾非熊诗》一卷。"④因现存凤阳府方志中很少记载这条资料,大典本《泗州志》佚文保存的这条资料对现存其他文献记载有补阙史料的作用,补充了历史人物的相关史料,为了解泗州历史人物的情况提供了新的参考资料。

宋朱弁,字少章。绍兴十三年,自云中奉使回,送伴至虹县,以舟入万安湖,有诗二首:"万顷玻璃一叶船,冲芦曳藻入苍烟。"又云:"云中六闰食无鱼,清夜时时梦斫鲈。离汶未逾千里道,度淮先泛万家湖"。⑤[册二十卷二二七〇页十九]⑥⑦

这条资料是大典本《泗州志》佚文保存的文化方面的资料,主要保存了宋朝朱弁的两首诗中的诗句,同时也提到了朱弁在南宋绍兴十三年(1143年)从云中回京路过虹县在万安湖游玩的事情。

关于万安湖,现存文献中有些记载。成化《中都志》载:"万安湖,在虹

---

① (五代)王定保:《唐摭言》卷八,清嘉庆学津讨原本。
② (宋)陈应行编:《吟窗杂录》卷二五,明嘉靖二十七年(1548年)崇文书堂刻本。
③ (宋)陈振孙:《直斋书录解题》卷二〇,见《四库全书》,上海:上海古籍出版社,1987年。
④ (明)焦竑辑:《国史经籍志》卷五,集类,明徐象橒刻本。
⑤ 《永乐大典》(北京:中华书局,1986年,第840页)将此条收录于"万安湖"下。
⑥ 《永乐大典方志辑本》(北京:燕山出版社,2009年,第878—879页)中标注此条出自于《永乐大典》"卷二千二百七",笔者核之,误,实出自于"卷二千二百七十"。
⑦ 马蓉等点校:《永乐大典方志辑佚》,第二册,北京:中华书局,2004年。

县。宋朱弁诗:'离汶未逾千里道,渡淮先泛万安湖。'"①光绪《重修安徽通志》则载:"万安湖,今(泗)州治故虹县西北,即潼陂也。《宋史·河渠志》:熙宁九年,刘瑾言:'万安湖小河可兴置,从之。'《金史·河渠志》:元沅元年开长直沟,由万安湖舟运入汴至泗,以贮粟。"②嘉庆《大清一统志》③所载与之略同。乾隆《江南通志》载:"万安湖,在虹县西北,即潼陂也。宋朱弁诗云:'离汶未逾千里道,渡淮先泛万安湖。'"④《明一统志》载:"万安湖,在虹县。宋朱弁诗:'离汶未逾千里道,渡淮先泛万安湖。'"⑤光绪《泗虹合志》载:"万安湖,在旧州峰山下,势运天井湖,烟波万顷,渔歌上下,淮北巨浸也。宋朱弁诗'渡淮先从万安湖'应即指此。"⑥这些记载可以与大典本《泗州志》佚文互相参证,可知大典本《泗州志》佚文中"渡淮先泛万家湖"一句有误,"万家湖"应为"万安湖"。

关于朱弁的资料在现存凤阳府方志中有些记载,但大典本《泗州志》佚文收录的朱弁诗文在现存凤阳府方志中却很难见到,因此,其具有补充现存其他文献记载之不足的价值,为了解朱弁这个历史人物的全貌提供了资料。

综上所述,根据泗州的建置沿革和佚文提供的时间线索,大典本《泗州志》应修于元至元二十七年(1290年)至明朝洪武七年(1374年)八月间。大典本《泗州志》的存在是对现存文献记载的历代泗州志编修源流的一个补充,具有重要的史料价值,为追溯历代泗州志的编修情况提供了新的线索。大典本《泗州志》佚文保存的三条资料在不同程度上对现存志书的记载起着补阙史料的作用,具有重要的史料价值。

---

① 成化《中都志》卷二,舆地,见《四库全书存目丛书》,济南:齐鲁书社,1996年。
② 光绪《重修安徽通志》卷三三,舆地志,清光绪四年(1878年)刻本。
③ (清)穆彰阿:《(嘉庆)大清一统志》卷一三四,《四部丛刊》续编影旧抄本。
④ (清)赵弘恩等监修:《(乾隆)江南通志》卷一七,舆地志,见《四库全书》,上海:上海古籍出版社,1987年。
⑤ (明)李贤等奉敕撰:《明一统志》卷七,见《四库全书》,上海:上海古籍出版社,1987年。
⑥ 光绪《泗虹合志》卷一,山川,见《中国地方志集成》,南京:江苏古籍出版社,1998年。

第四节 大典本《泰和志》研究

马蓉等学者的《永乐大典方志辑佚》从《永乐大典》中辑佚出一部《泰和志》,并将其列在安徽省方志中,共辑出两条佚文。该书是按1987年中国的行政区划来编排志书内容、确定志书地区归属的。笔者对这两条佚文进行了研究,对两条佚文的归属产生了疑问,认为这两条佚文不应该属于同一部志书。《永乐大典方志辑佚》从《永乐大典》中辑出的《泰和志》应该是两部志书,分属于两个不同的地区。

根据地区建置沿革、方志的编修源流和佚文提供的线索,本节对大典本《泰和志》的编修时间进行探讨,对其佚文的归属问题进行分析和说明,并对其佚文价值进行总结。

一、关于"泰和"县建置沿革的考察

查阅《中国古今地名大词典》,在中国历史上有两个泰和县,一个是在今天的安徽省境内,一个是在今天的江西省境内。

《中国古今地名大词典》"泰和县"条下有如是记载:"①今县名。在江西省中西部,属吉安市。汉属庐陵县地。三国吴析庐陵县地置西昌县,治今县城西文溪村一带,属庐陵郡。隋开皇九年(589年)更名安丰县。十一年以'地产嘉禾,为和气所生'更名泰和县,属吉州。大业三年(607年)属庐陵郡。唐武德五年(622年)为南平州治。八年州废,称太和县,属吉州。天宝元年(742年)属庐陵郡,乾元元年(758年)复属吉州。贞元三年(787年)徙治于今址。元元贞元年(1295年)升县为州,属吉安路。明复降州为泰和县,属吉安府。清仍明制。②古县名。北宋宣和三年(1121年)改万寿县置,治今安徽省太和县东原墙镇,属顺昌府。金属颍州。蒙古至元二年(1265年)废,大

德八年(1304年)复置,改名太和县,移治今址。"①据此可知,两个泰和县分属两个地区,而且都曾有一段时间被称作"太和县"。今安徽省太和县历史上曾有一段时间被称为"泰和",而今江西省泰和县历史上则曾有一段时间被称为"太和"。

先考察历史上安徽省泰和县建置沿革的相关情况。关于这一问题,民国《太和县志》中有如下记载:"至宋开宝六年,析汝阴县北万寿等五乡置县,以唐乡万寿为名,建县治于百尺镇西北,属颍州。宣和间,改曰泰和,'泰和'之名始著。移县治于沙河北。绍兴末,陷于金。金亡,复归宋。元至元初,省入颍州。大德八年,复置,移今县治,曰太和。地制遂乃大定,属颍州,后隶汝宁府。明则隶凤阳府。清初因之。雍正二年,总督查弼纳议请属直隶亳州。十三年,巡抚王纮复议,请改属颍州府。民国元年,废颍州府,为安徽省太和县。三年,兼属淮泗道。"②嘉庆《大清一统志》载:太和县"战国魏邥邱邑。汉置新郪、新阳、细阳三县,皆属汝南郡。后汉建初四年,改新郪为宋公国。三国魏废为县。晋省新阳、细阳,以宋县属汝阴郡。宋魏因之。齐周时省。隋唐为汝阴县地。宋开宝六年,分汝阴置万寿县,属颍州。宣和后改曰泰和。金因之。元至元二年,省入州。大德八年,复置,改曰太和,属颍州。明初属河南汝宁府。洪武三年,仍属颍州。本朝初,属凤阳府。雍正二年,改属直隶亳州。十三年,属颍州府。"③

由此可知,安徽省"泰和"县之名始于宋宣和年间,元大德八年(1304年)改称"太和",此后相沿未改,一直沿用。"太和"县元朝先属颍州,后隶汝宁府,明朝则隶凤阳府,清初因之,而雍正二年(1724年)始隶于亳州,雍正十三年(1735年)改属颍州府。历史上安徽省的"泰和"县,宋朝宣和年间至元朝大德八年(1304年)称"泰和",元大德八年(1304年)后则一直称"太和"。

再考察历史上江西省"泰和"县的建置沿革。光绪《江西通志》载:"泰和

---

① 《中国古今地名大词典》,上海:上海辞书出版社,2005年。
② 民国《太和县志》卷一,舆地,见《中国地方志集成》,南京:江苏古籍出版社,1998年。
③ (清)穆彰阿:《(嘉庆)大清一统志》卷一二八,舆地,《四部丛刊》续编影旧抄本。

县,汉为庐陵县志,属豫章郡。后汉末置西昌县,属庐陵郡。吴置东昌,在县西六十里。晋以后因之。陈省西昌县。隋开皇九年,复置。十一年,改曰泰和,省东昌入焉。泰和者以地产嘉禾为和气之所生也。唐武德五年,置南平州,领太和、永新、广兴、东昌四县。时复置永新等三县。八年,州废,省三县入太和,仍属吉州。宋因之。元元贞元年,升太和为州,属吉安路。洪武二年正月,改为泰和县,属吉安府。"①《明一统志》亦载有相关资料:"泰和县,在(吉安)府城南八十里,本汉庐陵县治。东汉改西昌县。隋改安丰县。开皇间,又以东昌县省入,改为太和县,属吉州。唐置南平州,寻废,仍以县属吉州。宋因之。元升为州。本朝复为县,改太曰泰。"②嘉庆《大清一统志》则载:泰和县"汉庐陵县地。三国吴析置西昌县,属庐陵郡。晋以后因之。隋开皇十一年,改曰泰和县。唐武德五年,析置南平州。八年,州废,属吉州,曰太和县。宋因之。元元贞初升为州。明洪武初仍为县,改太和曰泰和,属吉安府。"清朝因之。③

根据上述文献记载,江西省的"泰和"县建于汉朝,初建时称"西昌"县,时属庐陵郡。隋开皇九年(589年),更名为安丰县,至开皇十一年(591年),又更名为泰和县,属吉州。隋大业三年(607年),又改属庐陵郡。唐武德八年(625年),改称"太和"县,仍属吉州。元升县为州,属吉安路。明复降州为县,洪武二年(1369年)正月,改称"泰和"县,属吉安府。历史上江西省的泰和县在隋开皇十一年(591年)到唐武德八年(625年)、明洪武二年(1369年)正月以后这段时间内都被称为"泰和",而在唐武德八年(625年)到明洪武二年(1369年)正月间则被称为"太和"。

根据建置沿革的情况,再结合《永乐大典》成书时间可知,以"泰和"为名的大典本安徽太和县志,应该修于宋宣和年间至元朝大德八年(1304年)间;

---

① 光绪《江西通志》卷三,地理沿革表,清光绪七年(1868年)刻本。
② (明)李贤等奉敕撰:《明一统志》卷五六,见《四库全书》,上海:上海古籍出版社,1987年。
③ (清)穆彰阿:《(嘉庆)大清一统志》卷三二七,《四部丛刊》续编影旧抄本。

而以"泰和"为名的大典本江西泰和县志,则或修于隋开皇十一年(591年)到唐武德八年(625年)间,或修于明洪武二年(1369年)正月至永乐六年(1408年)间。

二、关于大典本《泰和志》编修时间的探讨

上文根据"泰和"的建置沿革初步分析了大典本《泰和县志》的编修时间,还可以根据佚文中提供的其他线索来考察这部志书的编修时间。通过分析,笔者发现大典本《泰和志》收录的两条佚文应该分属于两部志书。

大典本《泰和志》收录的一条佚文是自然地理方面的资料,即:"东岩,在凤阳府泰和县潮山。昔有隐者居之。"①这条佚文中明确指出"东岩"在凤阳府泰和县境内,根据上文所作的分析,结合地区建置沿革的情况可知,凤阳府是今天安徽省境内的辖区,佚文中提到的"泰和县"应该就是今安徽省的"太和县",当时应该隶属于凤阳府,所以"东岩"这条佚文应该是今安徽省太和县县志的内容。《永乐大典方志辑佚》的编者将其归属于安徽省方志中是正确的。

大典本《泰和志》收录的另一条佚文是人物方面的资料,即:"庐度,字彦章,始兴人。有道术。少随张永北侵魏。永败,魏人追急,淮水不得过。自誓:'若得免死,从今不复杀生'。须臾,见楯流来,接之得过。后隐居庐陵西昌三顾山,鸟兽随之。夜有鹿触其壁,度曰:'汝坏我壁'。鹿应声去。屋前有池养鱼,皆名呼之,次第取食。逆知死年月,竟以寿终。"②根据文献记载,这条佚文中提到的"庐陵"、"西昌"、"三顾山"都与今江西省的泰和县有关,而且在现存江西通志、吉安府志中都记载了庐度曾隐居于"庐陵西昌三顾山"这件事。根据《江西通志》、《明一统志》、嘉庆《大清一统志》的记载,江西省的"泰和"县建于汉朝,初建时称西昌县,时属庐陵郡,这与佚文中所言"庐陵西昌"是相一致的。"三顾山"在今江西的泰和县境内,关于这一问题在文

---

① 马蓉等点校:《永乐大典方志辑佚》,第二册,北京:中华书局,2004年。
② 马蓉等点校:《永乐大典方志辑佚》,第二册,北京:中华书局,2004年。

献记载中有佐证。嘉靖《江西通志》载:"三顾山,在泰和县南五十里,三峰宛如笔架屹然。宋庐度元嘉中隐此。夜有鹿触其壁,度曰:'汝坏我壁。'鹿应声去。"①万历《吉安府志》载:"三顾山,在(泰和)县南五十里,三峰秀特类笔架,又类三人相顾。晋庐度隐此。宋萧清节尝筑读书台。有洗马池,世传唐郭子仪遗迹。又有龙潭、南岩、三窍泉诸胜。"②康熙《江西通志》载:"三顾山,在泰和县南五十里。宋元嘉中庐度隐此。"③《明一统志》载:"三顾山,在泰和县南五十里。正当县治,三峰宛如笔架,屹然相顾。山下有龙祠祷雨多应。相传庐度隐此。上有护国寺。"④嘉庆《大清一统志》亦载:"三顾山,在泰和县南五十里。正当县治,三峰秀特,如相顾状。下有洗马池。相传为郭子仪遗迹。《南齐书·高逸传》:始兴人庐度隐三顾山,鸟兽随之。又宋徽宗时萧楚隐居此山。"⑤这些记载不仅证明了"三顾山"在今江西省的泰和县境内,而且说明了庐度曾隐居于此山的情况。另外,在万历《吉安府志》中也保存了与大典本《泰和志》佚文相类似的记载,即:"庐度,字彦章,始兴人。幼志修道。晋元嘉时,尝从张永北侵魏,永败,魏人追急,至淮水不得渡。自誓:'若得免死,从今不复杀生。'须臾见两盾流来,接之得渡。遂隐居西昌三顾山,出入鸟兽常随。屋前有池,池有鱼,皆名呼之,次第来取食。逆知死岁月,竟如期卒。"⑥光绪《江西通志》亦载有相似内容:"庐度,字彦章,始兴人,有道术。少随张永北侵魏,永败,魏人追急,阻淮水不得渡。心誓曰:'若得免死,从今不复杀生。'须臾,见两楯流来,接之得渡。遂隐居庐陵西昌三顾山,鸟兽随之。夜有鹿触其壁,度曰:'汝坏我壁。'鹿应声去。屋前有池养鱼,皆名呼之,次

---

① 嘉靖《江西通志》卷二四,见《四库全书存目丛书》,济南:齐鲁书社,1996年。
② 万历《吉安府志》卷一二,明万历十三年(1585年)刻本。
③ 康熙《江西通志》卷九,见《四库全书》,上海:上海古籍出版社,1987年。
④ (明)李贤等奉敕撰:《明一统志》卷五六,见《四库全书》,上海:上海古籍出版社,1987年。
⑤ (清)穆彰阿:《(嘉庆)大清一统志》卷三二七,《四部丛刊》续编影旧抄本。
⑥ 万历《吉安府志》卷三一,明万历十三年(1585年)刻本。

《永乐大典》安徽江北方志研究

第来取食乃去。逆知死年月,与亲友别。永明末以寿终。"①而查阅现存凤阳府志以及今安徽省的太和县县志,并未找到与佚文相似的内容,也未见有关庐度的记载。因此,根据上文所作的分析,则可推断《永乐大典方志辑佚》辑出的"庐度"这条佚文应该是今江西省泰和县县志的内容,而不是今安徽省太和县县志的内容。

据此,《永乐大典》实际上收录了两部《泰和志》,一部是今安徽省太和县县志,现辑出一条佚文,即"东岩";一部是今江西省泰和县县志,现也辑出一条佚文,即"庐度"。《永乐大典方志辑佚》的编者没有加以区别,而将两部《泰和志》的佚文合在一起,辑在今安徽省泰和县县志下,这样处理是不合适的。造成这一情况的主要原因是,《永乐大典方志辑佚》的编者重在辑佚,其原则是将同一书名的内容辑在一起,对佚文内容并未作进一步的考证和分析,即如其所言"《大典》征引书名,殊不一致,究为一书或他书,已难寻考,今辑佚时悉遵《大典》所录书名,一般不强为合并"②;而《永乐大典》在收录方志时,对志书的编纂时间、编修者或所属地区未作详细说明,因此,就出现了《永乐大典方志辑佚》的编者将两部同名志书的内容辑在一起的情况。

既然《永乐大典》收录了两部《泰和志》,那么,这两部志书分别修于何时?

首先,分析大典本安徽省《泰和志》的编修时间。根据"东岩"这条佚文中"凤阳府泰和县"这几个字,可以通过考察凤阳府和泰和县的建置沿革来探讨志书的编修时间。根据上文分析,安徽省的"泰和"县,宋宣和以后至元朝大德八年(1304年)间称"泰和",而元大德八年(1304年)以后则一直称"太和",明朝隶属于凤阳府。"凤阳府"之名始于明朝洪武七年(1374年)八月。

从建置沿革的有关情况看,这部志书的编修时间出现了矛盾,即从"凤阳府"一词看,此志当修于明洪武七年(1374年)八月至永乐六年(1408年)

---

① 光绪《江西通志》卷一七九,清光绪七年(1868年)刻本。
② 马蓉等点校:《永乐大典方志辑佚》,第一册,前言,北京:中华书局,2004年。

间;但如果从"泰和县"一词看,则此志就应该修于宋宣和以后至元朝大德八年(1304年)间。大典本《泰和志》佚文将不同时代的称呼,即明朝的"凤阳府"和宋宣和以后至元朝大德八年(1304年)间的"泰和县"合并在一起称呼,这是不合适的。究竟哪一种观点正确,因缺少充分的证据,目前尚难作出最后的定论,只能对此问题作进一步的分析和推测。根据上述分析,对大典本《泰和志》的编修时间有两种观点:一,修于明洪武七年(1374年)至永乐六年(1408年)间。佚文中出现的"泰和"二字,可能是抄写者遵循了以前的称呼或者是笔误的原因,从而将"太和"写为"泰和"。二,修于宋宣和以后至元朝大德八年(1304年)之间。佚文中的"凤阳府"三字,可能是抄写者根据明朝泰和县隶属于凤阳府,而将"凤阳府"三字随笔加入的。

民国《太和县志》中载有太和县志编修的有关情况。"曹逊之序"称:"太和始创志事者刘公玠,继之者陈公大纶,至成公兆豫乃刊有成书。"①"凡例"载:"太和之名称著于宋,其为县自秦郡县天下始,历代相承。地里之分合,名称之变易,先后不一。明以前纪载阙略,其裒为一编者创始于刘令玠,时在万历甲戌。继修于清顺治间陈令大纶,其稿皆不可得见。乾隆辛未成令兆豫始刊有成书。同治己巳安徽通志局行取志稿王令寅清采辑,惜无存册。光绪庚寅吴君大来有存徵录稿十一卷,工未竣病殁。自成志后越今一百七十四年,仅获吴录,事迹既多湮没,义例亦难据依。"②由此可见,明朝以前安徽省太和县志的编修情况已无从考证,著录于文献的现存最早的一部太和县志是明朝万历甲戌年(万历二年,1574年)刘玠编修的县志,此后,清朝顺治陈大纶修有一部,乾隆辛未(乾隆十六年,1751年)成兆豫修一部,同治己巳(同治八年,1869年)王寅清再辑一部,光绪庚寅年(光绪十六年,1890年)吴大来又修有《存徵录稿》十一卷,但没有完全修成。民国年间亦曾编修一部《太和县志》。

虽然目前关于大典本安徽省《泰和志》的具体编修时间尚无法确定,但

---

① 民国《太和县志》,曹逊之序,见《中国地方志集成》,南京:江苏古籍出版社,1998年。
② 民国《太和县志》,凡例,见《中国地方志集成》,南京:江苏古籍出版社,1998年。

《永乐大典》安徽江北方志研究

因其修于明永乐六年(1408年)前,它的存在是对民国《太和县志》所言"明以前纪载阙略"的补充,说明了在明朝初年以前确实曾编修过太和县志,而这部太和县志早已亡佚,其相关情况到民国编修县志时竟已无法考证,只能以"明以前纪载阙略"来概言之。从这一角度来说,大典本安徽省《泰和志》的存在补充说明了安徽省历史上太和县志的编修情况,为全面了解太和县志编修源流提供了新的线索。这是大典本安徽省《泰和志》价值的体现。

再次,探讨大典本江西省《泰和志》的编修时间。根据上文对今江西省"泰和县"建置沿革所作的探讨可知,江西省《泰和志》应修于隋开皇十一年(591年)到唐武德八年(625年)间,或修于明洪武二年(1369年)正月至永乐六年(1408年)间。

清朝光绪年间纂修的《江西通志》中对历代江西泰和县志的编修情况作了记载,现将有关情况摘录如下。

> (宋)《西昌志》十卷,淳熙二年,知县陈秀实、邑丞张可速修。
> 《泰和县志》,嘉泰二年,知县赵汝薵修。
> (明)《泰和图经》,洪武十九年,知县徐伯敏修。
> 《泰和县志》十四卷,弘治十年,训导李穆修。
> 《泰和县志》十卷,万历七年,知县唐伯元修。
> (国朝)《泰和县志》十二卷,康熙三十七年,知县田惟冀修。
> 《泰和县志》,乾隆十八年,知县冉棠修。
> 《泰和县志》四十八卷,道光六年,知县杨讱修。①

上述8部江西省泰和县志中只有前三部是符合《永乐大典》收书的时间条件的,有两部是以"泰和"为书名的,而宋朝嘉泰二年(1202年)编修的《泰和县志》在编修时间和书名上与大典本江西省《泰和志》相一致。因此,大典本江西省《泰和志》很有可能就是这部志书。

---

① 光绪《江西通志》卷一〇二,地理沿革表,清光绪七年(1868年)刻本。

综上所述，根据《永乐大典方志辑佚》辑出的《泰和志》的两条佚文可知，《永乐大典》实际上收录了两部《泰和志》，一部是今安徽省太和县县志，或修于明洪武七年(1374年)至永乐六年(1408年)间，或修于宋宣和以后至元朝大德八年(1304年)之间；一部是今江西省泰和县县志，很可能就是宋朝嘉泰二年(1202年)知县赵汝䕫编修的《泰和县志》。

《永乐大典方志辑本》中也辑出一部《泰和志》，编者按语曰："《大典》引《泰和志》凡一条。此'东岩'条'凤阳府泰和县志'云云，《明史地理》一：凤阳府颍州，作太和，不作泰和，或修《大典》时抄写之误，兹据录入凤阳府。(《大典》又引《太和志》，录入宋江西路吉州。又《泰和县志》，录入明江西吉安府。)"关于《泰和志》这一书名，按语中有注释曰："'泰'字误，应为'太'。"①该书的"目录"部分则直接写作"《太和志》"。笔者认为这样处理不是十分妥当。《永乐大典方志辑本》的编者将这部《泰和志》归为明朝所修，只辑出一条佚文，即"东岩"，内容与出处与《永乐大典方志辑佚》相同。根据按语中"《大典》又引《太和志》，录入宋江西路吉州。又《泰和县志》，录入明江西吉安府"的提示，笔者进行了查阅。《永乐大典方志辑本》确实还辑出一部《泰和县志》，辑出一条"泰和县城"方面的佚文，编者将此志归入明朝，②但却未见该书在宋朝江西路吉州下辑有一部《太和志》，不知是何原因。《永乐大典方志辑佚》另辑出一部《太和县志》和一部《泰和县志》，③其中，《泰和县志》也只辑出一条城池方面的佚文，内容和出处与《永乐大典方志辑本》基本相同。

二、大典本《泰和志》佚文的价值

虽然目前尚无法最后确定大典本安徽省《泰和志》的编修时间，但根据《中国地方志联合目录》、《中国地方志综录》等方志书目的记载，现存最早的太和县志是明朝万历年间刘玠、陈培纂修的7卷本《太和县志》。大典本安

---

① 杜春和整理、张国淦著：《永乐大典方志辑本》，北京：燕山出版社，2009年。
② 杜春和整理、张国淦著：《永乐大典方志辑本》，北京：燕山出版社，2009年。
③ 马蓉等点校：《永乐大典方志辑佚》，第三册，北京：中华书局，2004年。

徽省《泰和志》的编修时间早于万历志,其佚文保存的资料应该是目前安徽省太和县志中最早的记载。大典本安徽省《泰和志》佚文只保存了一条自然地理方面的资料,即"东岩"。

> 东岩,在凤阳府泰和县潮山。昔有隐者居之。[册一百卷九七六页八]①

这条资料说明了东岩的地理位置以及有隐者居于其中的事实,这是现存凤阳府方志鲜于记载的,可以补充现存记载的不足,为了解安徽省太和县自然地理情况提供了新的参考,具有重要的史料价值。

大典本江西省《泰和志》也只保存了一条人物方面的资料,是一则奇闻轶事方面的资料。

> 庐度,字彦章,始兴人。有道术。少随张永北侵魏。永败,魏人追急,淮水不得过。自誓:"若得免死,从今不复杀生。"须臾,见楯流来,接之得过。后隐居庐陵西昌三顾山,鸟兽随之。夜有鹿触其壁,度曰:"汝坏我壁"。鹿应声去。屋前有池养鱼,皆名呼之,次第取食。逆知死年月,竟以寿终。②[册一百七十八卷一九七八三页十四]③

这条资料介绍了庐度这个人物的生平事迹,包括他的字、籍贯、特长,以及他随张永北侵魏的有关情况,特别收录了庐度的神异之事。大典本江西省《泰和志》佚文保存的庐度的资料是现存江西省泰和县志中最早的记载,现存江西省泰和县志中很难见到这条资料,是十分珍贵的资料,可以起到补阙文献记载之不足的作用,为了解江西省泰和县历史人物提供了新的资料。《续世说》中亦载有庐度的资料,即"庐度,隐居庐陵西昌三顾山。居前

---

① 马蓉等点校:《永乐大典方志辑佚》,第二册,北京:中华书局,2004年。
② 《永乐大典》(北京:中华书局,1986年,第7410页)将此条收录于"鸟兽丛伏"条下。
③ 马蓉等点校:《永乐大典方志辑佚》,第二册,北京:中华书局,2004年。

第二章 凤阳府方志研究

有池,养鱼皆名呼之。次第来取食乃去。后又会稽钟山,有姓蔡不知名。隐山中养鼠数千头,呼来即来,遣去即去。言语狂易,时谓之'谪仙',不知所终。"①这条记载与大典本江西省《泰和志》佚文内容不完全相同,两条资料可以互相补充,为更加全面地了解庐度这一历史人物提供了线索。《南史》亦载:"始兴人庐度,字孝章,亦有道术。少随张永北侵魏,永败,魏人追急,阻淮水不得过。度心誓曰:'若得免死,从今不复杀生。'须臾见两楯流来,接之得过。然后隐居庐陵西昌三顾山,鸟兽随之。夜有鹿触其壁,度曰:'汝坏我壁。'鹿应声去。屋前有池养鱼,皆名呼之,次第来取食乃去。逆知死年月,与亲友别。永明末,以寿终。"②这条资料的基本内容与大典本江西省《泰和志》佚文相同,但较后者更为详细,当是后者的史源。

根据上述分析可知,《永乐大典》收录的《泰和志》实际上包括两部志书,一部是今安徽省太和县志,一部是今江西省泰和县志。大典本安徽省《泰和志》的编修时间目前可以有两种判断,一说修于宋宣和以后至元朝大德八年(1304年)之间,一说修于明洪武七年(1374年)至永乐六年(1408年)间。两说均有不确定的因素,尚需进一步探讨。大典本安徽省《泰和志》的存在补充了现存文献记载中关于安徽省太和县志编修源流的情况,为全面了解历代安徽省太和县志的编修情况提供了新的线索。大典本安徽省《泰和志》佚文保存的资料是现存最早的资料,可以补现存凤阳府方志记载之阙。大典本江西省《泰和志》很可能就是宋朝嘉泰二年(1202年)知县赵汝薱编修的《泰和县志》。其佚文保存的人物方面的资料是目前方志中最早的记载,可以补充现存江西省泰和县志记载的不足。

小 结

就书名而言,《永乐大典》共收录了7部凤阳府志及其所辖县志,即《凤

---

① (宋)孔平仲:《续世说》卷八,见《丛书集成初编》,北京:中华书局,1985年。
② 《南史》卷七五,列传六五,北京:中华书局,1975年。

阳府图经志》、《凤阳府图志》、《凤阳府志》、《凤阳图经志》、《凤阳志》、《泰和志》和《泗州志》。由于编修时间较为集中，笔者认为以"凤阳"为名的五部志书应该是同一部志书，修于明朝洪武七年(1374年)八月至十三年(1380年)之间。大典本《泗州志》当修于元至元二十七年(1290年)至明洪武七年(1374年)八月间。大典本《泰和志》实包括两部志书，一部是今安徽省太和县志，或修于宋宣和以后至元朝大德八年(1304年)之间，或修于明洪武七年(1374年)至永乐六年(1408年)间；一部是今江西省泰和县志，应该就是宋朝嘉泰二年(1202年)知县赵汝薏编修的《泰和县志》。大典本《凤阳府志》、安徽省《泰和志》是现存文献中所未著录的，它的存在为了解相关地区方志编修情况提供了新的线索，补充说明了安徽省方志编修源流的相关情况。

　　这几部志书的佚文保存了丰富的资料，包括地理、经济、军事、人物、文化等方面的内容，记载了山川、湖泊、村寨、仓廪、寺观、宫室、人物、古迹等方面的内容，涉及凤阳府所辖灵璧县、颖州、定远县、霍丘县、滁州、临淮县、凤阳县、光州息县、徐州、太和县、泗州、虹县、盱眙县、天长县、宿迁县等地，为全面了解和研究凤阳府历史发展的情况提供了充实的资料。这些资料有些是现存文献所鲜载的，有些虽与现存文献同记一事，但内容上有一些不同，可以补充现存记载的不足，为更加全面地认识和研究凤阳府有关历史发展变化情况提供了新的资料。特别是有关凤阳府仓廪的资料基本上都是现存方志中很难见到的稀有资料，并可以与正史的记载相互补充，为进一步了解全国性和地方性仓廪建设提供了丰富的资料，具有特别重要的史料价值。《永乐大典》收录的这些凤阳府方志佚文还具有校勘他书的价值。应该进一步发掘这些资料的价值，为进一步深入研究凤阳府历史发展的过程提供参考。

第三章
安庆府方志研究

《永乐大典》收录了三部安庆府方志,即《安庆府志》、《安庆府》和《舒州志》。

第一节 大典本《安庆府志》研究

根据安庆府建置沿革的情况和佚文提供的时间线索,本节对大典本《安庆府志》的编修时间进行分析和说明,并对其佚文价值进行总结。

一、关于大典本《安庆府志》编修时间的探讨

要想弄清大典本《安庆府志》的编修时间,就要先考察安庆府的建置沿革情况。关于安庆府建置沿革的情况在现存文献中多有记载。《旧唐书·地理志》载:"舒州下,隋同安郡。武德四年,改为舒州,领怀宁、宿松、太湖、望江、同安五县。其年,割宿松,置严州。五年,又割望江,置高州,又改高州为智州。六年,舒州置总管府,管舒、严、智三州。七年,废智州,望江属严州。八年,又废严州,以望江、宿松二县来属。贞观元年,罢都督府。天宝元年,改为同安郡。至德二年二月,改盛唐郡。乾元元年,复为舒州。"[①]《宋史·地理四》载:

---

① 《旧唐书》卷四〇,志二〇,北京:中华书局,1975年。

"安庆府,本舒州,同安郡,德庆军节度。本团练州。建隆元年,升为防御。政和五年,赐军额。建炎间,置舒、蕲镇抚使。绍兴三年,舒、黄、蕲三州仍听江南西路安抚司节制。十七年,改为安庆军。庆元元年,以宁宗潜邸,升为府。端平三年,移治罗刹洲,又移杨槎洲。景定元年,改筑宜城。旧属沿江制置使司。"①《元史·地理一》载:"安庆路。下。唐初为东安州,又改舒州,又改同安郡,又复为舒州。宋为安庆府。元至元十三年,立安抚司。十四年,改安庆路总管府,属蕲黄宣慰司。二十三年,罢宣慰司,直隶行省。"②《明史·地理一》载:"安庆府,元安庆路,属河南江北行省。太祖辛丑年八月曰宁江府,壬寅年四月曰安庆府。"③康熙《安庆府志》有如下记载:安庆府,先秦时为皖伯国。秦属九江郡。汉先属淮南,后属庐江郡。魏晋南北朝时,或属庐江郡,或属晋熙郡。隋初,改为熙州。大业年间,改为同安郡。唐武德九年(626年),改同安郡为东安州。武德年间,又改为舒州。天宝间,改同安郡。至德二年,改盛唐郡。乾元年间,又复为舒州。南唐仍为舒州。宋至道初,分天下为十五路,舒州属淮南路。熙宁间,析淮南为东西路,舒属西路。政和五年(1115年),置德庆军。绍兴十七年(1147年),改为安庆军。宁宗庆元元年(1195年),升为安庆府。元至元十四年(1277年),改总管府,隶蕲黄宣慰司,后隶行省。明洪武初年,改置为宁江府,隶京师。洪武六年(1373年),改安庆府。清代沿袭不改。④

从上述文献记载可知,隋设同安郡,唐武德四年(621年),改为舒州;天宝元年(742年),改为同安郡;至德二年(757年),改盛唐郡;乾元元年(758年),复为舒州。宋朝绍兴十七年(1147年),改为安庆军;庆元元年(1195年),升为安庆府。元至元十四年(1277年),又改称安庆路。明朝洪武初年,改为宁江府,到明洪武六年(1373年)复为安庆府,此后相沿不改。"安庆"之名始自

---

① 《宋史》卷八八,志四一,北京:中华书局,1977年。
② 《元史》卷五九,志一一,北京:中华书局,1976年。
③ 《明史》卷四〇,志一六,北京:中华书局,1974年。
④ 康熙《安庆府志》卷二,沿革表,见《中国地方志集成》,南京:江苏古籍出版社,1998年。

宋朝绍兴十七年（1147年）的"安庆军"，"安庆府"是宋庆元元年（1195年）到元至元十四年（1277年）、明洪武六年（1373年）到清朝的设置。再考虑《永乐大典》成书的时间，以"安庆"为名的志书则修于宋朝绍兴十七年（1147年）以后至明永乐六年（1408年）之间，而以"安庆府"为名的方志应该修于两个时间段中，即或修于宋庆元元年（1195年）到元至元十四年（1277年）间，或修于明洪武六年（1373年）至永乐六年（1408年）之间。

大典本《安庆府志》佚文保存的资料涉及太湖、桐城、潜山、宿松、望江五县，可以通过考察这些地区的建置沿革来判断大典本《安庆府志》的编修时间。

关于太湖县的建置沿革，《明一统志》中有这样的记载："太湖县，在（安庆）府城西二百三十里。本汉皖县地。刘宋始置太湖县，属晋熙郡。因其地有太湖，故名。南齐置龙安郡。隋初，改晋熙县，后复为太湖县，属同安郡。宋绍兴间，省入怀宁县，寻复置。元仍旧。本朝因之。"①道光《太湖县志》中也有关于太湖县建置沿革的记载：南北朝、宋元嘉末设太湖左县，属晋熙郡。因其地有太湖，故名。隋开皇初更名晋熙县，十八年（598年）复改名太湖，去"左"字。隋朝时太湖县初属熙州，后属同安郡。唐武德四年（621年）析置青城、荆阳二县；七年（624年），省青城入荆阳；八年（625年），省荆阳入太湖。唐朝太湖县属舒州。宋朝太湖县则先后属德庆军、安庆军、安庆府。元朝属安庆路。明朝则初属宁江府，洪武六年（1373年），改宁江府为安庆府，太湖属安庆府管辖。清朝太湖县仍属安庆府。②根据上述文献记载，南朝刘宋时始设太湖左县，隋初曾改为晋熙县，后复为太湖左县，至隋朝开皇十八年（598年）则去"左"字而为太湖县，始有太湖县之名。宋朝绍兴年间省太湖县入怀宁县，不久又复为太湖县，太湖县在宋朝先后隶属于德庆军、安庆军、安庆府管辖。太湖县元朝为安庆路属县。明朝初年，太湖县属宁江府，洪武六年（1373年）将宁江府改为安庆府，太湖县始属安庆府管辖。

---

① （明）李贤等奉敕撰：《明一统志》卷一四，见《四库全书》，上海：上海古籍出版社，1987年。
② 道光《太湖县志》卷二，舆地志，清道光十年（1830年）刻本。

《永乐大典》安徽江北方志研究

现存文献中多有关于桐城县建置沿革的记载。《明一统志》载:"桐城县,在(安庆)府城东北一百五十里。本春秋时楚之附庸桐国。汉置枞阳县,属庐江郡。东汉省。梁改置枞阳郡。隋初,改为县,后复改为同安县。唐至德初始改桐城县。宋、元仍旧。本朝因之。"①康熙《桐城县志》亦载:桐城县,夏商属《禹贡》扬州之域。周属桐国。春秋时前属吴,后属楚。战国属楚。秦属九江郡。西汉置枞阳县,亦名桐乡,隶庐江郡。汉文帝时又称舒县。东汉为龙舒侯国,初隶庐江郡,后隶扬州刺史部。后汉前属魏,后属吴,并隶庐江郡。晋为舒县,隶庐江郡,后隶扬州道,又隶晋熙郡,东晋子皖分置。南朝宋时,舒县又名阴安县,隶庐江郡。元嘉二十五年(448年),改名吕亭左县。南齐时舒县隶庐江郡,建元二年(480年)为郡治,又改吕亭左县,属庐江郡。南朝梁时为枞阳郡舒县,省吕亭。五代升县为郡。陈为枞阳郡。隋开皇中改枞阳县为同安县,以县东门内有同安故城也,寻又改同安郡。唐天宝末,取桐乡之义,改桐城县,隶淮南道,属盛唐郡。宋宁宗庆元元年(1195年),以潜邸升安庆为府,桐城县隶安庆府。宋季避元兵,徙治枞阳,又徙池之李阳河。元朝桐城县复今治,隶安庆路。明朝,桐城县隶江宁府,后改隶安庆府,直隶南京。清朝桐城县隶安庆府。② 桐城县是在唐朝至德初年(或称天宝末年)开始设置的,时隶淮南道盛唐郡;宋宁宗庆元元年(1195年),桐城县属安庆府管辖;元朝则属安庆路;明朝初属江宁府,后属安庆府。

关于潜山县建置沿革的情况,文献中多有记载。《明一统志》载:"潜山县,在(安庆)府城西北一百四十里。本怀宁县之清朝、五照二乡地。宋立为四寨,仍隶县。元至元中,立野人原寨。至治间,始析置潜山县。以山为名。本朝因之。"③元朝至治年间(1321—1323年),始置潜山县,明朝因之,属安庆府管辖。

---

① (明)李贤等奉敕撰:《明一统志》卷一四,见《四库全书》,上海:上海古籍出版社,1987年。
② 康熙《桐城县志》卷一,建置,见《中国地方志集成》,南京:江苏古籍出版社,1998年。
③ (明)李贤等奉敕撰:《明一统志》卷一四,见《四库全书》,上海:上海古籍出版社,1987年。

第三章 安庆府方志研究

关于宿松县建置沿革，《明一统志》中有如下记载："宿松县，在（安庆）府城西南二百七十里。本汉皖县地。元始中，置松滋县，属庐江郡。晋改宿松县。梁于此置高塘郡。隋初废郡，改县曰高塘，后复改宿松县。唐初置严州，未几州废，以县属舒州。宋绍兴间，省入望江县，寻复置。元仍旧。本朝因之。"①宿松县始设于晋，后有所变更。梁置高塘郡，隋初废郡，改为高塘县，不久又将高塘县改为宿松县。宋朝绍兴年间又将宿松县并入望江县，但很快又恢复宿松县的设置。元、明两朝相沿未改。明朝宿松县属安庆府管辖。

关于望江县建置沿革的情况，现存文献中多有记载。《明一统志》载："望江县，在（安庆）府城西南一百二十里。本汉皖县地。晋立大雷戍。东晋置新治县，属晋熙郡。陈于此置大雷郡。隋改为义乡县，又改望江县，属兴州。唐武德间，于县置高州，寻改智州。未几，州废，以县属舒州。宋元仍旧。本朝因之。"②隋朝时将义乡县改为望江县，始有望江县之名。宋、元、明相沿不改。明朝望江县属安庆府管辖。

大典本《安庆府志》同时收录了太湖、桐城、潜山、宿松、望江五县的相关资料，"安庆府"是宋庆元元年（1195 年）到元至元十四年（1277 年）、明洪武六年（1373 年）到清朝的设置。而五县中潜山县设置时间最晚，潜山县始设于元朝至治年间（1321—1323 年）。考虑到安庆府及其所辖五县建置沿革的情况，再结合《永乐大典》收书的时间条件，大典本《安庆府志》应该修于明洪武六年（1373 年）到永乐六年（1408 年）间。

还可以从佚文提供的时间线索考察，以进一步确定它的编修时间。大典本《安庆府志》佚文【山川】条目下有"小鸦岭"一条，即："太湖县司空山有小鸦岭，极险峻。宋安抚张德兴置寨于此，与元朝敌守者十余年。上建五

---

① （明）李贤等奉敕撰：《明一统志》卷一四，见《四库全书》，上海：上海古籍出版社，1987 年。

② （明）李贤等奉敕撰：《明一统志》卷一四，见《四库全书》，上海：上海古籍出版社，1987 年。

门;东曰太平,南曰欢喜,西曰朱砂,南曰前部,北曰后部。归附于元,设巡检司三处,曰后部,曰白砂,曰南阳,而镇守之。安庆万户府分拨千户一员,领军以戍。今仍设三巡也。"①这条佚文中有"宋"、"元朝"等时间线索。"白云岩"一条下有"元朝之时"的字样。根据"宋"、"元朝"、"元朝之时"这样的时间线索,从行文的习惯看,大典本《安庆府志》应该是明朝编修的。另外,大典本《安庆府志》佚文中"三十六岩"、"白云岩"两条皆有"直隶安庆府"之称。根据安庆府沿革的有关情况,明朝洪武六年(1373年)复为安庆府后,则直隶南京。因此,从这一点看,大典本《安庆府志》应修于明朝洪武六年(1373年)至永乐六年(1408年)之间。

由于现存安庆府方志中没有对安庆府志的编修源流进行专门性的总结,只是提及明朝天顺、正德、嘉靖和清康熙年间都曾编修过安庆府志,所以无法理清历代安庆府志的编修源流,只能粗略地了解一些情况。历史上安庆府志曾多次修纂,现存文献中也有相关记载。《内阁藏书目录》载:"《安庆府志》八册,全,嘉靖癸丑郡守李逊修。"②《天一阁书目》载:"《安庆府志》三十二卷,刊本。明嘉靖辛亥知府李逊纂修并序,郡人齐之鸾序";"《安庆府志》十六卷,刊本。明嘉靖元年天水胡缵宗纂修,白沙景旸序,后有王崇庆跋。"③光绪《重修安徽通志》载:"《安庆府志》三十二卷,康熙六十年张楷修。"④由以上记载可知,明嘉靖元年(1522年)、嘉靖辛亥(嘉靖三十年,1551年)、清朝康熙六十年(1721年)各曾编修过一部安庆府志。而根据《中国地方志联合目录》的统计,另修有两部安庆府志,即:明朝周翔修、张滉纂的12卷本《安庆郡志》,现有天顺六年(1462年)刊本;清朝姚琅修、陈焯纂、刘耜重订的18卷本《安庆府志》(现有清康熙二十二年(1683年)刻本)。但这些志书均修于明永乐六年(1408年)以后。

---

① 马蓉等点校:《永乐大典方志辑佚》,第二册,北京:中华书局,2004年。
② (明)孙能传:《内阁藏书目录》卷六,清迟云楼抄本。
③ (清)范邦甸:《天一阁书目》卷二,史部,清嘉庆文选楼刻本。
④ 光绪《重修安徽通志》卷三三九,清光绪四年(1878年)刻本。

第三章 安庆府方志研究

另外,《传是楼书目》载:"《安庆府志》十二卷,明刘余清,十本。"①明朝刘余清亦曾编修过一部12卷本《安庆府志》。关于刘余清的情况,文献中有些记载,但均是关于清朝刘余清的,未见明朝刘余清的记载。乾隆《江南通志》载:"刘余清,字不疑,怀宁人。闻其父若实讲随处体认天理。余清曰:'此正学者,入圣之门。'遂沉潜一学。明季举贤良,尝受业于姜曰广,司训芜湖,但是明绝学。著《易问太极说》、《西铭解》。"②光绪《重修安徽通志》载:"国朝刘余清,字不疑,怀宁人。"③至此尚无法弄清《传是楼书目》中所言之明朝刘余清的相关情况,更无法知道他所编修的《安庆府志》修于何时。《文渊阁书目》中亦著录一部安庆府志,即:"《安庆府志》六册。"④《文渊阁书目》修于明正统六年(1441年),它著录的《安庆府志》应该修于此前,但仍无法确定其相对具体的编修时间。

目前只能初步确定大典本《安庆府志》修于明朝洪武六年(1373年)至永乐六年(1408年)之间,虽然无法确定其具体的编修时间和纂修者,但大典本《安庆府志》的存在为了解历代安庆府志编修的情况提供了新线索,这是大典本《安庆府志》文献学价值的体现。

根据《中国古方志考》提供的线索,20世纪30年代,张国淦先生的《蒲圻张氏大典辑本》未从《永乐大典》中辑出《安庆府志》。后来经过补充、整理出版的《永乐大典方志辑本》则辑出一部《安庆府志》,其按语称:"《大典》引《安庆府志》凡十四条。宋安庆府本舒州同安郡,元安庆路,明安庆府,知是明志。《文渊阁书目·旧志》:'《安庆府志》六册,'当即是志。"⑤《永乐大典方志辑本》的编者应该是根据安庆府建置沿革和书目记载,判断大典本《安庆府志》是一部明朝方志,是《文渊阁书目》中提到的《安庆府志》。《永乐大典方

---

① (清)徐乾学藏:《传是楼书目》,清道光八年(1828年)味经书屋抄本。
② (清)赵弘恩等监修:《(乾隆)江南通志》卷一六四,人物志,见《四库全书》,上海:上海古籍出版社,1987年。
③ 光绪《重修安徽通志》卷二一八,清光绪四年(1878年)刻本。
④ (明)杨士奇:《文渊阁书目》卷四,见清文渊阁《四库全书》。
⑤ 杜春和整理、张国淦著:《永乐大典方志辑本》,北京:燕山出版社,2009年。

《永乐大典》安徽江北方志研究

志辑本》和《永乐大典方志辑佚》所辑《安庆府志》佚文内容基本相同。

二、大典本《安庆府志》佚文的价值

大典本《安庆府志》佚文现存1 000字左右,其内容涉及安庆府所辖太湖、桐城、潜山、宿松、望江五县,主要是地理、仓廪、军事、人物、文化五方面的内容,包括山川、宫室、仓廪、人物、诗文五个类目,共 15 条资料。这些资料是现存安庆府方志中最早的记载。大典本《安庆府志》佚文保存了丰富的资料,为了解南北朝、宋、元及明初安庆地区社会历史发展的基本情况提供了一些线索。

(一)地理类资料的价值

地理类资料总共有 11 条,可分为自然地理和人文地理两部分,自然地理主要包括山岭和湖泊,共 10 条,主要记载了这些山岭和湖泊的地理位置、交通、特征、名称的来历、有关历史事实以及诗文等方面的资料。人文地理则只有 1 条,即泣笋台,主要记载了它的地理位置、名称的来历及有关的历史传说。这些资料是了解明朝初年以前安庆府地理情况的重要参考资料。

水口岭,在潜山县西北六十里。[册一百二二卷一一九八〇页六]①

这条资料介绍了水口岭的地理位置。现存安庆府志中未见有关水口岭的记载,大典本《安庆府志》佚文可以补充现存文献记载的不足。

小隘岭,在太湖县西八十里。[册一百二二卷一一九八〇页六]②

这条资料介绍了小隘岭的地理位置。现存文献中也有关于小隘岭的记

---

① 马蓉等点校:《永乐大典方志辑佚》,第二册,北京:中华书局,2004年。
② 马蓉等点校:《永乐大典方志辑佚》,第二册,北京:中华书局,2004年。

载。只有康熙《安庆府志》称小隘岭在太湖县境内,即:"小隘岭,[县]西八十里,阻山临河,峭狭险峻,接荆舒界,为防守要地。"①而其他文献则大多称在宿松县境内。《读史方舆纪要》载:"小隘岭,(宿松)县西北八十里,与湖广黄梅县分界。"②《南畿志》载:"小隘岭,在(宿松)县北八十里,道绝险,荆舒之界也。"③光绪《重修安徽通志》载:"小隘岭,宿松县西八十里。山临河,路接荆舒,为防守要地。"④乾隆《江南通志》⑤所载内容与之相同。《肇域志》载:"小隘岭,在县西八十里。"⑥嘉庆《大清一统志》载:"小隘岭,在宿松县西北八十里。岭春与湖北断州交界,阻山临河,峭隘盘曲。明初,攻湖广元帅石良由此岭通道蕲州。"⑦上述文献记载在内容上互有异同,可以互相补充。而且根据太湖和宿松两县的地理位置相接的情况可知,上文所载两县之"小隘岭"很可能是同一座山岭,位于两县交界处,故两县县志均加以记载。

  挂车岭,在桐城县西四十里。旧有挂车镇,而镇有此岭。[册一百二二卷一一九八〇页六]⑧

这条资料介绍了挂车岭的地理位置和山名的来历。关于挂车岭的资料现存文献多有记载。正德《安庆府志》载:桐城县西"三十里曰挂车岭,其上有挂车石,汉都长安时要路也。有云集寺,有辛夷,有檗,有知母,有细辛,有

---

① 康熙《安庆府志》卷二,地理志,见《中国地方志集成》,南京:江苏古籍出版社,1998年。
② (清)顾祖禹:《读史方舆纪要》卷二六,见《中国古代地理总志丛刊》,北京:中华书局,2006年。
③ (明)闻人诠、陈沂纂修:《南畿志》卷四〇,见《四库全书存目丛书》,济南:齐鲁书社,1996年。
④ 光绪《重修安徽通志》卷二四,舆地志,清光绪四年(1878年)刻本。
⑤ (清)赵弘恩等监修:《(乾隆)江南通志》卷一五,见《四库全书》,上海:上海古籍出版社,1987年。
⑥ (清)顾炎武:《肇域志》卷十一,清抄本。
⑦ (清)穆彰阿:《(嘉庆)大清一统志》卷一〇九,《四部丛刊》续编影旧抄本。
⑧ 马蓉等点校:《永乐大典方志辑佚》,第二册,北京:中华书局,2004年。

枸杞。"①《读史方舆纪要》载："挂车岭，（桐城）县西四十里，即朱桓所谓硖石、挂车，两道皆险隘者也。《志》云：'上有挂车石，汉都长安、江淮往来，此为要路。'《九域志》：'桐城县有挂车镇，以挂车岭而名'。"②光绪《重修安徽通志》载："挂车岭，桐城县西三十里。三国吴朱桓谓硖石、挂车，两道险隘，即此。"③乾隆《江南通志》④所载与之相同。《三国志注补》载："挂车岭，在怀宁府桐城县西四十里。上有挂车石。汉都长安、江淮往来，此为要路。《九域志》：'桐城县有挂车镇，以挂车岭而名。'"⑤康熙《桐城县志》⑥、康熙《安庆府志》⑦、《清一统志》⑧、《嘉庆重修一统志》⑨等皆载有挂车岭的相关资料。大典本《安庆府志》佚文与上述文献记载的主要内容基本相同，可互为参证。

  三十六岩，在直隶安庆府。唐诗僧诗："三十六岩藏好景，更于何处觅瀛洲。"［册一百卷九七六五页八］⑩

这条资料除了说明三十六岩的地理位置外，还收录了唐朝僧人的两句诗。《全唐诗补编》收录了一首唐诗僧所作之诗，即《天柱峰题拟》："三十六峰藏好景，更于何处觅瀛洲。"⑪《舆地纪胜》亦收录了这首唐诗僧诗，即："三

---

① 正德《安庆府志》，地理志，见《四库全书存目丛书》，济南：齐鲁书社，1996年。
② （清）顾祖禹：《读史方舆纪要》卷二六，见《中国古代地理总志丛刊》，北京：中华书局，2006年。
③ 光绪《重修安徽通志》卷二四，舆地志，清光绪四年（1878年）刻本。
④ （清）赵弘恩等监修：《（乾隆）江南通志》卷一五，见《四库全书》，上海：上海古籍出版社，1987年。
⑤ （清）赵一清：《三国志注补》卷五六，清广雅书局本。
⑥ 康熙《桐城县志》卷一，山川，见《中国地方志集成》，南京：江苏古籍出版社，1998年。
⑦ 康熙《安庆府志》卷二，地理志·山川，见《中国地方志集成》，南京：江苏古籍出版社，1998年。
⑧ （清）和珅等奉敕撰：《钦定大清一统志》卷七六，见《四库全书》，上海：上海古籍出版社，1987年。
⑨ 《嘉庆重修一统志》卷一〇九，山川，见《中国古代地理总志丛刊》，北京：中华书局，1986年。
⑩ 马蓉等点校：《永乐大典方志辑佚》，第二册，北京：中华书局，2004年。
⑪ 陈尚君辑校：《全唐诗补编·全唐诗续拾》卷五六，北京：中华书局，1992年。

十六岩藏好景,更于何处觅瀛洲。"①这两则记载与大典本《安庆府志》佚文内容相似,但《全唐诗补编》称"三十六峰"。

虽然这条资料内容并不丰富,但因所载内容在现存安庆府方志中很难见到,所以,对现存方志记载有补充资料的作用,为了解安庆地区自然地理状况提供了新的参考资料。

  白云岩,在直隶安庆府桐城县东一百二十里。其岩分联东西者二。元朝之时,西番僧号了悟禅师,以地胜岩幽,遂建两庵于二岩,东庵废矣,西庵尚存。[册一百卷九七六三页十]②

这条资料介绍了白云岩的地理位置,并说明此岩分为东西两部分。元朝西番僧人了悟禅师因其地幽胜而居于此,并在东、西两岩上各建一庵,至明朝初年,东庵已废弃不用,西庵则保存下来。由此亦可知,由于西番僧人的入居以及两庵的建立,佛教曾一度在白云岩兴盛。关于白云岩的资料在现存文献中多有记载。正德《安庆府志》载:桐城东"百有三十里,曰白云岩,其岩东西相峙。其上多岩洞,可游可居。其中有东庵,今废。西庵山称胜者此与浮山云。"③《明一统志》载:"白云岩,在桐城县东一百二十里,岩分为二。元时有胡僧建两庵于此。"④《南畿志》载:"(桐城)白云岩,在县东一百二十里。岩有二,元胡僧建东西二庵。"⑤明朝文献所载内容与大典本《安庆府志》佚文基本相同。乾隆《江南通志》载:"白云岩,在桐城县东百三十里。有东西两岩相峙。又有四峰、三洞、五小岩。名胜与浮山竞胜。相连有双尖

---

① (宋)王象之:《舆地纪胜》卷四六,见《中国古代地理总志丛刊》,北京:中华书局,2003年。
② 马蓉等点校:《永乐大典方志辑佚》,第二册,北京:中华书局,2004年。
③ 正德《安庆府志》,地理志,见《四库全书存目丛书》,济南:齐鲁书社,1996年。
④ (明)李贤等奉敕撰:《明一统志》卷一四,见《四库全书》,上海:上海古籍出版社,1987年。
⑤ (明)闻人诠、陈沂纂修:《南畿志》卷四〇,见《四库全书存目丛书》,济南:齐鲁书社,1996年。

山、牛角尖,俱极秀耸。"①《嘉庆重修一统志》载:"白云岩山,在桐城县东一百二十里。《府志》:有东西两岩,峰有四,曰铁障、铁船、绛霄、双峰。岩之小者有五,曰燕子、蛾眉、雪浪、楼子、墓岩。洞有三,曰函云、四顾、抱龙。有泉,有池,多奇石。其名胜亚浮山。"②康熙《安庆府志》③所载与之略同。光绪《重修安徽通志》载:"白云岩,桐城县东百三十里。东西两岩对峙。又有四峰、三洞、五小岩。相连有双尖山、牛角尖,俱极秀耸。"④上述清朝文献在介绍白云岩的地形、地貌方面较大典本《安庆府志》佚文详细,但关于西番僧人在白云岩建庵这一情况却很少提及。道光《桐城续修县志》关于白云岩的记载内容最为丰富,即:"白云岩,(桐城)县东百二十里。石屏方整,高十余仞,古白云演禅师道场。元西僧了悟禅师创东西二庵,其西庵尚在。山两崖相峙,多洞穴,可游可居。有燕子岩、蛾眉岩、雪浪岩、楼子岩、墓岩、铁障峰、铁船峰、绛霄峰、双峰、函云洞、抱龙洞、四顾洞、月泉、一滴泉、芥坳池、天然池、钓石、驼石、偶来石、孤坐石、虎石诸胜。燕子岩有一线天,在丛石间。函云洞云起则往来其中。灵秀与浮山埒。"⑤其中对元朝西僧在白云岩建庵的记载与大典本《安庆府志》佚文基本相同,可证后者内容无误。上述各文献记载的白云岩的情况可以互相补充,为了解安庆地区自然地理和人文地理方面情况提供了更全面的资料。

白荡湖,在桐城县民池。与竹子湖相连之水自东北出张家赛,接无为界,南通长河、羹脍赛,东由源子港而入于江。[册十八卷二二六一页二十四]⑥

---

① (清)赵弘恩等监修:《(乾隆)江南通志》卷一五,见《四库全书》,上海:上海古籍出版社,1987年。
② 《嘉庆重修一统志》卷一〇九,舆地志,见《中国古代地理总志丛刊》,北京:中华书局,1986年。
③ 康熙《安庆府志》卷二,地理志,见《中国地方志集成》,南京:江苏古籍出版社,1998年。
④ 光绪《重修安徽通志》卷二四,舆地志,清光绪四年(1878年)刻本。
⑤ 道光《桐城续修县志》卷一,舆地志·山川,清道光十四年(1834年)刻本。
⑥ 马蓉等点校:《永乐大典方志辑佚》,第二册,北京:中华书局,2004年。

这条资料主要介绍了白荡湖的地理位置以及湖、河、江相通的水上交通情况。白荡湖在桐城县境内，其湖与竹子湖相连，湖水向东北从张家赛流出进入无为县界，向南则通长河和羹脍赛，再向东流入源子港后通长江。由此可知，白荡湖三面与水相通，水运交通方便，并与长江相通，应该是一个水运交通的重要通道。现存文献也多载有白荡湖的资料。正德《安庆府志》①、康熙《安庆府志》②、康熙《桐城县志》③皆载有与大典本《安庆府志》佚文内容基本相同的资料。《读史方舆纪要》载："源子港，（桐城）县东三十里。下流入江。《志》云：'县东百有二十里有破堽、竹子、白荡诸湖。其白荡湖亦曰民池。'"④道光《桐城续修县志》载："白荡湖，西北通乌金渡，西连竹子湖，南通破堽湖，东连章家赛，东南至于双溪，东过汤家沟镇，左沿圩埂，右循陈家洲，东至老洲湾，又东由王家套入于大江，东北流至老洲头。"⑤光绪《重修安徽通志》载："白荡湖，北汇獭桥湖，西连竹子湖，南通破堽湖，东连章家赛，入于江。"⑥从这两则记载可知，至清朝道光以后，白荡湖与周围水系的连接更加通畅，除原有的水道外，又在东、西、南、北四个方向上分别开辟了新的水路。由以白荡湖为中心建立起的水运交通网更加密集，其水路交通更加方便，日益完善。白荡湖的地位也日益凸显。

正德《安庆府志》、康熙《安庆府志》、康熙《桐城县志》、《读史方舆纪要》皆称白荡湖"又曰民池"，因此，大典本《安庆府志》佚文"在桐城县民池"一句有脱字，应为："在桐城县，又曰民池"。

安庆南湖，旧名南园，三面依城，古木参天，湖浸甚广。中有寨

---

① 正德《安庆府志》，地理志，见《四库全书存目丛书》，济南：齐鲁书社，1996年。
② 康熙《安庆府志》卷二，地理志，见《中国地方志集成》，南京：江苏古籍出版社，1998年。
③ 康熙《桐城县志》卷一，山川，见《中国地方志集成》，南京：江苏古籍出版社，1998年。
④ （清）顾祖禹：《读史方舆纪要》卷二六，见《中国古代地理总志丛刊》，北京：中华书局，2006年。
⑤ 道光《桐城续修县志》卷一，舆地志，见《中国地方志集成》，南京：江苏古籍出版社，1998年。
⑥ 光绪《重修安徽通志》卷六五，河渠志，清光绪四年（1878年）刻本。

芳堂，李师中有记。在郡治南，端平厄于兵火。[册十九卷二二六五页八]①

这条资料介绍了南湖的地理位置、别名、周围环境、内部结构以及存废情况和原因。现存记载也多有南湖的资料。《舆地纪胜》载："南湖，旧名南园，三面依城，古木参天，湖浸甚广。中有搴芳堂，李师中有记。今在郡治之南。"②《舆地纪胜》未称搴芳堂毁灭，可知南宋嘉定十四年左右（1221年）搴芳堂仍存于世；佚文称"端平厄于兵火"，则知到端平年间（1234—1236年）搴芳堂已毁于兵火。大典本《安庆府志》佚文补充说明了搴芳堂毁灭的时间和原因。正德《安庆府志》载："旧郡治南曰南湖，一曰灵湖，一曰南园。其湖三面倚城，多古木，其水浸。今水竭乃为耕稼地矣。"③大典本《安庆府志》佚文记载的南湖水域仍然十分广阔，而正德《安庆府志》则称湖水已经干涸，已被开垦成农田。这两则记载相互补充，可以了解到南湖由盛转衰的基本过程。《大明一统名胜志》④、《明一统志》⑤、《南畿志》⑥、《读史方舆纪要》⑦、康熙《安庆府志》⑧、乾隆《江南通志》⑨、《清一统志》⑩、《嘉庆重修一统志》⑪、光绪《重

---

① 马蓉等点校：《永乐大典方志辑佚》，第二册，北京：中华书局，2004年。
② （宋）王象之：《舆地纪胜》卷四六，淮南西路，见《中国古代地理总志丛刊》，北京：中华书局，2003年。
③ 正德《安庆府志》，地理志，见《四库全书存目丛书》，济南：齐鲁书社，1996年。
④ （明）曹学佺：《大明一统名胜志》卷七，见《四库全书存目丛书》，济南：齐鲁书社，1996年。
⑤ （明）李贤等奉敕撰：《明一统志》卷一四，见《四库全书》，上海：上海古籍出版社，1987年。
⑥ （明）闻人诠、陈沂纂修：《南畿志》卷四〇，见《四库全书存目丛书》，济南：齐鲁书社，1996年。
⑦ （清）顾祖禹：《读史方舆纪要》卷二六，见《中国古代地理总志丛刊》，北京：中华书局，2006年。
⑧ 康熙《安庆府志》卷二，地理志，见《中国地方志集成》，南京：江苏古籍出版社，1998年。
⑨ （清）赵弘恩等监修：《（乾隆）江南通志》卷一五，见《四库全书》，上海：上海古籍出版社，1987年。
⑩ （清）和坤等奉敕撰：《钦定大清一统志》卷七六，见《四库全书》，上海：上海古籍出版社，1987年。
⑪ 《嘉庆重修一统志》卷一〇九，山川，见《中国古代地理总志丛刊》，北京：中华书局，1986年。

第三章 安庆府方志研究

修安徽通志》①等文献多载南湖"三面依城,古木参天,湖浸甚广。中有寨芳堂,李师中有记",并说此处盛产藕,均记录了南湖繁盛时的情况,不仅景色优美,环境优雅,而且多出水产,可以补充周边居民日常食用之不足。南湖的湮灭既有自然原因,也有人为原因。南湖湮灭是十分可惜的。

> 大伯涝湖,在宿松县东七十五里。合张富池,自望江之杨湾口以合长江之水。[册二十卷二二七—页十七]②

这条资料介绍了大伯涝湖的地理位置,并说明湖水汇合,张富池之水经望江县杨湾口流入长江的事实。从这条资料可以了解到大伯涝湖与周围水系的关系,以及由此而建立起的水运交通体系。现存文献亦载有大伯涝湖的资料。康熙《安庆府志》载:大伯涝湖在宿松县"东六十里"。③ 道光《宿松县志》载:"大伯涝湖,即大官湖,一名大子池,县东六十里。西通龙湖,东由北口达望江泊湖。"④民国《宿松县志》载:"大泊涝湖,即大官湖,一名大子池,县东六十里。西通龙湖,东由北口达望江泊湖。"⑤相比而言,大典本《安庆府志》佚文与现存文献记载不完全相同,是关于大伯涝湖的新资料,为了解安庆地区自然地理情况提供了新的参考。

上述三则记载皆称大伯涝湖在宿松县东六十里,而唯大典本《安庆府志》佚文称在宿松县东七十五里。未知孰是,姑存两说。

> 龙南莲若湖,在宿松县南五十里。其水通白荆浡池,三十六段,沿接大伯涝湖、张富池,由望江之箔湖以出雷港口,而达于大

---

① 民国《潜山县志》卷二,古迹,见《中国地方志集成》,南京:江苏古籍出版社,1998年。
② 马蓉等点校:《永乐大典方志辑佚》,第二册,北京:中华书局,2004年。
③ 康熙《安庆府志》卷二,地理志,见《中国地方志集成》,南京:江苏古籍出版社,1998年。
④ 道光《宿松县志》卷二,舆地志,清道光八年(1828年)刻本。
⑤ 民国《宿松县志》卷二,地理志,见《中国地方志集成》,南京:江苏古籍出版社,1998年。

173

《永乐大典》安徽江北方志研究

江。[册二十卷二二七一页二十]①

这则资料记载了龙南莲若湖的地理位置、水流方向等方面的情况。由此可知,该湖与周围的白荆洿池、大伯涝湖、张富池、箔湖皆相连通,并由望江县的雷港口流入长江,它与周围的水系建立了畅通的水上交通体系。现存文献中也多有记载这个湖泊的资料。《明一统志》载:"龙南莲若湖,在宿松县南五十里。东五里为白荆洿池,又东二十里为大伯涝湖,又东十里为张富池。下流入望江县之泊湖,出雷港口,达大江。"②《南畿志》③、《续文献通考》④、《行水金鉴》⑤亦载有相似资料。乾隆《江南通志》载:"龙南莲若湖,在宿松县南四十里。中有小洲曰浮笠洲,湧若螺黛,随水上下。其水连白荆、棠梨、小黄诸湖,至望江县入于江。"⑥光绪《重修安徽通志》⑦、康熙《安庆府志》⑧、《清一统志》⑨、《嘉庆重修一统志》⑩所载与之略同。《读史方舆纪要》载:"龙南莲若湖,(宿松)县南三十里,中有浮洲,涌若螺黛。"⑪大典本《安庆府志》佚文保存的资料与明朝文献记载基本相同,而与清朝文献所载不同,

---

① 马蓉等点校:《永乐大典方志辑佚》,第二册,北京:中华书局,2004年。
② (明)李贤等奉敕撰:《明一统志》卷一四,见《四库全书》,上海:上海古籍出版社,1987年。
③ (明)闻人诠、陈沂纂修:《南畿志》卷四〇,见《四库全书存目丛书》,济南:齐鲁书社,1996年。
④ (明)王圻:《续文献通考》卷一一,田赋考,明万历三十年(1592年)松江府刻本。
⑤ (清)傅泽洪:《行水金鉴》卷一五五,见清文渊阁《四库全书》。
⑥ (清)赵弘恩等监修:《(乾隆)江南通志》卷一五,见《四库全书》,上海:上海古籍出版社,1987年。
⑦ 光绪《重修安徽通志》卷二四,舆地志,清光绪四年(1878年)刻本。
⑧ 康熙《安庆府志》卷二,地理志,见《中国地方志集成》,南京:江苏古籍出版社,1998年。
⑨ (清)和坤等奉敕撰:《钦定大清一统志》卷七六,见《四库全书》,上海:上海古籍出版社,1987年。
⑩ 《嘉庆重修一统志》卷一〇九,山川,见《中国古代地理总志丛刊》,北京:中华书局,1986年。
⑪ (清)顾祖禹:《读史方舆纪要》卷二六,见《中国古代地理总志丛刊》,北京:中华书局,2006年。

主要是因为记载角度不一样。

龙南莲若湖的"若"字在正德《安庆府志》、《清一统志》、《嘉庆重修一统志》中皆作"箬"。另外,龙南莲若湖也有称"龙湖"的。道光《宿松县志》载:"龙湖,《旧志》作'龙南莲若湖',距县二十五里,旧作四十里。北纳县西河水,从笋子港入,西达黄梅诸湖,东由长河达泊涝湖。明初,置龙湖、大湖、洿池、张富池四河泊所,嘉靖间废。"①民国《宿松县志》亦载:"龙湖,《朱志》作龙南莲箬湖,距县二十五里,《朱志》作四十里,北纳县西河水,从笋子港入,西达黄梅诸湖,东由长河,即上长河,达泊涝湖,即大泊涝湖。明初,置龙湖、大湖、洿池、张富池四河泊所,嘉靖间废。"②这两条记载内容基本相同,但与上述各文献记载不同,可互为参考和补充。

关于"龙南莲若湖"的位置,上述各文献记载有所不同,有言在"宿松县南五十里"的,有称"在宿松县南四十里"的,有言在宿松县"南三十里"的,也有称"距(宿松)县二十五里"的。未知孰是,姑存其说,俟考。

> 泣笋台,在望江县治北隅,乃山阜之地,形势若台。旧传有竹一亩,每冬雪中,即有笋茁土,人相传泣竹之所也。按孟宗字恭武,江夏人。事母孝,尝为雷池监官,有寄鲊与母事。而母在江夏审矣。今云泣竹之地,岂好事者因监池于雷,而地偶生笋于冬雪,慕孝子之盛而欲励乎俗者然也。故存之不能无辨于此云。[册三十卷二六〇四页二十四]③

这条资料除了记载泣笋台的地理位置、特点、孟宗孝母的故事以及与泣笋台相关的传说外,还保存了有关泣笋台名称来历考辨方面的资料。孟宗是三国时人。《三国志·吴书·孙皓传》注引《楚国先贤传》及《吴录》云:"宗

---

① 道光《宿松县志》卷二,舆地志,清道光八年(1828年)刻本。
② 民国《宿松县志》卷二,地理志,见《中国地方志集成》,南京:江苏古籍出版社,1998年。
③ 马蓉等点校:《永乐大典方志辑佚》,第二册,北京:中华书局,2004年。

母嗜笋。冬节将至,时笋尚未生,宗入竹林哀叹。而笋为之出,得以供母。皆以为至孝之所致感。累迁光禄勋,遂至公矣。"孟宗曾"为盐池司马。自能结网,手以捕鱼,作鲊寄母"。① 大典本《安庆府志》编者以传说谓"泣笋台"在望江县,虽为附会,而动机在"励乎俗",然用心亦善。大典本《安庆府志》佚文保存的这条资料是目前安庆方志中最早的记载。现存其他文献中也有相关记载。正德《安庆府志》载:"泣竹台,在望江县市北隅阜上。故有慈竹一亩,世传每冬雪中即有笋,相传孟宗泣竹处。岂好事者因宗监池于协,而地偶生笋于雪中,遂以名台邪。"②万历《望江县志》载:"泣竹台,孟宗泣竹处,在县市东隅。"③光绪《重修安徽通志》载:"泣笋台,一名泣竹台,在望江县城内三孝祠后。相传吴孟宗母嗜笋,严冬宗攀竹而泣,笋即破土出。宋萧服为望江令,访古迹得王祥卧冰池、孟宗泣笋台,皆为筑亭,又刻唐县令曲信陵文于石,以励民俗。国朝康熙十八年,知县陈柿祚立碑。"④康熙《安庆府望江县志》⑤、康熙《安庆府志》⑥、乾隆《望江县志》⑦亦载有相关资料,也如光绪《重修安徽通志》一样加入了清朝泣笋台的一些变化及相关情况。这些资料不仅记载了泣笋台的基本情况,也反映了历史发展过程中有关泣笋台修建与变化的情况。但就记载的泣笋台的基本情况而言,大典本《安庆府志》佚文保存的内容最丰富,有利于全面了解这一历史遗迹的相关情况。

(二)经济类资料的价值

经济类的是仓廪方面的资料,只有一条,即"万亿仓",介绍了它的所在位置,内容虽较为简略,但它却是现存最早的记载。

---

① 《三国志》卷四八,吴书三,北京:中华书局,1982年。
② 正德《安庆府志》,地理志,见《四库全书存目丛书》,济南:齐鲁书社,1996年。
③ 万历《望江县志》卷八,杂志,见《稀见中国地方志汇刊》,北京:中国书店,1992年。
④ 光绪《重修安徽通志》卷四四,舆地志,清光绪四年(1878年)刻本。
⑤ 康熙《安庆府望江县志》卷八,古迹,见《稀见中国地方志汇刊》,北京:中国书店,1992年。
⑥ 康熙《安庆府志》卷四,古迹,见《中国地方志集成》,南京:江苏古籍出版社,1998年。
⑦ 乾隆《望江县志》卷二,地理,见《中国地方志集成》,南京:江苏古籍出版社,1998年。

第三章　安庆府方志研究

> 万亿仓,在康济门北阜民坊。[册八一卷七五一四页三十五]①

这条资料记载了万亿仓的地理位置。现存文献也有关于安庆府万亿仓的记载。正德《安庆府志》载:"万亿仓,在康济门内。中为会储堂,为后堂,周环以仓,凡六联三十有八楹。前为警楼为门。吴元年知府好德建,天顺壬午知府翔修。"②乾隆《江南通志》亦载:"万亿仓,在康济门内。顺治间,巡抚李日芃重建。康熙五十三年,知府张楷重修。"③光绪《重修安徽通志》载:"万亿仓,在康济门内。顺治间,巡抚李日芃重建。康熙五十三年,知府张楷重修。咸丰初,毁。同治年,重建。"④民国《怀宁县志》载:"万亿仓,在康济门内高井头。旧有会储堂,有后堂,环以仓,凡六联二十八楹,久圮,知府王廷宾重修。顺治八年,操抚李日芃重建九楹于会储堂。康熙五十八年,知府张楷重修,增建六楹于会储堂右,本府仓怀宁纳粮在此。"⑤从地理位置看,这四条资料记载的万亿仓应该与佚文中提及的万亿仓是同一所仓廪,但这四条资料皆记载的是明清时期重修万亿仓的情况,反映了该仓发展变化的有关情况。

上述几部文献中只有民国《怀宁县志》称康熙五十八年(1719年)知府张楷重修万亿仓,而其他文献则称张楷重修万亿仓是在康熙五十三年(1714年)。笔者疑民国《怀宁县志》记载有误。

(三)军事类资料的价值

军事类资料只有一条,是介绍司空山小鸦岭设军戍守的相关情况的。

> 太湖县司空山有小鸦岭,极险峻。宋安抚张德兴置寨于此,与元朝敌守者十余年。上建五门:东曰太平,南曰欢喜,西曰朱砂,南

---

① 马蓉等点校:《永乐大典方志辑佚》,第二册,北京:中华书局,2004年。
② 正德《安庆府志》,建置志,见《四库全书存目丛书》,济南:齐鲁书社,1996年。
③ (清)赵弘恩等监修:《(乾隆)江南通志》卷二四,见《四库全书》,上海:上海古籍出版社,1987年。
④ 光绪《重修安徽通志》卷三七,舆地志,清光绪四年(1878年)刻本。
⑤ 民国《怀宁县志》卷四,公局,见《中国地方志集成》,南京:江苏古籍出版社,1998年。

《永乐大典》安徽江北方志研究

曰前部,北曰后部。归附于元,设巡检司三处,曰后部,曰白砂,曰南阳,而镇守之。安庆万户府分拨千户一员,领军以戍之。今仍设三巡也。①[册一百二二卷一一九八〇页六]②

这条资料主要记载了小鸦岭的地理位置、特点等情况,并介绍了从宋朝到明朝初年在此设置守寨、巡检司以加强防备的有关情况。这实际上是一条关于太湖县军事防卫事务方面的资料。《永乐大典方志辑佚》将其辑在【山川】条下,笔者则根据佚文内容将其放在军事类资料下进行论述。

根据大典本《安庆府志》佚文的内容可知,宋朝安抚张德兴曾于小鸦岭设寨,并修建太平、欢喜、朱砂、前部、后部五门,据此与元朝对阵。到元朝此寨归附后,又在此设后部、白砂、南阳三处巡检司,并从安庆万户府派一名千户领军戍守。明朝初年仍承袭元朝的做法,设立三巡。自宋至明初,政府皆于小鸦岭设立戍守,可见此岭位置的重要性。从"宋安抚"、"元朝敌守"、"今仍设三巡"这些包含时间概念的语句看,这条佚文涉及明朝初年的有关情况,因此,关于明初的资料是由大典本《安庆府志》首次载入安庆府志的,具有首创性意义,为后世方志编修提供了参考。

现存安庆府志中也载有小鸦岭的资料。正德《安庆府志》记载太湖县山川时有如下内容:"西北百六十里曰司空山……有小鸦岭,其岭峻。其上有张安抚寨,其寨有门五,曰太平,曰欢喜,曰朱砂,曰前部,曰后部。后又有余国璋寨,今白沙、后部二巡司在焉。其上有朱砂,有熊,有羆,有石耳,多木耳,其高七里,其周四十里。"③这则记载不仅介绍了小鸦岭设防的有关情况,而且说明了它的高度和广度及特产情况。但大典本《安庆府志》佚文在介绍小鸦岭设防情况方面要比正德《安庆府志》更加全面和详细,有些内容是后者未加记载的,这是对后者的补充,为了解宋、元、明初安庆府地区军事设防

---

① 《永乐大典》(北京:中华书局,1986年,第5121页)将其辑在"小鸦岭"条下。
② 马蓉等点校:《永乐大典方志辑佚》,第二册,北京:中华书局,2004年。
③ 正德《安庆府志》,地理志,见《四库全书存目丛书》,济南:齐鲁书社,1996年。

的有关情况提供了一些新的资料,具有重要的史料价值。

道光《太湖县志》也记载了司空山的相关情况:"司空山,县东北百六十里。《一统志》作一百三十里,古史综作百里。高耸独出,山周六十里,其上平坦可数亩。山半有洗马池,即古司空原。周淳于司空曾居此。唐李太白避地山中,有诗云:'卜居司空原,北将天柱邻。'上有太白书堂,又有巨石。相传为释慧可传衣处。"①同治《太湖县志》②所载与之略同。这条资料则只记载了司空山的自然地理状况和人文景观,却未提及其上设防的情况,或许是因为清朝没有在司空山设防,故而没有记载这方面的情况。大典本《安庆府志》佚文可以补充现存文献记载之阙,为了解司空山的全貌提供了重要资料。

(四)人物类资料的价值

人物类资料有一条,是记载南朝梁丞相王琳的相关情况的。

> 王琳,为梁丞相。闻陈高祖殂,乃以孙瑒为郢州刺史,总留任,奉梁王庄出屯濡须口。齐行台慕容俨帅众临江,为之声援。琳攻大雷,今望江也。陈遣侯瑱、侯安都及徐度将兵御之,吴明彻夜袭溢城。琳遣任忠击明彻,大破之,因引兵东下。[册六七卷六八三七页六]③

这条资料记载了南北朝时期梁丞相王琳多次奉命率兵出征的有关情况。王琳,字子珩,会稽人,《北齐书》有传。④ 大典本《安庆府志》佚文保存的资料反映了王琳在梁朝末年与陈朝对抗的情况,内容与《北齐书·王琳传》所载大同小异。由于《北齐书》的编修早于大典本《安庆府志》,而方志编修往往要采摘众多文献记载,特别是正史的记载,因此,大典本《安庆府志》的

---

① 道光《太湖县志》卷三,舆地志,清道光十年(1830年)刻本。
② 同治《太湖县志》卷三,舆地志,清同治十一年(1872年)刻本。
③ 马蓉等点校:《永乐大典方志辑佚》,第二册,北京:中华书局,2004年。
④ 《北齐书》卷三二,列传二四,北京:中华书局,2013年。

这条佚文很可能就是精炼《北齐书·王琳传》而成。

(五)文化类资料的价值

文化类的有两条,是两条诗文方面的资料,一条是"东平王士点《题安庆王氏孝友堂》诗",一条是"南宫磻周卿"诗。

> 东平王士点《题安庆王氏孝友堂》诗:《诰》戒康叔,《诗》美张仲。有子名言,时咏时讽。王生居舒,具兹①美行。或过其门,敛衽加敬。[册七十卷七二三八页二十五]②

"王士点,字继志,东平人。瓠山先生,鲁国肃公构之子。至正二年四月二十九日,自翰林修撰以承务郎上(管勾)。"③《元诗选》亦载:"(王)士点,字继志,士熙之弟。始为通事舍人,历官至淮西廉访司佥事。所著有《禁扁》、《秘书志》。"④《元诗选》共收录了王士点的37首诗,但却没有这首《题安庆王氏孝友堂》诗,大典本《安庆府志》佚文可以补充《元诗选》之不足。

> 南宫磻周卿:积善承余庆,君看孝友堂。彩衣亲未老,玉树子成行。家业传曾旦,功名继览祥。淮流波不竭,千古共汤汤。[册七十卷七二三八页二十五]⑤

查阅现存文献,清朝吴升编辑的《大观录·南宋君臣画》在介绍宋朝米元晖《五洲烟雨卷》时,收录了南宫磻给此画的题诗:"山势西来万马奔,泯江一道泻乾坤。扁舟更得长风便,我欲东游看海门。"⑥米元晖即米友仁,善书

---

① "兹"字之后在《永乐大典》(北京:中华书局,1986年,第2970页)中多一"行"字,即"具兹行美行",而此诗为四言诗,因而此句必多一字。
② 马蓉等点校:《永乐大典方志辑佚》,第二册,北京:中华书局,2004年。
③ (元)王士点:《秘书监志》卷一○,见清文渊阁《四库全书》。
④ (清)顾嗣立编:《元诗选》二集,卷一一,见清文渊阁《四库全书》。
⑤ 马蓉等点校:《永乐大典方志辑佚》,第二册,北京:中华书局,2004年。
⑥ (清)吴升辑:《大观录》卷一四,民国九年(1920年)武进李氏圣译楼铅印本。

画,米元章之子。"《格古要论》曰:'米元晖绍兴中权兵部尚书,高宗眷待甚厚。'"①由此可知,米元晖为南宋绍兴年间人,南宫磻亦当是这个时期的人。虽然不能了解"南宫磻周卿"的具体情况,不过已经可以初步判断他是南宋人,而且《全宋诗》中既未收录南宫磻的诗,也未收录周卿的诗,故大典本《安庆府志》佚文收录的南宫磻的诗可以补《全宋诗》之阙。

这两条文化类资料保存了两首诗。这两首诗在现存安庆地区方志中很难见到,是对现存文献记载的不足的补充,保存了重要的文化方面的资料,为了解安庆地区历史文化的发展提供了新的参考。

综上所述,根据安庆府及下辖各县的建置沿革、书名和佚文提供的线索可知,大典本《安庆府志》应修于明朝洪武六年(1373年)至永乐六年(1408年)之间。但其具体的纂修时间和纂修者目前尚无法考证。大典本《安庆府志》佚文保存的资料较为丰富,可分为地理、仓廪、军事、人物、文化五类,共15条,为研究南北朝、宋、元、明初安庆地区社会历史发展提供了参考资料。大典本《安庆府志》佚文保存的资料中有4条资料,即"水口岭"、"三十六岩"、"东平王士点《题安庆王氏孝友堂》诗"、"南宫磻周卿诗"是现存文献所鲜载的,有7条资料虽与现存文献记载的是同一事,但其内容却有些差异,可以对现存文献记载起到补充资料的作用,为研究安庆地区历史发展过程提供了新的资料。由于大典本《安庆府志》修于明朝洪武六年(1373年)至永乐六年(1408年)之间,佚文中保存的明朝初年的资料是首次载入安庆府志的,因此,其具有开创性价值,为后世方志的编修提供了资料来源。因现存文献记载中未提到这部安庆府志,故大典本《安庆府志》为进一步全面了解历代安庆府志编修源流提供了新的线索。这是大典本《安庆府志》价值的又一体现。

---

① (明)周圣楷:《楚宝》卷一八,明崇祯十四年(1641年)刻本。

第二节 大典本《安庆志》研究

根据地区建置沿革和佚文提供的线索,本节对大典本《安庆志》的编修时间进行分析,并对其佚文价值进行总结。

一、关于大典本《安庆志》编修时间的探讨

根据安庆府建置沿革的有关情况和《永乐大典》成书的时间可知,以"安庆"为名的志书应修于宋朝绍兴十七年(1147年)至明永乐六年(1408年)之间。

以"安庆"为名的志书在现存文献中也有著录。《蜀典》载:"《安庆志》,操宣,潜山人,嘉靖中任四川合州判官。"①此志修于明朝嘉靖年间,不符合《永乐大典》收书的时间条件,不可能是大典本《安庆志》。由此亦可知,人们在称呼某部文献时并不是十分严谨,这部嘉靖年间编修的《安庆志》应该是一部安庆府志,人们简称其为"《安庆志》"。

大典本《安庆志》佚文虽未提供明确的时间线索,但却收录了南宋王象之《舆地纪胜》中的一条资料。王象之《舆地纪胜·序》末署名:"嘉定辛巳孟夏东阳王象之谨序。"②嘉定辛巳年即嘉定十四年(1221年),因此,《舆地纪胜》当修于南宋嘉定十四年(1221年)前后。那么,从这一角度考虑,大典本《安庆志》应该修于南宋嘉定十四年(1221年)以后明永乐六年(1408年)以前。由于缺乏更多的线索,关于大典本《安庆志》的编修时间目前只能作如此推断,至于编修的具体时间、编修者等问题尚需进一步探讨。

二、大典本《安庆志》佚文的价值

大典本《安庆志》佚文只保存了一条资料,即:"羊头湖,《舆地纪胜》:在

---

① (清)张澍:《蜀典》卷四,清道光武威张氏安怀堂刻本。
② (宋)王象之:《舆地纪胜》,序,见《中国古代地理总志丛刊》,北京:中华书局,2003年。

怀宁东二十五里。湖西有小山,状如羊头,因以为名,周回约三十里。"①这条佚文是一条自然地理方面的资料,而且是转引《舆地纪胜》中的内容,介绍了羊头湖的地理位置、湖西小山的形状、方圆大小等方面的情况。虽然内容不多,但在现存安庆府方志中很难见到,具有补充现存记载之不足的作用,为了解安庆府自然地理方面的情况提供了资料。南宋王象之《舆地纪胜》也载有羊头湖的资料,②与大典本《安庆志》佚文内容完全相同,故知大典本《安庆志》的这条佚文本之《舆地纪胜》无疑。

大典本《安庆志》佚文收录了怀宁县的一条资料,因此可以推知,此志当为一部安庆府志。

根据安庆府建置沿革的有关情况,虽然尚无法确定大典本《安庆志》具体的编修时间和编修者,只能初步判断修于宋朝嘉定十四年(1221年)以后明永乐六年(1408年)以前。因现存文献中未提及这部志书,所以大典本《安庆志》为了解历史上安庆府志编修的有关情况提供了一些新线索。佚文只保存了一条资料,是转引《舆地纪胜》中关于羊头湖的自然地理方面的资料。佚文资料与《舆地纪胜》的记载无一字出入,说明大典本《安庆志》编者的修志态度是很严谨的。

《永乐大典方志辑本》未辑出《安庆志》,故《永乐大典方志辑佚》是目前关于大典本《安庆志》佚文内容最全面的辑本。

第三节 大典本《舒州志》研究

根据书名、地区建置沿革、佚文提供的线索,本节对大典本《舒州志》进行研究,分析它的编修时间,总结佚文的价值。

首先从志书名称入手来探讨大典本《舒州志》的编修时间,然后再根据

---

① 马蓉等点校:《永乐大典方志辑佚》,第二册,北京:中华书局,2004年。
② (宋)王象之:《舆地纪胜》卷四六,见《中国古代地理总志丛刊》,北京:中华书局,2003年。

大典本《舒州志》佚文提供的时间线索来判断此志的编修时间。

《永乐大典方志辑佚》一书是按照1987年的行政区划来安排辑出的志书归属的,该书将《舒州志》列入六安地区的志书中。但考察六安地区的建置沿革,却没有发现六安地区历史上曾有过"舒州"之称的建置。而在考察安庆府建置沿革的有关情况时却了解到,安庆府在历史上曾有一段时间被称为"舒州"。如前文梳理安庆府建置沿革时所言,唐朝武德四年(621年),将同安郡改为"舒州",始有"舒州"之称。天宝元年(742年),又复名为"同安郡"。乾元元年(758年),复称"舒州"。五代、宋初亦名"舒州"。宋政和五年(1115年),置德庆军,此后不再称"舒州"。南宋绍兴十七年(1147年)改为安庆军,宁宗庆元元年(1195年)则升为安庆府。既然"舒州"是安庆府的旧称,那么,《永乐大典方志辑佚》将《舒州志》辑在六安地区之下,实为不妥,应当将其归属于安庆地区。故本书在安庆府方志研究中对大典本《舒州志》的有关情况进行论述。

根据上述分析,以"舒州"为名的志书应该修于两个时间段内,即唐朝武德四年(621年)至天宝元年(742年)之间、唐乾元元年(758年)至宋政和五年(1115年)之间。这两段时间皆符合《永乐大典》收书的时间条件。根据志书名称和舒州的建置沿革可知,大典本《舒州志》应该是一部州志。

另外,还可以从大典本《舒州志》佚文提供的时间线索来考察它的编修时间。大典本《舒州志》佚文只保存一条资料,即:"僧道宁,舒州人。出家白云山海会寺,落发受具。后至尤溪保安寺,遂驻锡焉。喜施药,人赖以活者甚众。邑有居士林蔚,与宁为忘形友。一日,蔚卧病,宁候之,蔚窥见其首有九影。后约蔚及同邑薛仲伟游九座山,中途值夜,露宿山间,宁曰:'今夜或偷儿至,请仲伟御之;若猛兽至,则有老僧在。'顷之,虎至,宁呼曰:'斑斑汝来何为?可速去!'虎闻声而遁。皇祐五年,别邑官云:'盈虚有数,去住无常,风火相催,形影难避。'俨然顺寂。"①其中有"皇祐五年"这样的时间线索,

---

① 马蓉等点校:《永乐大典方志辑佚》,第二册,北京:中华书局,2004年。

据此,大典本《舒州志》应修于宋皇祐五年(1049年)以后。根据这一时间线索,再考虑"舒州"之名使用的时间,可以判断大典本《舒州志》修于宋朝皇祐五年(1049年)至政和五年(1115年)之间。但是由于缺乏其他依据,关于大典本《舒州志》具体的编修时间和编修者目前尚无法定论,须进一步考察。

如上文所言,大典本《舒州志》佚文仅保存了一条资料,即"僧道宁",这是一条人物方面的资料,近200字,这条资料主要介绍了僧道宁的生平事迹及其施药为人治病、善驱虎等奇闻轶事。由于大典本《舒州志》编修时间较早,它所保存的这条资料是目前安庆府方志中最早的记载。这条资料在现存方志中很难见到,能够补充现存文献记载的不足,为了解安庆地区历史人物的有关情况提供了一些新的资料。

《永乐大典方志辑本》亦未辑出《舒州志》,故《永乐大典方志辑佚》是目前关于大典本《舒州志》佚文内容最全面的辑本。

《重镌草堂外集》中收录了一条《舒州志》中内容,即:"《舒州志》:曹松,字梦徵。光化中登第,年已七十矣。授校书郎。"①虽不知此《舒州志》与大典本《舒州志》是否为同一部志书,但因书名相同,故将其内容抄录出来,以供人们研究历代编修的《舒州志》参考。

小　结

《永乐大典》收录了三部安庆府的方志,即《安庆府志》、《安庆志》和《舒州志》。根据建置沿革、方志编修源流和佚文提供的线索可知,《安庆府志》应该是在明朝洪武六年(1373年)至永乐六年(1408年)间编修的,《安庆志》修于宋嘉定十四年(1221年)以后明永乐六年(1408年)以前,而《舒州志》则应修于宋皇祐五年(1049年)至政和五年(1115年)之间。由于资料有限,目前只能对这三部志书的编修时间作出如上判断,至于这三部志书具体的编

---

① (清)檀萃:《重镌草堂外集》卷一四,清嘉庆元年(1796年)刻本。

修时间和编修者以及编修的基本情况等却无从考证。尽管如此,由于《永乐大典》收录的三部安庆府方志编修时间较早,可以为了解早期安庆府方志编修的情况及方志基本面貌提供一些线索。而且由于现存文献中没有专门叙述历代安庆府方志编修源流的情况,所以,这三部志书的存在为了解早期安庆府方志编修情况提供了重要的线索。

《永乐大典》收录的三部安庆府方志佚文共1 100多字,17条资料,其内容涉及安庆府所辖太湖、桐城、潜山、宿松、望江五县,主要是地理、经济、军事、人物、文化四方面的内容,包括山川、宫室、仓廪、人物、诗文五个类目,为了解南北朝、宋、元、明初安庆地区社会历史发展的基本情况提供了一些线索。大典本安庆府方志佚文或为现存文献所鲜载,或与现存文献记载不完全相同,具有补阙史料的作用。特别是"水口岭"、"三十六岩"、"东平王士点《题安庆王氏孝友堂》诗"、"南宫磻周卿诗"、"羊头湖"、"僧道宁"这几条资料是现存安庆府方志中很难见到的内容,提供了地理、文化、人物三方面的重要资料。这些佚文保存的资料还有一些是首次载入方志的,具有开创性意义,为后世方志编修提供了资料来源,具有重要的史料价值。

第四章
直隶州方志研究

按照明朝的行政区划设置,《永乐大典》收录了安徽长江以北地区滁州、和州两个直隶州的方志,包括《滁州志》、《永阳志》、《永阳续志》和《和州志》四部志书。本书将这四部直隶州方志合并在一章进行论述。

第一节 滁州建置沿革和滁州志编修源流

《永乐大典》收录了《滁州志》、《永阳志》和《永阳续志》三部与滁州有关的志书,要探讨这三部志书的编修时间,就要考察滁州的建置沿革和滁州志的编修源流。

一、滁州的建置沿革

关于滁州的建置沿革,万历《滁阳志》载:"隋文帝开皇九年废新昌,改南谯,滁州因滁水为名。炀帝初年以其地并入江都,为清流县。唐武德三年,杜伏威归顺,复置滁州,又以扬州之全椒县来属。天宝元年,改为永阳郡。乾元元年,复为滁州,领县三,曰清流、全椒、永阳。宋属淮南东路,中兴为濠滁镇抚使,郡境仍旧,领县三,清流、来安、全椒。元至元十三年,为滁州路。二十年,复改为州,仍领三县。国初仍为州,汰清流、来安、全椒三县,直隶中书省,寻隶凤阳府。洪武十四年,始置全椒、来安,仍汰清流。十九年,改隶京师。然滁自为郡,迄今千余年,分并废置不一。"①《明史·地理一》载:"滁州,元属扬州路。洪武初,以州治清流县省入。七年属凤阳府。二十二年二月直隶京师。"②《明一统志》亦载:"滁州,《禹贡》扬州之域。春秋时为吴、楚之交。战国属楚。秦为九江郡地。汉初属淮南国。元符初复属九江郡。三国为魏地。晋属淮南郡。东晋于此侨置南谯郡。宋置新昌郡。梁置南谯州。北齐徙南谯州于新昌郡,又改北谯州为临滁郡。隋初置新昌郡,改谯州为滁州。因滁水而名。大业初,州废,以其地属江都郡。唐初复置滁州。天宝初,改为永阳郡。乾元初,复为滁州。五代时杨吴南唐有其地,后入于周。宋属淮南东路。元初为滁州路,后复为州,隶扬州路。明朝初以清流、全椒、来安三县并入州,隶凤阳府。洪武十四年,复置全椒、来安为属县,直隶京师。"③

由上述文献记载可知,隋朝初年改南谯州为滁州,始有"滁州"之名。唐朝天宝元年(742年),改滁州为永阳郡;乾元元年(758年),又复为滁州。元至元十三年(1276年),改为滁州路,二十年(1283年),又复为州;明朝初年将清流、全椒、来安三县并入滁州,隶属于凤阳府管辖。洪武七年(1374年)属凤阳府,洪武十四年(1381年)又复设全椒、来安两县,隶属于滁州,汰清流县。洪武十九年(1386年)(一说洪武二十二年)滁州直隶京师。

从滁州的建置沿革看,以"滁州"为名的志书应该修于隋初至唐天宝元年(742年)间、唐乾元元年(758年)以后这两个时间段内,以"永阳"为名的志书则修于唐天宝元年(742年)至乾元元年(758年)之间。

二、滁州志编修源流

光绪《滁州志》"熊祖诒序"言及滁州志的编修情况:"滁之为州置自隋,

---

① 万历《滁阳志》卷二,沿革,见《稀见中国地方志汇刊》,北京:中国书店,1992年。
② 《明史》卷四〇,志一六,北京:中华书局,1974年。
③ (明)李贤等奉敕撰:《明一统志》卷一八,见《四库全书》,上海:上海古籍出版社,1987年。

而志则创自宋。其著录史艺文志者,林嶙《永阳郡志》三十四卷,盖法曹龚维蕃笔。别有曾皎《永阳图志》四卷,嗣后再修、三修不一修,俄而编年,俄而分类,最后乃得余国楷志三十卷及王赐魁续志二卷。"①《稀见中国地方志汇刊》的编者在收录万历《滁阳志》时有一段编者按语,此按语也介绍了滁州志的编修情况,按语曰:"宋淳熙间法曹龚维蕃曾修州志,未刊,明初犹见抄本,永乐四年(1406)知州陈琏曾据以增补为二十六卷。弘治六年(1493)知州曾显、嘉靖十五年(1536)知州胡俸俱曾再修,今皆不传。万历四十二年(1614)知州戴瑞卿索书,志已不可得,因延于永享主纂,成《滁阳志》十四卷。"②另外,光绪《滁州志》收录了一些旧志序,其中包括明朝永乐四年(1406年)、弘治六年(1493年)、嘉靖十五年(1536年)、万历四十二年(1614年)编修的滁州志序。

历代编修的滁州地区的方志,有以"永阳"为名的,也有以"滁州"为名的。以"永阳"为名的滁州方志,其他文献中也有相关记载。《直斋书录解题》载:"《永阳志》三十五卷,滁守林嶙命法曹龚维蕃修。"③光绪《重修安徽通志》④所载与之相同。《文献通考》载:"《永阳志》三十五卷,陈氏曰:滁守林嶙命法曹龚维蕃修。"⑤《宋史》载:"林嶙《永阳志》三十五卷,曾皎《永阳郡县图志》四卷。"⑥《国史经籍志》载:"《永阳志》三十五卷,龚惟蕃。"⑦《千顷堂书目》载:"陈琏《永阳志》二十六卷。"⑧道光《广东通志》载:"《永阳志》二十六卷,明陈琏撰。未见。"⑨光绪《广州府志》载:"《永阳志》三十六卷⑩,明东莞陈琏撰。

---

① 光绪《滁州志》,序,见《中国地方志集成》,南京:江苏古籍出版社,1998年。
② 万历《滁阳志》,编者语,见《稀见中国地方志汇刊》,北京:中国书店,1992年。
③ (宋)陈振孙:《直斋书录解题》卷八,见《四库全书》,上海:上海古籍出版社,1987年。
④ 光绪《重修安徽通志》卷三三九,清光绪四年(1878年)刻本。
⑤ (宋)马端临:《文献通考》卷二〇五,经籍考三二,杭州:浙江古籍出版社,2007年。
⑥ 《宋史》卷二〇四,志一五七,北京:中华书局,1977年。
⑦ (明)焦竑辑:《国史经籍志》卷三,史类,明徐象橒刻本。
⑧ (清)黄虞稷:《千顷堂书目》卷七,见清文渊阁《四库全书》。
⑨ 道光《广东通志》卷一九三,艺文略五,清道光二年(1822年)刻本。
⑩ 笔者注:误,应该为"二十六卷"。

据《明史·艺文志》。①《明史》载:"陈琏《永阳志》二十六卷。"②以"滁州"为名的方志,文献中也多有记载。《明史》载:"胡松《滁州志》四卷。"③《内阁藏书目录》载:"《滁州志》三册,全。嘉靖丙申,郡人胡松修。"④《澹生堂藏书目》载:"《滁阳志》十四卷,六册,戴瑞卿。"⑤光绪《重修安徽通志》载:"《滁州志》四卷,滁州胡松著";"《滁州志》三十卷,道光五年,敦泰修。《续志》,同治八年,章寿麟修。"⑥《千顷堂书目》载:"曾□《滁州志》,弘治间修";"胡松《滁州志》四卷,嘉靖间修。"⑦《续文献通考》载:"胡松《滁州志》四卷。松,字汝茂,滁州人。嘉靖进士,官至南京吏部尚书,谥'恭肃'。"⑧

由以上文献记载可知,滁州志的编修最早起于宋朝,文献记载中主要有两部,即林嶧、龚维蕃纂修的三十五卷本《永阳志》和曾旼(或称"曾皎")编修的四卷本《永阳郡县图志》(亦称"《永阳图志》")。这两部宋朝的"永阳志"修于何时?根据上文光绪《滁州志》"熊祖诒序"所言:"林嶧《永阳郡志》三十四卷,盖法曹龚维蕃笔"⑨及万历《滁阳志》编者按语所言:"宋淳熙间法曹龚维蕃曾修州志,未刊。"⑩林嶧所修之志实为法曹龚维蕃主笔,当修于淳熙年间,但修成后未予刊刻。另外,万历《滁阳志》收录的明朝永乐四年(1406年)编修的滁州志的"陈琏序"称:"永乐二年夏五月,琏奉命来知州事。尝求志书,久而未得,深以一郡事迹埋没无闻为可慨。近得一编,乃宋淳熙中法曹龚维蕃所修者,惜乎旧无刻本。历岁既久,传写舛讹,残缺益甚。"⑪此序亦称龚维

---

① 光绪《广州府志》卷九一,艺文略二,清光绪五年(1879年)刊本。
② 《明史》卷一三四,志一〇八,北京:中华书局,1974年。
③ 《明史》卷九七,志七三,北京:中华书局,1974年。
④ (明)孙能传:《内阁藏书目录》卷六,清迟云楼抄本。
⑤ (明)祁承爜:《澹生堂藏书目》,清宋氏漫堂抄本。
⑥ 光绪《重修安徽通志》卷三三九,清光绪四年(1878年)刻本。
⑦ (清)黄虞稷:《千顷堂书目》卷七,见清文渊阁《四库全书》。
⑧ (清)嵇璜:《续文献通考》卷一七〇,经籍考,见清文渊阁《四库全书》。
⑨ 光绪《滁州志》,序,见《中国地方志集成》,南京:江苏古籍出版社,1998年。
⑩ 万历《滁阳志》,编者语,见《稀见中国地方志汇刊》,北京:中国书店,1992年。
⑪ 万历《滁阳志》,旧志序,见《稀见中国地方志汇刊》,北京:中国书店,1992年。

蕃所修之志修于宋朝淳熙年间(1174—1189年)。而根据方志所载,林嶪是在嘉泰三年(1203年)来知滁州的。光绪《滁州志》载:"林嶪,嘉泰三年知州事,州赋鹿䰅非其土产,上书言其不便,状报可。尝撰《永阳图志》四卷,载《宋史·艺文志》。"①根据以上分析,林嶪做滁州知州的时间要比龚维蕃修志的时间最少迟了十四年。那么,为什么文献中多称此志为林嶪所纂?笔者认为,事情应该是这样的,龚维蕃修志在前,但书成之后并未付梓,而当林嶪来滁州做知州时,为此志作序,将自己的名字附于这部志书上,或命龚维蕃再作修改完善,因此,他人在著录时便称这部志为林嶪所修,但实为龚维蕃主笔。

关于这部志书的名称和卷数,文献记载有所不同。多数文献均称林嶪的《永阳志》为三十五卷,而光绪《滁州志》"熊祖诒序"则称其为《永阳郡志》,三十四卷②,光绪《滁州志》"名宦"称林嶪"尝撰《永阳图志》四卷"③。这两则记载有误,光绪《滁州志》"名宦"或是将其与曾皎所修四卷本《永阳图志》混淆。

那么,曾皎所修《永阳图志》当修于何时?康熙《滁州志》载:"曾皎,元符三年以朝散郎知。"④光绪《滁州志》载:"曾皎,元符三年,以朝散郎知(广德军)。史一作'旼'。著《永阳图志》四卷。"⑤据此可知,曾皎是在宋元符三年(1100年)任滁州郡守的,曾皎所修之《永阳图志》最早修于宋元符三年(1100年)。《宋史·艺文志》称:"曾旼《永阳郡县图志》四卷。"⑥可见,在文献记载中,曾皎又称曾旼,他编修的志书或称《永阳图志》,或称《永阳郡县图志》。这说明存在人们著录文献书名不严谨的现象。

宋朝之后,滁州志多次编修。明永乐四年(1406年),东莞人陈琏编修一

---

① 光绪《滁州志》,卷四,名宦,见《中国地方志集成》,南京:江苏古籍出版社,1998年。
② 光绪《滁州志》,序,见《中国地方志集成》,南京:江苏古籍出版社,1998年。
③ 光绪《滁州志》卷四,名宦,见《中国地方志集成》,南京:江苏古籍出版社,1998年。
④ 康熙《滁州志》卷十三,职官,见《稀见中国地方志汇刊》,北京:中国书店,1992年。
⑤ 光绪《滁州志》卷四,职官志,见《中国地方志集成》,南京:江苏古籍出版社,1998年。
⑥ 《宋史》卷二〇四,志一五七,北京:中华书局,1977年。

部二十六卷本《永阳志》；弘治六年(1493年)，知州曾显修有一部《滁州志》；嘉靖十五年(1536年)，知州胡松再修一部四卷本《滁州志》；万历四十二年(1614年)，知州戴瑞卿、于永享纂修一部十四卷本《滁阳志》；康熙九年(1670年)，余国楷又修一部三十卷的《滁州志》；康熙二十三年(1684年)，王赐魁再修一部二卷本《滁州续志》；光绪二十二年(1896年)，熊祖诒等又纂修一部十二卷本《滁州志》。根据滁州的建置沿革，以"永阳"为名的志书应该修于唐天宝元年(742年)以后乾元元年(758年)以前，而明永乐四年(1406年)东莞人陈琏编修的志书仍名为《永阳志》，应该是借用古地名的缘故。

另外，《舆地纪胜》在介绍唐朝官员李绅时还转引一部《滁州志》中的内容，即：唐李绅"《滁州志》及《唐本传》云：'绅兴，李德裕、元稹同时为至交。后绅失势，李逢古因敬宗立诬绅，以定策欲立深王事，绅坐贬端州司马。后韦处厚言绅枉，乃迁滁、寿二州刺史。'"①王象之《舆地纪胜》修于嘉定十四年(1221年)前后，《舆地纪胜》中转引的这部《滁州志》亦应修于南宋嘉定十四年(1221年)之前。根据《旧唐书》②的记载，李绅是唐朝会昌六年(846年)去世的，《滁州志》收录了李绅的相关情况，所以《舆地纪胜》转引的《滁州志》应修于唐朝会昌六年(846年)至南宋嘉定十四年(1221年)之间。

第二节　大典本《滁州志》研究

根据滁州的建置沿革、方志编修源流等方面的情况，本节对《永乐大典》收录的《滁州志》的编修时间和佚文价值进行分析和探讨。

一、关于大典本《滁州志》编修时间的探讨

从滁州的建置沿革看，再考虑《永乐大典》收书的时间限制可知，以"滁

---

① (宋)王象之：《舆地纪胜》卷九六，见《中国古代地理总志丛刊》，北京：中华书局，2003年。
② 《旧唐书》志一七三，列传一二三，北京：中华书局，1975年。

第四章　直隶州方志研究

州"为名的志书应该修于隋初至唐天宝元年(742年)间、唐乾元元年(758年)至明永乐六年(1408年)间这两个时间段内。

根据滁州志编修源流,有四部志书符合《永乐大典》收书的时间条件,但宋朝林嶷和曾旼二志、明朝永乐四年(1406年)陈琏所纂之志虽符合《永乐大典》收书的时间要求,但三者却都以"永阳"为书名,与大典本《滁州志》书名不相符合,大典本《滁州志》应该不是这三部志书。而只有《舆地纪胜》转引的那部南宋嘉定十四年(1221年)以前编修的《滁州志》,才既符合《永乐大典》的收书时间,书名又完全相同,所以,大典本《滁州志》应该就是这部志书,修于唐朝会昌六年(846年)至南宋嘉定十四年(1221年)之间。

20世纪30年代,张国淦先生曾从《永乐大典》中辑佚出一部《滁州志》,并将其佚文收录在《蒲圻张氏大典辑本》中,《中国古方志考》中有如下记述:

滁州志　佚　蒲圻张氏大典辑本
《舆地纪胜》九十六:肇庆府,官吏(唐李绅)引《滁州志》一条。
《大典辑本》据大典八千五百二十六:十九庚(黄精),《九江志》引《滁州志》一条。[1]

由此可知,张国淦先生从《永乐大典》中辑出的《滁州志》中只有一条资料,即"黄精",而且是根据其他文献转引的。虽然张先生并未说明此志的编修时间,只是指出此志已经亡佚,但他指出《舆地纪胜》曾转引一条《滁州志》的资料,张先生应该是认为此志修于宋朝,具体说应该是修于《舆地纪胜》成书之前。

杜春和整理、张国淦先生编的《永乐大典方志辑本》明确将这部《滁州志》归为宋志,其按语称:"《大典》引《滁州志》凡二条,《舆地纪胜》九十四[2]亦引《滁州志》。"[3]《永乐大典方志辑本》辑出的《滁州志》的两条佚文,即:"黄

---

[1]　张国淦:《中国古方志考》,北京:中华书局,1962年。
[2]　笔者注:核之,误,应为卷"九十六"。
[3]　杜春和整理、张国淦著:《永乐大典方志辑本》,北京:燕山出版社,2009年。

精"、"四贤堂"二条,其内容与出处与《永乐大典方志辑本》相同。

宫为之先生的《皖志史稿》亦曾提及《永乐大典》收录的《滁州志》,并言:"《滁州志》,佚名,《蒲圻张氏大典辑本》有其辑文,《舆地纪胜》有所引。"①虽未说明此志的编修时间,但宫为之先生提到《舆地纪胜》曾引用此志,他应该认为此志修于《舆地纪胜》成书以前,即修于南宋嘉定以前。

二、大典本《滁州志》佚文的价值

大典本《滁州志》佚文保存了两条资料,主要是人文地理和物产方面的资料,人文地理是宫室方面的资料,即"四贤堂";物产方面的资料则是"黄精"。

> 四贤堂,在琅琊山醉翁亭之后。今存。[册六九卷七二三六页二十]②

这条资料介绍了四贤堂的地理位置和存废的情况。内容虽然比较简单,但说明了在滁州琅琊山醉翁亭之后曾建有四贤堂。大典本《滁州志》修于唐朝会昌六年(846年)至南宋嘉定十四年(1221年)之间,所以至迟到南宋嘉定十四年(1221年)时,滁州四贤堂仍存于世。这条资料应该是滁州志中关于滁州四贤堂现存最早的记载了。其他文献也有关于四贤堂的记载。《舆地纪胜》载:"四贤堂,祠内翰王公、欧阳文忠公、张文定公、曾文昭公,尽画于琅琊山寺中。后又刻东坡像为五贤。"③万历《滁阳志》载:"四贤堂,在琅琊山,祠王元之、欧阳修、曾巩、曾肇,久废。"④康熙《滁州志》⑤所载与之略同。因为大典本《滁州志》佚文与上述几部文献记载的角度不同,所以,对这些文

---

① 宫为之:《皖志史稿》,合肥:安徽人民出版社,1997年。
② 马蓉等点校:《永乐大典方志辑佚》,第二册,北京:中华书局,2004年。
③ (宋)王象之:《舆地纪胜》卷四二,滁州,见《中国古代地理总志丛刊》,北京:中华书局,2003年。
④ 万历《滁阳志》卷九,古迹,见《稀见中国地方志汇刊》,北京:中国书店,1992年。
⑤ 康熙《滁州志》卷一九,古迹,见《稀见中国地方志汇刊》,北京:中国书店,1992年。

献有补充资料的作用。根据大典本《滁州志》佚文和上述几部文献的记载,可知滁州四贤堂在不同时期供奉的人物不同,宋朝最初供奉的是王禹偁公、欧阳文忠公、张文定公、曾文昭公四人,后又增苏东坡为五贤;而明万历和清康熙年间则供奉王元之、欧阳修、曾肇、曾巩四人。滁州四贤堂始建于宋,最迟在明万历四十二年(1614年)以前就废弃不用了。根据这些文献的记载,可以更加全面地了解到滁州四贤堂建设和变化的基本情况。

黄精。[册九四卷八五二六页十八]①

黄精是一种多年生草木中药材。道家以其得坤土的精粹,故名。这条资料说明了滁州有黄精这一特产。

根据目前所能掌握的线索,则可推定大典本《滁州志》应修于唐朝会昌六年(846年)至南宋嘉定十四年(1221年)之间,是《舆地纪胜》中征引的那部《滁州志》。大典本《滁州志》佚文保存的两条资料虽然内容十分简略,但却是现存滁州志中最早的记载。由于其佚文内容与现存其他文献记载存在一些差异,有些内容是现存文献所未记载的,所以,具有补阙资料的价值,为更加全面地了解滁州历史发展过程中的相关情况提供了新的资料。

第三节　大典本《永阳志》研究

根据滁州的建置沿革、方志的编修源流等方面的情况可知,大典本《永阳志》应是宋朝淳熙年间(1174—1189年)林嶪编修的三十五卷本《永阳志》,亦称《永阳郡志》。

一、关于大典本《永阳志》编修时间的探讨

根据滁州建置沿革的有关情况可知,以"永阳"为名的志书应该修于唐

---

① 马蓉等点校:《永乐大典方志辑佚》,第二册,北京:中华书局,2004年。

天宝元年(742年)至乾元元年(758年)之间。

从滁州志编修源流的情况看,符合《永乐大典》收书时间条件的、又以"永阳"为书名的志书有宋朝林嶿和曾皎二人编修的两部志书,以及明永乐四年(1406年)陈琏编修的《永阳志》。但大典本《永阳志》究竟是这三部志书中的哪一部,还须作进一步探讨。

可以通过考察大典本《永阳志》佚文提供的时间线索,来确定这部志书具体的编修时间。大典本《永阳志》佚文提供了三条明确的时间线索,一条是【宫室】类目下"二贤堂"这条资料中保存的一篇《尤袤记》,此记撰于"淳熙戊戌"的"明年二月",即淳熙六年(1179年);一条是【诗文】类目下保存的张商卿撰写的《永阳思贤堂记》,此记写于"淳熙十一年(1184年)";还有一条是【诗文】条下保存的蔡向的诗《赠幽谷老人》,此诗作于"绍兴丙子",即绍兴二十六年(1156年)。① 由此可以推断,大典本《永阳志》应该修于南宋淳熙十一年(1184年)之后。那么,大典本《永阳志》就不可能是北宋元符三年(1100年)前后曾皎编修的四卷本《永阳图志》。

另外,大典本《永阳志》佚文中还保存了成安县、全椒县、清流县的相关内容,可以通过考察这三个县的建置沿革来探讨这部志书的编修时间。

查阅文献记载,有关于成安县建置沿革的记载。《明一统志》载:"成安县,在(广平)府城南六十里。本春秋晋乾侯地。汉为魏郡斥丘县地。晋因之。后魏置成安县。后周属相州。隋属魏郡。唐属磁州,寻改属相州,又割属洺州。宋金因之。元省入滏县,寻复置,属磁州。本朝改今属。"② 嘉庆《大清一统志》载:成安县"春秋晋乾侯邑。汉置斥邱县,属魏郡。后汉晋及后魏因之。东魏天平初并入临漳。北齐改置成安县,属清都尹。隋属魏郡。唐武德元年,属磁州。贞观元年,属相州。天祐二年,复曰斥邱。三年,属魏州。五代后唐复曰成安东,属大名府。金属洺州。元至元二年,并入滏阳,

---

① 马蓉等点校:《永乐大典方志辑佚》,第二册,北京:中华书局,2004年。
② (明)李贤等奉敕撰:《明一统志》卷四,见《四库全书》,上海:上海古籍出版社,1987年。

后复置,属磁州。明改属广平府。本朝因之。"①成安县之设始于北齐(或言始于后魏),几经变化,到元朝时则固定下来。成安县元朝属磁州管辖,明朝则改属广平府,清因之。但此成安县在历史上皆属今河北省管辖,一直延续下来,现在依然称为成安县。除上述之"成安县",《中国古今地名大词典》中亦提到另外三处"成安县",即:"古县名。①西汉置,治今河南省汝州市东南。属河南郡。东汉建武二年(26年)后废。②西汉置,治今河南省杞县东。属陈留郡。东汉废。③西汉置,治今河南省民权县东北。后废。北齐天保七年(556年)复改考城县置,隋开皇十八年(598年)复改为考城县。"②这三个成安县均设置在今河南省境内,但皆已早废。大典本《永阳志》佚文收录了一条"清河岭"资料,即:"清河岭,在成安县北八十里,与濠州及盱眙军招信县接境。"③此条资料称成安县与濠州、盱眙招信县接壤,而从实际的地理位置看,无论是历史上河南的成安县还是当今河北成安县都不可能与安徽的濠州、江苏的盱眙相接壤,而且未见今安徽省辖地中有"成安县"。查阅相关文献,笔者发现明清时期的滁州志、来安县志都收录了关于"清河岭"的资料,皆称此"清河岭"在来安县境内,且内容与大典本《永阳志》佚文部分相同。从地理位置看,今安徽的来安县与濠州、盱眙县接境,这与大典本《永阳志》佚文所言相一致。据此,笔者认为大典本《永阳志》佚文中的"成安县"为"来安县"之误。

　　文献中也有关于来安县建置沿革的记载。《明一统志》载:"来安县,在(滁)州城北三十五里。本汉九江郡建阳县地。东汉以建阳省入全椒。宋置新昌县,后改曰顿丘。隋又改清汉县,属江都郡。唐景龙中,析清流置永阳县,属滁州。南唐改为来安县。宋绍兴中废为镇,后复置县。元仍旧。本朝因之。"④道光《来安县志》中也有相关记载:南唐时来安县始置,"后主景以县

---

① (清)穆彰阿:《(嘉庆)大清一统志》卷三二,《四部丛刊》续编影旧抄本。
② 《中国古今地名大词典》,上海:上海辞书出版社,2005年。
③ 马蓉等点校:《永乐大典方志辑佚》,第二册,北京:中华书局,2004年。
④ (明)李贤等奉敕撰:《明一统志》卷一八,见《四库全书》,上海:上海古籍出版社,1987年。

东二里来安水改",属滁州。宋绍兴五年(1135年),来安县省入清流县。绍兴十八年(1148年),复置来安县。乾道九年(1173年),又将来安县省入清流县。淳熙二年(1175年),复置来安县。宋朝来安县属滁州永阳郡军事。明朝洪武初年,省来安县、清流县、全椒县俱入滁州,滁州时属凤阳府管辖。洪武十三年(1380年),又从滁州中析置来安县和全椒县,属凤阳府滁州。洪武二十二年,滁州升为直隶州,来安县属之。清朝来安县属直隶滁州管辖。①根据上述文献记载,来安县自南唐始设后几经变更,其设置的时期有:南唐至南宋绍兴五年(1135年)、绍兴十八年(1148年)至乾道九年(1173年)、淳熙二年(1175年)至明洪武初年、洪武十三年(1380年)至清朝,且皆属滁州管辖。

关于全椒县的建置沿革,文献中多有记载。《明一统志》载:"全椒县,在(滁)州城南五十里。秦置,属九江郡。汉因之。晋属淮南郡。梁于此置北谯州,改县曰北谯。北齐改北谯州为临滁郡。后周复改为北谯郡,县属焉。隋初,郡废,改县滁水。大业初,复为全椒县,属江都郡。唐属滁州。宋元仍旧。本朝因之。"②嘉庆《大清一统志》载:"汉置全椒县,属九江郡。后汉因之。晋属淮南郡。东晋废县,侨置南谯郡。宋、齐因之。梁改郡县俱曰北谯。大同二年,兼置谯州。后魏移州治新昌,废北谯郡入临滁。陈大建七年,复曰北谯郡。隋开皇初,郡废,改县曰滁水。大业初,又改曰全椒,属江都郡。唐属沧州。五代、宋、元因之。明初省入州,洪武十三年复置,仍属滁州。本朝因之。"③由上述文献记载可知,汉朝即已设置全椒县,时属九江郡。晋时则属淮南郡。东晋之后几经变更,至隋朝则又复为全椒,属江东郡。唐时则属滁州,至清相沿未改。

关于清流县的建置沿革,万历《滁阳志》载:"隋文帝开皇九年,废新昌,改南谯,滁州因滁水为名。炀帝初年,以其地并入江都,为清流县。唐武德

---

① 道光《来安县志》卷一四,杂志,见《中国地方志集成》,南京:江苏古籍出版社,1998年。

② (明)李贤等奉敕撰:《明一统志》卷一八,见《四库全书》,上海:上海古籍出版社,1987年。

③ (清)穆彰阿:《(嘉庆)大清一统志》卷一三〇,《四部丛刊》续编影旧抄本。

三年,杜伏威归顺,复置滁州,又以扬州之全椒县来属。天宝元年,改为永阳郡。乾元元年,复为滁州,领县三,曰清流、全椒、永阳,见寰宇志。宋属淮南东路,中兴为濠滁镇抚使,郡境仍旧,领县三,清流、来安、全椒。元至元十三年,为滁州路。二十年,复改为州,仍领三县。国初仍为州,汰清流、来安、全椒三县,直隶中书省,寻隶凤阳府。洪武十四年,始置全椒、来安,仍汰清流。十九年,改隶京师。"①清流县始设于隋炀帝(大业)初年,唐乾元元年(758年)属滁州管辖。宋朝清流县与全椒县、来安县同属滁州。滁州在元至元十三年(1276年)改为滁州路,三县同属之。元至元二十年(1283年),滁州路复为滁州,三县亦同属之。明朝初年汰清流县与全椒县、来安县三县,洪武十四年(1381年)复置全椒、来安两县,仍汰清流县。清流县自明初裁废后不复再置。

根据以上文献记载,来安县自南唐设置后至清朝未改。全椒县是在唐朝开始设置的,一直延续到清朝。清流县则始设于隋炀帝初年,明朝初年始废,洪武十四年(1381年)后废而不置。这三个县在宋朝同属滁州,在元朝则同属滁州路。大典本《永阳志》同时收录了来安县、全椒县、清流县的相关资料,因清流县在明朝初年就已废置,所以这部志书不可能是明朝永乐四年(1406年)陈琏编修的那部《永阳志》,而应该修于宋朝或元朝。再结合大典本《滁州志》佚文提供的时间线索、《永乐大典》收书的时间条件,同时考虑现存文献记载的历代滁州志编修源流,如果现存文献记载的历代《永阳志》编修情况没有疏漏的话,那么,大典本《永阳志》应该就是南宋淳熙年间林嶪编修的三十五卷本《永阳志》。而且根据大典本《永阳志》佚文张商卿《永阳思贤堂记》写于"淳熙十一年"可知,林嶪编修的《永阳志》应该修于南宋淳熙年间,且在淳熙十一年(1184年)以后。

道光《来安县志》载:"《永阳志》,陈振孙《直斋书录》有林嶪著《永阳郡志》三十五卷,命法曹龚维蕃修。《宋史·艺文志》:林嶪《永阳志》三十五卷,

---

① 万历《滁阳志》卷二,沿革,见《稀见中国地方志汇刊》,北京:中国书店,1992年。

《永乐大典》安徽江北方志研究

宋曾旼《永阳郡县图志》,入集文考。永阳,唐初为滁州。天宝间,改为永阳郡。林公志以永阳,从古郡名也,既曰郡志则兼全来言之矣。此来安有志之始,惜今不传。"①由此可知,林嵊之志亦称为《永阳郡志》,林嵊名此志为《永阳志》是从古郡名,"曰郡志则兼全来言之矣"。

张国淦先生曾从《永乐大典》中辑佚出一部《永阳志》,收录在《蒲圻张氏大典辑本》中,《中国古方志考》中有如下记述:

永阳志 三十五卷 宋 佚 蒲圻张氏大典辑本

宋林嵊修,龚维蕃纂

《宋史·艺文志》三:林嵊《永阳志》三十五卷

《直斋书录解题》八:《永阳志》三十五卷滁守林嵊命法曹龚维蕃修

《文献通考·经籍志》三十二,《国史经籍志》三

《大典辑本》据大典二千二百六十七:六模(亦湖②),三千零四:九真(人),引《永阳志》二条。

案:永乐《永阳志》陈琏序,永乐二年,琏擢守滁郡,即求志书,既得一编,乃宋淳熙中法曹龚维蕃所修者,惜乎旧无刻本,阅岁既久,传写舛讹,残缺益甚。③

由此可见,张国淦先生认为《永乐大典》收录的《永阳志》是宋代林嵊修,龚维蕃纂,共三十五卷,早已亡佚。他应该是根据有关书目的记载作出此判断的。张国淦先生从《永乐大典》中辑出两条《永阳志》的资料。后经不断补充和完善,张国淦先生的《永乐大典方志辑本》经杜春和整理出版。此书亦收录一部《永阳志》,编者按语曰:"《大典》引《永阳志》凡十条。宋滁州永阳

---

① 道光《来安县志》卷一四,杂志,见《中国地方志集成》,南京:江苏古籍出版社,1998年。
② "亦湖"在《永乐大典》(北京:中华书局,1986年,第828页)中为"赤湖"。"亦湖"误,为字形近之误。
③ 张国淦:《中国古方志考》,北京:中华书局,1962年。

郡,元、明滁州。此人条'绍兴丙子'云去,知是绍兴二十六年以后所修。《宋史·艺文》二①:'林嶓《永阳志》三十五卷',《直斋书录解题》八:'《永阳志》三十五卷,滁守林嶓命法曹龚维蕃修,明永乐二年陈琏守滁州时尚及见之。'当即是志。"②

宫为之先生曾在《皖志史稿》中对此志有过如下论述:"《永阳志》三十五卷,宋淳熙年间滁守林嶓修,法曹龚维蕃纂。嶓、维蕃生平爵里待考。是志无刻本,但流传较久,明永乐二年(1404)仍在世,但因阅岁既久,传写舛讹,残缺益甚。《宋史·艺文志》三、《直斋书录解题》八、《文献通考·经籍考》三十二、《国史经籍志》三,均有书目收录。《蒲圻张氏大典辑本》亦有辑录。"③宫先生亦认为《永乐大典》收录的《永阳志》是由宋淳熙间滁守林嶓修,法曹龚维蕃纂的。

根据万历《滁阳志》中保存的永乐年间的"陈琏序"可知,宋代林嶓修、龚维蕃纂的三十五卷《永阳志》修成之后并未刊印,在辗转传抄的过程中,不仅出现了许多错误,而且还亡佚了一些内容,至明永乐二年(1404年)陈琏得到这部志书时,已经不是一部完整的书了。这部志书在明永乐二年(1404年)时还存于世,只是已经不完整了。那么,《永乐大典》收录的这部《永阳志》很可能也不是完本。

《永乐大典方志辑本》共辑出《永阳志》11条资料,与《永乐大典方志辑佚》相比缺"欧阳公滁州诗"一条,其余各条内容基本相同。《永乐大典方志辑佚》是目前关于大典本林嶓《永阳志》佚文内容最丰富的辑本。

二、大典本林嶓《永阳志》佚文的价值

《永乐大典方志辑佚》收录的林嶓《永阳志》佚文约有2 000多字,12条资料,其内容涉及滁州所辖来安、全椒、清流等地,包括地理、经济、文化三大类

---

① 笔者注:误。核查《宋史》(北京:中华书局,1977年),应为"《宋史·艺文》三"。
② 杜春和整理、张国淦著:《永乐大典方志辑本》,北京:燕山出版社,2009年。
③ 宫为之:《皖志史稿》,合肥:安徽人民出版社,1997年。

资料,涉及山川、仓廪、宫室、诗文等方面的内容,为了解滁州历史发展的基本情况提供了一些线索。大典本《永阳志》佚文保存的资料皆为现存滁州志中最早的记载,为研究滁州地区历史发展诸多方面的问题提供了参考,具有重要的史料价值。

(一)地理类资料的价值

地理类是五条山岭和湖泊方面的资料。

> 芞岭,在成安县①西五十四里。[册百二二卷一一九八〇页一]②

这条资料十分简单,仅记载了芞岭的地理位置。但因现存文献很难见到这条资料,所以,它对现存文献记载有补阙史料的作用,为了解滁州地区自然地理提供了新的资料。

> 清河岭,在成安县③北八十里,与濠州及盱眙军招信县接境。[册百二二卷一一九八〇页一]④

这条资料介绍了清河岭的地理位置及其邻界的一些情况。现存方志介绍来安县山川时也有相关记载,如万历《滁阳志》载:"清河岭,去县八十里,凤阳、盱眙两县地⑤。"⑥万历《来安县志》载:"清河岭,县北八十里,界凤阳府盱眙县。"⑦康熙《滁州志》载:"清河岭,在(来安)县北八十里,界凤阳府盱眙县。"⑧道光《来安县志》载:"清河岭,在县西北八十里双源沛,一出于此去为

---

① 笔者注:根据前文所做的分析,此条佚文提到的"成安县"应为"来安县"之误。
② 马蓉等点校:《永乐大典方志辑佚》,第二册,北京:中华书局,2004年。
③ 笔者注:根据前文所做的分析,此条佚文提到的"成安县"应为"来安县"之误。
④ 马蓉等点校:《永乐大典方志辑佚》,第二册,北京:中华书局,2004年。
⑤ 笔者注:根据下文所列各文献记载,此处缺一"界"字,应为"界凤阳、盱眙两县地"。
⑥ 万历《滁阳志》卷三,山川,见《稀见中国地方志汇刊》,北京:中国书店,1992年。
⑦ 万历《来安县志》卷一,山,明天启元年(1621年)刻本。
⑧ 康熙《滁州志》卷五,山川,见《稀见中国地方志汇刊》,北京:中国书店,1992年。

第四章 直隶州方志研究

清流河。"①《大清会典图》载："双沛河出来安县清河岭，南流注之。"②这些记载关于清河岭距县里数的内容是相同的，但关于它与邻界关系方面的内容，大典本《永阳志》佚文与其他记载有所不同，对现存文献记载能够起到补充资料之不足的作用，为了解滁州地区自然地理情况提供了新的参考。

> 镇山岭，在全椒县西五十五里。东属全椒，西属梁县绵亘。
> ［册百二二卷一一九八○页一］③

这条资料主要介绍了镇山岭的地理位置及其归属问题。现存方志中也有相关记载。万历《滁阳志》载：全椒县"镇山岭，在孤山西，西属合肥县界。"④康熙《滁州志》⑤所载与之略同。康熙《全椒县志》载："镇山岭，西北七十里，五兴诸山相连，与定元、广武诸冲接界，盗贼出没。"⑥泰昌《全椒县志》载："镇山岭，与孤山、五尖山、破山、龙山、石榔山相联，西北则与定远广武三口相界。地方盗贼多出没。"⑦民国《全椒县志》载："镇山岭，西北七十里，与五尖诸山相连，定远、广武诸卫接壤。"⑧光绪《重修安徽通志》载："镇山岭，全椒县西七十里，众山连属，与合肥、定远两县接界。"⑨嘉庆《大清一统志》⑩所载与之相同。大典本《永阳志》佚文保存的这条资料与上述记载皆不相同，特别说明了镇山岭东西归属方面的情况，对现存文献记载有补充资料不足的作用，提供了关于镇山岭的不同资料，为认识滁州地区自然地理情况提供

---

① 道光《来安县志》卷一，舆地志，见《中国地方志集成》，南京：江苏古籍出版社，1998年。
② （清）刘启端：《大清会典图》，清光绪石印本。
③ 马蓉等点校：《永乐大典方志辑佚》，第二册，北京：中华书局，2004年。
④ 万历《滁阳志》卷三，山川，见《稀见中国地方志汇刊》，北京：中国书店，1992年。
⑤ 康熙《滁州志》卷五，山川，见《稀见中国地方志汇刊》，北京：中国书店，1992年。
⑥ 康熙《全椒县志》卷三，山川，1960年合肥古旧书店复制油印本。
⑦ 泰昌《全椒县志》卷一，舆地，据日本蓬左文库藏明泰昌元年（1620年）刻本摄影本。
⑧ 民国《全椒县志》卷三，山川志，见《中国地方志集成》，南京：江苏古籍出版社，1998年。
⑨ 光绪《重修安徽通志》卷三二，舆地志，清光绪四年（1878年）刻本。
⑩ （清）穆彰阿：《（嘉庆）大清一统志》卷一三○，《四部丛刊》续编影旧抄本。

了新的参考。

梅子岭,在全椒县西北八十五里高城乡。与濠州接界,其下有梅岭铺。[册百二二卷一一九八〇页一]①

此条资料主要介绍了梅子岭的地理位置和邻界的一些情况。泰昌《全椒县志》载:"梅子岭,与凤阳接界。"②民国《全椒县志》亦载有梅子岭的资料:"梅子岭,西北八十里,与凤阳接壤。"③大典本《永阳志》佚文所言梅子岭与其他地方接界的内容与民国《全椒县志》所载不同,可以互相补充。大典本《永阳志》佚文还提及梅子岭下设有"梅岭铺",可知此山为往来之交通要道,政府在此设铺以供往来之需。大典本《永阳志》佚文可以补充现存文献记载的不足。

赤湖,在清流县四十里。按《魏书·志》,梁置新昌郡,所领县有赤湖。[册二十卷二二六七页三十]④

这条资料介绍了赤湖的地理位置,并转引了《魏书》中的一条资料。现存文献中也有关于赤湖的记载。万历《滁阳志》⑤、康熙《滁州志》⑥皆言:"赤湖,在州西十里。"光绪《重修安徽通志》载:"(滁)州西十里有赤湖。"⑦这些记载只是说明了赤湖的所在位置,较为简略。而大典本《永阳志》亦收录了《魏书》中的一条资料,具有存史之功,亦可补充现存文献记载的不足。查阅《魏

---

① 马蓉等点校:《永乐大典方志辑佚》,第二册,北京:中华书局,2004年。
② 泰昌《全椒县志》卷一,舆地,据日本蓬左文库藏明泰昌元年(1620年)刻本摄影本。
③ 民国《全椒县志》卷三,山川志,见《中国地方志集成》,南京:江苏古籍出版社,1998年。
④ 马蓉等点校:《永乐大典方志辑佚》,第二册,北京:中华书局,2004年。
⑤ 万历《滁阳志》卷三,山川;卷九,古迹,见《稀见中国地方志汇刊》,北京:中国书店,1992年。
⑥ 康熙《滁州志》卷五,山川,见《稀见中国地方志汇刊》,北京:中国书店,1992年。
⑦ 光绪《重修安徽通志》卷五二,舆地志,清光绪四年(1878年)刻本。

书》①可知大典本《永阳志》所引《魏书·志》的内容准确无误。

现存文献记载皆言赤湖在滁州西十里,大典本《永阳志》佚文却称"赤湖在清流县四十里",并未表明其所在方位。清流县归属于滁州管辖,清流县位于滁州西部。笔者认为大典本《永阳志》佚文有误,应为"赤湖,在清流县西十里","四"和"西"为字形近之误。

(二)经济类资料的价值

经济类主要是仓廪方面的资料,只有两条,即常宁仓和竟宁仓,主要介绍了仓廪的地理位置和规模。

> 常宁仓,在子城行春门内街之北。为屋四十有四楹,为敖十有一座。[册八十卷七五一二页二十三]②

这条资料主要介绍了常宁仓的地理位置和仓廪的规模,说明在宋朝或者宋以前滁州地区曾设置过常宁仓这种仓廪形式。万历《滁阳志》在介绍宋朝滁州仓廪时亦载有常宁仓的资料,即:"常宁仓,在子城行春门内街之北。为屋四十有四楹,为廒十有一座。今废。"③从万历《滁阳志》可知常宁仓为宋朝仓储,至于其地理位置、规模,大典本《永阳志》佚文与万历《滁阳志》所载是相同的,只是后者称"今废",说明了此仓到明万历年间已经废弃,反映了滁州地区的历史发展变化情况。大典本《永阳志》关于常宁仓的记载与现存文献不同,可以与现存文献记载互为补充。

> 竟宁仓,在罗城内东南隅。绍兴壬子,郡守莫洗建。为屋四十有四楹,为敖十有九区。[册八十卷七五一二页二十三]④

这条资料明确提到竟宁仓为南宋绍兴年间所修,大典本林嶪《永阳志》

---

① 《魏书》卷一〇六,志六,北京:中华书局,1974年。
② 马蓉等点校:《永乐大典方志辑佚》,第二册,北京:中华书局,2004年。
③ 万历《滁阳志》卷六,公署,见《稀见中国地方志汇刊》,北京:中国书店,1992年。
④ 马蓉等点校:《永乐大典方志辑佚》,第二册,北京:中华书局,2004年。

是第一个将这条资料载入滁州方志的,具有始创性价值,为后世方志编修提供了参考。

这条资料主要介绍了竟宁仓的地理位置、设置的时间和人物、仓廪的规模等方面的情况,还提到了南宋绍兴初莫洗曾做过滁州郡守的事。万历《滁阳志》介绍宋朝滁州仓廪时亦载有竟宁仓的资料,即:"竟宁仓,在罗城内东南隅。绍兴壬子,郡守莫洗建。屋四十有四楹,为廒十有九区,教授杨定为记。"①关于竟宁仓的基本情况,两志所载内容完全相同,只是万历《滁阳志》补充说明了滁州教授杨定曾为此仓撰写记文的事。

（三）文化类资料的价值

大典本《永阳志》佚文共保存了五条文化方面的资料,主要是诗和记文。

> 蒲执中《招隐堂》诗:青林蔽苍崖,白云无远近。若有真隐人,何须待招隐。② ［册七一卷七二三九页十四］③

这条资料保存的是蒲执中的一首《招隐堂》诗。根据万历《滁阳志》的记载,可知"招隐堂,在琅□寺"。④ 但这首诗在现存滁州方志中很难见到,是一条新的资料,为了解滁州地区文化方面的成果提供了新的参考,具有补阙史料的价值。

> 欧阳公滁州诗:滁之为郡,地僻壤狭。自唐以来,朝廷达官非迁谪不至其地。非所乐,则憯嗟湮郁之意,往往形之咏歌。独欧公以雄文直道谪守是邦,它人处之,宜怏怏不释,而公无怨无闷,不鄙夷其民。政教既敷,益自放山水间,奇篇杰作,发挥伟观,一时文儒,赓唱迭和。琅琊幽谷之胜,播传于天下。名卿巨公,以不得一至为慊。滁自是为名郡,而邦人亦得以自高,尸而祝之非私意也。

---

① 万历《滁阳志》卷六,公署,见《稀见中国地方志汇刊》,北京:中国书店,1992年。
② 《永乐大典》(北京:中华书局,1986年,第2983页)将此条收录于"招隐堂"下。
③ 马蓉等点校:《永乐大典方志辑佚》,第二册,北京:中华书局,2004年。
④ 万历《滁阳志》卷九,古迹,见《稀见中国地方志汇刊》,北京:中国书店,1992年。

第四章　直隶州方志研究

公在郡二年,为诗数十章。所与诸公书,无半词及迁谪意。其后登禁林,参政柄,而思滁之意,犹见于诗。公之倦倦于滁如此,则凡一话一言之所及,皆邦人之甘棠也。况其乐天知命,处困而亨,尤足以示训来世,纪载之际,庸可略乎。故裒类于篇,以见公意,以系邦人之思。其已见《庆历集》者,弗再录。①［册二百五卷九〇九页十七］②

从这条资料的内容看,这段文字应该是一篇序文,此文是为"欧阳公滁州诗"集所作的序。这篇序文,对欧阳公在滁州做官的政绩进行了总结和评价,颂扬了欧阳公"无怨无闷,不鄙夷其民"的精神,别无所求,只安心于滁州政事。序文说明了欧阳修在滁州做官时为诗数十章的情况,还说明了他任满之后虽不居于滁州,但仍留心于滁州政事的情况。序文对欧阳修在滁州所作的诗文做了高度评价,并且也说明了这部诗集选录诗文的基本标准。康熙《滁州志》载:"欧阳修,字永叔,庐陵人。庆历五年秋八月,落龙图阁直学士,以右正言知制诰知州事,日与寮属宴游诸山,并有诗文,作醉翁、丰乐、醒心诸亭,有记镌石,苏长公跋,纸为一贵。载在艺文,天下后世皆知滁阳山水之胜者,盖有由也。"③滁州和琅琊山自欧阳修来此并赋诗歌咏始传名于天下。

这篇记文在现存滁州方志中很少保存,因而是一条新的资料,为了解欧阳修在滁州的政绩和在滁州为官时的情怀,以及他在滁州作诗数章的情况提供了重要的参考,补充了现存文献记载的不足。

二贤堂,在滁州城南七里。尤袤记:兴旧起废者,为政之先务;思贤尚德者,风化之④本原也。滁阳本淮甸幽僻处,在全盛时,不能当一大县。自翰林王公与文忠欧阳公,以天下重望,屈临此邦,二

---

① 此条在《永乐大典》(北京:中华书局,1986年,第8604页)收录于"诗"字条下。
② 马蓉等点校:《永乐大典方志辑佚》,第二册,北京:中华书局,2004年。
③ 康熙《滁州志》卷二一,名宦,见《稀见中国地方志汇刊》,北京:中国书店,1992年。
④ 《永乐大典方志辑本》(北京:燕山出版社,2009年,第64页)中缺一"之"字。

公不鄙夷其民,涵养教育,如抚幼稚。方时太平,内外晏然,既不闻田里愁恨之声,因得日与斯民同乐于山巅水厓,因自放于诗酒。二公既去,犹眷眷不忘此邦。此邦之人,亦怀公之德如怀其父母,至今如一日。虽名公伟儒,来守是邦者,前后相望,皆不敢与此两人者齿。至人诵其诗,家传其像,过其所经行①之地,亦必为之动容敛衽,其爱与思之如此其深且久也。始翰林乐其溪山之胜,发于吟咏,迨文忠益疏理泉石,作诸亭于琅琊、幽谷两山之间,而自为之记。一时名士竞为歌诗,更唱迭和,文献之盛,播于中都。由是滁之为州,遂名于天下。先是滁人绘翰林之像于琅琊山寺。绍圣中,曲阜曾文昭公作二贤堂于郡学西南。其后邦人别建堂于州城之南七里,岁时必祭。自经兵火,其堂与亭宇焚烁俱尽。其仅能复建者,醉翁一亭而已。淳熙戊戌,寿春魏侯作州之二年,铲敝剔秽,补罅窒隙,威信既行,盗遁奸革,年谷荐稔,帑积盈溢。暇日登览,访古遗迹,慨然叹曰:"是邦两公之相②乡也,而美迹埋没,祠宇弗治,瞻敬之所,谓斯民何!"于是因帑积余财,撙节纤悉,经工庀材,揆之以日,爰即故基,载新祠堂,图绘像设,以慰邦人之所以思公者。凡一泉一石,经昔人之所题品,必表而出之。既又建丰乐、全声、班春三亭于旧址。经始于十一月甲戌,落成于十二月戊申。向之荒榛,今焉轩楹;向之瓦砾,今为阶墄。财取于赢而用不费,役出于卒而民不知。旧观悉还,景物效奇。滁人父老,来游宴嬉,瞻望咨嗟,如睹汉仪,如见二公,摩手拊之。自建炎迄今五十余年,有废未克举,至侯始尽复而兴起之。虽若余事,然变凋瘵创痍之俗为雍容闲暇之邦,其材为可尚;于治民理财之余而致思贤尚德之意,其事为可

---

① 《永乐大典方志辑本》(北京:燕山出版社,2009年,第64页)中缺一"行"字。
② "相"字《永乐大典》(北京:中华书局,1986年,第2936页)作"桐"字。《永乐大典方志辑本》(北京:燕山出版社,2009年,第65页)中亦作"相"字。

法也。维侯曾祖库部,在嘉祐年间①再为是州,去文忠公为未远,流风善政,犹有存者。诗云:"无念尔祖,聿修厥德。"在侯有焉。侯以书来言曰:"愿有述。夫二公之德在民心,虽无此堂,民之思固自若也。然滁人见其像则恭顺爱敬油然而生,鄙暴之心无自而作,庸有奸其上之令乎!则其为治也易,此前所谓风化之本原者也。"惟今州郡非财赋狱讼所及,漫不复省。侯独能怀昔贤之高风,葺其祠宇,兴其废迹,而致其尊事,是其志非苟然者,固将景行其德,而益修其政,其必有以大慰滁人之心者矣。予既窃幸托名诸公之次以为荣耀,故乐书其事,又为滁民幸焉。明年二月望日,锡山尤袤记。

[册六九卷七二三六页八]②

《永乐大典方志辑佚》一书将这条资料辑在【宫室】条下,但因此条资料主要保存的是一篇写于淳熙年间的"二贤堂记",笔者将其归入文化类资料论述。

这条资料除了介绍二贤堂的地理位置外,主要还收录了宋朝淳熙年间锡山人尤袤撰写的一篇《二贤堂记》。这篇记文说明了滁州二贤堂建于宋朝绍圣年间(1094—1098年),是滁州人因感谢王公和欧阳公在滁州的惠政而修建的,因名"二贤堂"。二贤堂初建于郡学西南,又建于州城南七里,后因兵火而毁。万历《滁阳志》载:"二贤堂,在醉翁亭左山麓,祠王元之、欧阳修,久废。"③这条资料与大典本《永阳志》佚文反映的内容是一致的。这篇记文名为记二贤堂,实则是借记二贤堂之名来歌颂淳熙年间知滁州的魏侯。魏侯及其祖皆知于滁,且皆能"怀昔贤之高",尽心于政事,受到当地百姓的称赞。这篇记文实际上也是为魏侯歌功颂德的。这篇记文在现存滁州志中鲜有收录,是一篇非常重要的资料,有利于了解滁州有关历史人物的情况,具

---

① 《永乐大典方志辑本》(北京:燕山出版社,2009年,第65页)中缺一"间"字。
② 马蓉等点校:《永乐大典方志辑佚》,第二册,北京:中华书局,2004年。
③ 万历《滁阳志》卷九,古迹,见《稀见中国地方志汇刊》,北京:中国书店,1992年。

有补阙史料的价值。这篇记文所载内容涉及南宋史事,它是由林嶷《永阳志》首载于滁州方志的,为后世方志编修提供了资料来源。

蔡向诗《赠幽谷老人》:绍兴丙子。芒鞋踏破两淮尘,梦断邯郸迹未陈。唤鹤啼猿犹有恨,岩花涧草总相亲。三生顿悟旧缘在,一笑还惊熟处新。瓶钵赢添风月满,与君同是再来人。①[册四一卷三〇〇四页七]②

这条资料保存的是蔡向的一首诗,名为《赠幽谷老人》,作于"绍兴丙子",即绍兴二十六年(1156年)。根据康熙《滁州志》③和光绪《滁州志》④的记载,蔡向为宋朝滁州郡守,"绍兴二十一年,以左朝请大夫知。二十六年,以右朝请大夫再任"。《建炎以来系年要录》载:绍兴二十四年,"右朝请大夫蔡向知滁州,还言两淮州县之吏,尚有贪名举好兴作者。"⑤这首诗应该是蔡向第二次知滁州时所作。这首诗在现存滁州方志中很难见到,是一条新的资料,为了解滁州历史文化方面的成就提供了重要的参考。这首诗中提到了"绍兴丙子"这一时间,则可知这首诗应该是写于南宋绍兴丙子年即绍兴二十六年(1156年)。这首诗是因林嶷《永阳志》而首次收入滁州方志的,具有开创性价值。

张商卿《永阳思贤堂记》:思贤堂者,永阳郡厅后希贞堂之故址,太守张商卿所创建也。郡经兵火,厅圮而堂亦不存。今垂六十年,瓦砾丘墟,榛莽蓊蔽,胜残之气未复见,昔病之。累政瞑眩莫敢举,惜民力也。淳熙壬寅秋,予初到官,瞻顾慨叹。暇日课卒,乘畚除艾剃,缭为垣墙。念欲规恢远图,追还旧观,尺椽一瓦,无所取

---

① 《永乐大典》(北京:中华书局,1986年,第1707页)将此条收录于"人"字下。
② 马蓉等点校:《永乐大典方志辑佚》,第二册,北京:中华书局,2004年。
③ 康熙《滁州志》卷一三,职官,见《稀见中国地方志汇刊》,北京:中国书店,1992年。
④ 光绪《滁州志》卷四,职官志,见《中国地方志集成》,南京:江苏古籍出版社,1998年。
⑤ (宋)李心传:《建炎以来系年要录》卷一六六,见清文渊阁《四库全书》。

办。若待储崎而后集事,岁不我与。置搜铢积,得钱不满十万。厥材售之上江,厥役董之睱兵。又负偃植,砖瓦竹芦,不以语民,悉营诸市,皆先优给其直,取期而偿,至者不爽。幸岁屡丰,工用毕集。明年堂成,凡为屋五楹,规模轮奂,弗僭弗逼。鸠余伺隙,旋加增缮。又明年,周围廊庑,悉以成告。灯夕邦人和会,因以落之。父老感泣,合辞①而前曰:维滁之为郡,自隋而始名。至唐李幼卿、韦应物、李绅、赞皇公出守而名始彰。至本朝王内翰、欧阳文忠、张文定、曾文昭诸公出守而名益大。壤地褊㚈,舟车之运不通,民用俭啬,唯耕凿是务,风俗号为近古。实皆曩昔贤太守薰陶渐渍,反朴还淳之赐。郡治奋雄壮,亭馆无虑十八所,希贞堂乃其一也。山川之秀,于游于观,见之歌咏者多矣。今虽无事标月,未害于治。若夫拊摩之术,镇静之方,盍亦致思前贤之施设,晓夜孜孜,举而行之,惠顾于后者乎!遂相与颂《庆历集》中罗畸之诗,请榜之曰思贤。繄予何人,其敢不勉。滁今为极边郡,租税之复,力役之宽,朝廷劳来安集之恩至矣!古人所谓茧丝保鄣者,可不致思而知所先后哉!于是父老乐甚,又从而歌之曰:"伟哉斯堂,知所究矣。前直郡厅,胡能就矣。滁山之木,维其茂矣。滁阳之民,维其阜矣。迟之岁月,所积厚矣。有志者竟成之,惟恐后矣。悠悠我思,式谂来者。"淳熙十一年岁在甲辰正月望日,朝散郎、权知滁州军州兼管内劝农营田屯田事、古括张商卿记。②[册七一卷卷七二三九页十四]③

思贤堂是滁州太守张商卿在任时修建的,这篇记文是张商卿亲自撰写的。该文开篇介绍了张商卿筹建思贤堂的艰难过程。根据康熙《滁州志》④

---

① "辞"字在《永乐大典方志辑本》(北京:燕山出版社,2009年,第66页)中作"词"字。根据文意,"词"字误。
② 《永乐大典》(北京:中华书局,1986年,第2933页)将此条收录于"思贤堂"条下。
③ 马蓉等点校:《永乐大典方志辑佚》,第二册,北京:中华书局,2004年。
④ 康熙《滁州志》卷一三,职官,见《稀见中国地方志汇刊》,北京:中国书店,1992年。

和光绪《滁州志》的记载，张商卿为宋朝滁州郡守，"淳熙六年，以朝奉郎知"。① 这篇记文是在淳熙十一年（1184年）撰写，当时他亦在滁州为官，是由朝散郎权知滁州军州兼管内劝农营田屯田事的。由此可知，张商卿在滁州为官最少有五六年的时间，这篇记文是他在任上写的。这篇记文还借记思贤堂来歌颂唐、宋仕宦滁州的李幼卿、韦应物、李绅、赞皇公、王内翰、欧阳文忠、张文定、曾文昭诸公的宦绩，并说明滁州的风土人情及历史发展变化的情况。万历《滁阳志》②和康熙《滁州志》③皆称："思贤堂，建于宋，在州治内外，久废。"根据思贤堂所在位置，这两则记载中的思贤堂应该就是这篇记文中提到的思贤堂。可知思贤堂建于宋朝淳熙年间（1174—1189年），万历四十二年（1614年）修《滁阳志》时此堂久已废弃。这篇记文在现存滁州方志中很难见到，因此，林嵊《永阳志》佚文保存的这条资料极具史料价值，补充了现存文献记载的不足。

综上所述，根据建置沿革、方志编修源流和佚文提供的时间线索可知，大典本《永阳志》应该是宋朝林嵊修、龚维蕃纂的三十五卷本《永阳志》，此志修于南宋淳熙年间，且在淳熙十一年（1184年）以后，修成后并未付刊，早已亡佚。明永乐二年（1404年）陈琏见到了这部志书，但内容已有所佚失。陈琏参考了这部志书，修成一部新的《永阳志》。《永乐大典》保存的林嵊《永阳志》12条佚文具有重要的史料价值，有些资料是因他而首次入滁州志的，有些资料可以补充现存文献记载的不足。特别是五条文化类资料均为现存滁州方志所鲜载，不仅为了解滁州历史文化成就提供新的资料，而且还记载了有关滁州历史发展过程的重要资料，为全面认识滁州历史发展各方面的情况提供了重要的参考。

---

① 光绪《滁州志》卷四，职官志，见《中国地方志集成》，南京：江苏古籍出版社，1998年。
② 万历《滁阳志》卷九，古迹，见《稀见中国地方志汇刊》，北京：中国书店，1992年。
③ 康熙《滁州志》卷一九，古迹，见《稀见中国地方志汇刊》，北京：中国书店，1992年。

第四节　大典本《永阳续志》研究

根据建置沿革、志书名称、方志编修源流、佚文提供的时间线索，本节对《永乐大典》收录的《永阳续志》的编修时间和佚文价值作分析和探讨。

一、关于大典本《永阳续志》编修时间的探讨

根据滁州建置沿革的有关情况，以"永阳"为名的志书则修于唐天宝元年（742年）至乾元元年（758年）之间。从滁州志编修源流的情况看，文献记载中并未提及历史上曾编修过一部《永阳续志》，而以"永阳"为书名、符合《永乐大典》收书时间条件的志书只有三部志书，即宋元符三年（1100年）之后曾皎编修的《永阳图志》、南宋淳熙十一年（1184年）林嶫纂修的《永阳志》、明永乐四年（1406年）陈琏编修的《永阳志》。

另外，大典本《永阳续志》佚文保存的"东仓"、"西仓"、"思贤堂"三条资料皆提到"金知郡"这个人物。而万历《滁阳志》[①]和康熙《滁州志》[②]皆载"思贤堂，建于宋，在州治内外，久废。"可知佚文中提到的四贤堂当在宋朝修建，因此"金知郡"这个人物也就应该是宋朝人。查阅现存滁州方志，只发现宋朝金姓滁州郡守只有一个名为"金之才"的人。万历《滁阳志》[③]和康熙《滁州志》[④]皆载"金之才为安抚，修治城隍及孔子庙"，但未说明他的生活时代。乾隆《江南通志》在记载宋南渡分辖各地的官员时则提到金之才曾知滁州[⑤]，可知金之才为南宋人。光绪《重修安徽通志》收录的《滁州儒学记》中曾提到：

---

① 万历《滁阳志》卷九，古迹，见《稀见中国地方志汇刊》，北京：中国书店，1992年。
② 康熙《滁州志》卷一九，古迹，见《稀见中国地方志汇刊》，北京：中国书店，1992年。
③ 万历《滁阳志》卷一二，名宦，见《稀见中国地方志汇刊》，北京：中国书店，1992年。
④ 康熙《滁州志》卷二一，名宦，见《稀见中国地方志汇刊》，北京：中国书店，1992年。
⑤ （清）赵弘恩等监修：《（乾隆）江南通志》卷一〇二，职官志，见《四库全书》，上海：上海古籍出版社，1987年。

《永乐大典》安徽江北方志研究

"南宋季年安抚金之才修州城官廨,修诸神祠,亦新孔子庙。"①"南宋季年"应该是南宋建立的第三年,即建炎三年(1129年)。根据这些线索,笔者认为大典本《永阳续志》佚文中提到的"金知郡"很可能就是上述文献中的"金之才",金知郡应该生活在南宋初期。所以大典本《永阳续志》应该也不是北宋元符三年(1100年)前后曾皎编修的《永阳图志》。一般方志编修往往是后修者为续志而为,那么,从书名《永阳续志》看,此志应该是继林嶪《永阳志》之后续修的一部永阳志,故称《永阳续志》。如果现存文献记载的历代"永阳"志编修源流没有遗漏的话,那么,大典本《永阳续志》很可能就是明永乐四年(1406年)陈琏编修的三十六卷本《永阳志》。

张国淦先生曾从《永乐大典》中辑佚出一部《永阳续志》的佚文,收录在《蒲圻张氏大典辑本》中。《中国古方志考》中有如下记述:

永阳续志　佚　蒲圻张氏大典辑本
《大典辑本》据大典七千五百十六:十八阳(东仓、西仓),引《永阳续志》二条。宋有林嶪淳熙《永阳志》,是志当是续淳熙志。②

根据上文记载,张国淦先生曾从《永乐大典》中辑出一部《永阳续志》,虽未说明此志的编修时间,但他认为这部志书是续林嶪淳熙《永阳志》而修的,此志早已亡佚,共辑出佚文两条。

杜春和整理、张国淦先生的《永乐大典方志辑本》亦辑出《永阳续志》,编者按语称:"《大典》引《永阳续志》凡三条。宋有林嶪《永阳志》,作于淳熙。是志当是续淳熙志。《舆地纪胜》四十二:'滁州引《永阳新志》',未知即此志否?"③

《永乐大典方志辑本》编者亦认为大典本《永阳续志》是续林嶪淳熙《永阳志》而纂修的,共辑出佚文三条。而且编者还提出一个思考:大典本《永阳

---

① 光绪《重修安徽通志》卷九一,清光绪四年(1878年)刻本。
② 张国淦:《中国古方志考》,北京:中华书局,1962年。
③ 杜春和整理、张国淦著:《永乐大典方志辑本》,北京:燕山出版社,2009年。

续志》是否是《舆地纪胜》中的《永阳新志》？《舆地纪胜》修于南宋嘉定十四年(1221年)前后,它所转引的《永阳新志》肯定修于南宋嘉定十四年以前,而此志与林嶪《永阳志》、大典本《永阳续志》是什么关系尚难确定。

宫为之先生《皖志史稿》一书曾对大典本《永阳续志》有所论述:"《永阳续志》佚名。是志是续淳熙林嶪志。蒲圻张氏据《永乐大典》所引而辑录收入《蒲圻张氏大典辑本》。"①

因无更多的依据,目前只能判断大典本《永阳续志》是继宋朝淳熙林嶪《永阳志》之后续修的一部滁州志。如果现存文献记载的历代"永阳"志编修源流没有遗漏的话,那么,大典本《永阳续志》很可能就是明永乐四年(1406年)陈琏编修的三十六卷本《永阳志》,亦是借用古地名的缘故。

康熙《滁州志》载:"陈琏,字廷器,广东东莞人。由乡贡进士任桂林府学教授,升国子助教,迁许州知州。永乐五年,调知滁州。公专务德化,不用刑威。又时修举诸废,坠事兼理政教,士习诗书,民安亩畝,升扬州府知府,仍署州事,江北诸郡,滁为最治,加升福建参政、四川副使。治滁十九年,转国子祭酒行,累官礼部侍郎。滁人称之曰'陈羊城'云。"②光绪《滁州志》③亦载有相似内容。这两部文献皆称陈琏是明朝永乐五年(1407年)知滁州的,但光绪《滁州志》收录的陈琏为永乐年间编修的《永阳志》所写的序却言:"永乐二年夏五月,琏擢守滁郡,下车即求志书,久而未得",于是才开始派人编修一部新滁州志的,而且此序末尾署:"永年四年夏五月初,吉前国子助教、奉训大夫、直隶滁州、羊城陈琏序。"④序中陈琏称自己是永乐二年(1404年)到滁州任职的,上任后即开始命人编修新志,而到永乐四年(1406年)志书修成。文献中关于陈琏到滁州做官的时间记载不一,不知其中是何原因。

---

① 宫为之:《皖志史稿》,合肥:安徽人民出版社,1997年。
② 康熙《滁州志》卷二一,名宦,见《稀见中国地方志汇刊》,北京:中国书店,1992年。
③ 光绪《滁州志》卷四,名宦,见《中国地方志集成》,南京:江苏古籍出版社,1998年。
④ 光绪《滁州志》,旧序,见《中国地方志集成》,南京:江苏古籍出版社,1998年。

《永乐大典》安徽江北方志研究

二、大典本《永阳续志》佚文的价值

虽然不能准确地判断大典本《永阳续志》的编修时间,但可以初步确定是继宋淳熙林嶪《永阳志》之后续修的一部滁州志,很可能是明永乐四年(1406年)陈琏编修的《永阳志》,是一部编修较早的滁州志。

大典本《永阳续志》佚文共保存三条资料:两条仓廪方面的资料,一条宫室方面的资料。资料虽然并不丰富,但这三条资料与现存文献记载不同,甚至是现存文献所不载的,可以起到补阙史料的作用,其价值不应忽视。

> 东仓,屋七十间,门楼三间,庙子一间。内五十间椿积厫,一十间生券①厫,五间淮东熟券厫,五间淮西熟券厫,并金知郡任内起造,在东门大街之北。[册八一卷七五一六页九]

> 西仓,屋五十间,里外门楼各一间,庙子一②间。内四十间椿积厫,一十间券厫,系陈宣使修,后日起造。又仓屋二十间椿积厫,金知郡任内起造,在东门大街之北。[册八一卷七五一六页九]③

这两条资料均是介绍仓廪的,主要记载了两座仓廪,即"东仓"和"西仓"的规模、结构、用途、位置和修建人。由这两条资料可知,东仓和西仓的结构十分复杂,有房屋,有门楼,有庙子,而且不同的房屋均有不同的用途。可见当时仓廪设置的完备,功能十分齐全。关于东仓和西仓的资料在现存滁州方志中很难见到,因此,这两条资料是十分珍贵的资料,为了解滁州仓廪的建设和发展情况提供了新的资料。

> 思贤堂,在常衙厅东,本清风道院故基,并金知郡任内起造。

---

① 《永乐大典方志辑本》(北京:燕山出版社,2009年,第67页)中将"东仓"、"西仓"条下的"券"字皆写作"券"字。

② 《永乐大典方志辑本》(北京:燕山出版社,2009年,第67页)缺一"一"字。

③ 马蓉等点校:《永乐大典方志辑佚》,第二册,北京:中华书局,2004年。

[册六九卷七二三六页一]①

这条资料主要记载了思贤堂的地理位置和修建者的名字,内容并不丰富,但它与现存记载有不同之处。现存方志中也载有思贤堂的资料。万历《滁阳志》②和康熙《滁州志》③皆载:"思贤堂,建于宋,在州治内外,久废。"这两则记载说明的是宋朝思贤堂的情况,与大典本《永阳续志》佚文可以互补。

目前只能初步判断大典本《永阳续志》是继宋淳熙林嶓《永阳志》之后的一部滁州志,很有可能是明永乐四年(1406年)陈琏编修的三十六卷本《永阳志》。大典本《永阳续志》佚文保存的内容虽然较为简略,只有三条资料,但因这三条资料均为现存文献所鲜载或与现存文献记载不同,因而具有补充现存文献记载之不足的价值,其价值不能忽视。

第五节 大典本《和州志》研究

根据建置沿革、方志编修源流等方面的情况,本节对《永乐大典》收录的《和州志》的编修时间进行探讨,并对其佚文的价值进行分析。

一、关于大典本《和州志》编修时间的探讨

关于和州建置沿革情况在光绪《直隶和州志》中有记载:"北齐文宣帝天保六年,改南豫州为和州,领齐江、历阳二。和州之名自此始。陈宣帝太建五年,复曰南豫州,领历阳郡,后改为临江郡。北周静帝大象元年,又改称和州,领历阳郡,后改曰同江郡。隋文帝开皇十三年,罢郡,省齐江之谯县入历阳县,以为和州。隋炀帝大业三年,州废,复置历阳郡。唐高祖武德三年,杜伏威归顺,因改历阳郡为和州,下领历阳县、乌江县。唐太宗贞观元年,分天

---

① 马蓉等点校:《永乐大典方志辑佚》,第二册,北京:中华书局,2004年。
② 万历《滁阳志》卷九,古迹,见《稀见中国地方志汇刊》,北京:中国书店,1992年。
③ 康熙《滁州志》卷一九,古迹,见《稀见中国地方志汇刊》,北京:中国书店,1992年。

下为十道,和州属淮南道。唐元宗天宝元年,改和州为历阳郡,属淮南道。唐肃宗至德元载,设淮南节度使,历阳郡属之。唐肃宗乾元元年,复为和州,属淮南节度使。唐德宗贞元十六年,设舒庐滁和都团练使,和州属之。唐昭宗天祐元年,废舒庐滁和都团练使,和州复属淮南节度使。五代时先属吴,后属南唐。宋置和州防御使,属淮南西路。元世祖至元十三年,设和州镇守万户府,属淮西总管府。至元十四年,改置和州安抚司,属庐州路总管府。至元十五年,升为和州路。至元二十八年和州路降为州,隶庐州路。明太祖洪武元年,和州降为历阳县,隶南京庐州府。洪武二年升和州,仍属庐州府。七年,改属凤阳府。十一年,仍属凤阳府,以南京为京师。十三年,升直隶和州,领含山一县。成祖永乐元年,以京师为南京。清顺治二年,隶江南左右布政使司。十八年,分属左布政使司。康熙六年,隶安徽布政使司。乾隆间,统于巡抚部院,今为定制。"①光绪《重修安徽通志》也有和州建置沿革方面的记载:"和州,《禹贡》扬州之域。春秋属吴。战国属越,后入楚。秦置历阳,属九江郡。汉置历阳县,属淮南国,后属九江郡。后汉历阳侯国,为扬州刺史治。三国属吴。晋属淮南郡。东晋永兴初,分置历阳郡。宋永初二年,兼置南豫州,又为徐州平昌郡地。齐析置临江郡。建元二年,州废,以郡属豫州。永明二年,属南豫州。梁太清中属东魏。北齐天保六年,置和州。周因之。隋开皇初,临江郡废。大业初,复改和州为历阳郡。唐武德三年,杜伏威归国,仍曰和州。天宝初,又为历阳郡。乾元初,复为和州,属淮南道。五代初,属吴,后属南唐,后入于周。宋仍曰和州,属淮南西路。元升为和州路,寻复为州,属庐州路。明初,以州所领之历阳、乌江、含山三县省入州。洪武二年,改州为历阳县,属庐州府,寻复为和州,隶南京,仍析置含山县为属。国朝因之,隶江南省。康熙六年,隶安徽省,领县一。"②

根据这些记载,"和州"之名始自北齐文宣帝天保六年(555年),此后几

---

① 光绪《直隶和州志》卷二,舆地志,见《中国地方志集成》,南京:江苏古籍出版社,1998年。

② 光绪《重修安徽通志》卷一八,舆地志,清光绪四年(1878年)刻本。

经变易,陈宣帝太建五年(573年)至北周静帝大象元年(579年)称南豫州或临江郡。北周静帝后期至隋文帝开皇十三年(593年)又改曰同江郡。隋炀帝大业三年(607年)至唐高祖武德三年(620年)曾改称历阳郡,稍后又复名为和州。唐元宗天宝元年(742年)至唐肃宗乾元元年(758年)又更名历阳郡。自唐肃宗乾元元年(758年)以后到清朝基本保持"和州"之名未变,其间只有明洪武元年(1368年)将和州降为历阳县。按照行政区划的级别来说,"和州"的设置实际上经历了一个升与降的过程。根据和州建置沿革的有关情况可知,以"和州"为书名的志书应修于北齐文宣帝天保六年(555年)以后。另外,根据《永乐大典》成书的时间,大典本《和州志》应该修于北齐文宣帝天保六年(555年)以后明永乐六年(1408年)以前,当然还必须省去上述和州易名为南豫州、临江郡、同江郡、历阳郡、历阳县的几个时间段。

还可以考察和州方志编修源流的有关情况以确定它的编修时间。关于和州志编修的情况在光绪《直隶和州志》中有相关记载。光绪"高照序"称:"和志书笔于唐,承于宋,有明朱、黄、易、康继之,国朝杨、夏、王、刘又继之,书鲜传本,版亦蠹朽,道光丙申善志告成,时称美备"①;"旧志考"中专门介绍了自唐至清朝光绪年间和州方志编修的情况,现将其摘录如下,以为说明。

唐长庆年《和州志》
  刺史刘禹锡撰。见焦竑《国史经籍志》。
《和州图经》
  见刘禹锡《历阳书事诗序考图经参见事》。
宋庆元年《历阳志》十卷
  知州程九万、教授黄宜同撰。见《宋史·艺文志》及陈振孙《书录解题》。
《历阳志补遗》十卷
  赵师清撰。见《宋史·艺文志》。

---

① 光绪《直隶和州志》,序,见《中国地方志集成》,南京:江苏古籍出版社,1998年。

《古历阳志》

不知何人撰,见陈仁锡藏书目录。

明正统年《和州志》

知州朱沅、训导陈钧同撰。

正德年《和州志》

知州黄公标撰。

嘉靖年《和州志》

知州易鸾修。嘉靖三年,鸾莅和,取朱黄二志,删定为一十七篇,表一,志十六,祭酒湛若水序。

万历年《和州志》

知州康诰、学正齐祠同山阴举人刘鞾纂修,州岁贡高文、诸生马思永、高期、洪一魁、翁道、鲁宗周与纂。

国朝康熙乙巳年《和州志》

知州杨继芳、学正刘彦初同州恩贡夏日新纂。

康熙癸丑年《和州志》

知州夏玮修,诸生杨九思与纂。

康熙甲子年《和州志》

知州王瑄主修,郡人陶梦阳续纂,布衣孙笃附监生班枢、岁贡刘宗向、诸生詹穟与纂。

乾隆癸巳年《和州志》

知州刘长城主修,山阴进士章学诚纂。

道光丙申年《和州志》

知州善贵主修。①

另外,《历阳典录》"例言"亦称:"吾和有志肇始于唐元观刘郎考图经而

---

① 光绪《直隶和州志》卷三六,艺文志,见《中国地方志集成》,南京:江苏古籍出版社,1998年。

第四章　直隶州方志研究

得句,刘禹锡历阳书事诗注考图经参见事,庆湖贺老采县谱以成诗,贺铸历阳十詠诗注杂引县谱,程鹏飞庆元之编直斋著录,宋庆元中程九万撰《历阳志》十卷,见《宋史·艺文志》及陈振孙《书录解题》,鹏飞九万字,赵师清补遗之作宋史标名,《宋史·艺文志》有赵师清《历阳志补遗》十卷,未闻艺苑之流传,并少前贤之评品,想归散失莫可访求,明则朱建安沅修之于前,黄遂昌公标继之于后,嘉靖之代厥有,易鸾隆庆之年曰维康诰,率皆从事聿有成书,历年既多旧版皆入,我国朝百载惟有杨继芳夏玮二书。"①

通过对上述和州志的编修源流、《永乐大典》收书的时间条件以及志书名称的分析,如果《永乐大典》收录书籍是严格使用原书名的话,如果上述文献记载的和州志编修的情况没有疏漏的话,则大典本《和州志》应该是唐朝长庆年间(821—824年)刺史刘禹锡编撰的《和州志》。《国史经籍志》称:"《和州志》八卷,刘禹锡。"②根据文献记载的和州志编修源流,这部志书应该是最早的一部和州方志,那么,它所记载的内容皆为第一次载入和州志,具有开创性价值,为后世方志编修提供了资料来源,它的内容也可以为考证现存其他文献记载提供参考。

根据《中国古方志考》提供的线索,20世纪30年代,张国淦先生的《蒲圻张氏大典辑本》未从《永乐大典》中辑出《和州志》。后经不断补充和完善,杜春和整理、张国淦先生的《永乐大典方志辑本》辑出一部《和州志》。编者按语曰:"《大典》引《和州志》凡一条。宋、元、迄明,俱曰和州,兹据作明志。《文渊阁书目·旧志》:'《和州》二册,'当即是志。"③《永乐大典方志辑本》的编者辑出《和州志》一条佚文,并且根据和州的建置沿革和书目记载,认为这部志书应该是明朝所修,故将其归入明志。而笔者检索光绪《直隶和州志》、《历阳典录》等文献记载的历代和州志编修源流,未见明朝在永乐六年(1408年)前曾编修过一部《和州志》。

---

① 《历阳典录》,例言,清同治六年(1867年)刻本。
② (明)焦竑辑:《国史经籍志》卷三,史类,明徐象橒刻本。
③ 杜春和整理、张国淦著:《永乐大典方志辑本》,北京:燕山出版社,2009年。

《永乐大典》安徽江北方志研究

《永乐大典方志辑本》和《永乐大典方志辑佚》都只辑出《和州志》一条佚文,且内容和出处相同。

二、大典本《和州志》佚文的价值

大典本《和州志》佚文仅保存了一条经济方面的资料,即有关仓廪的资料。

> 和丰仓,设正官提调收支,岁计际用。粮少不曾设官,止有管粮人。[册八一卷七五一四页二十八]①

这条资料内容不多,主要介绍了和丰仓的提调制度、管理人员的设置等方面的情况。根据上文所做的判断,此志修于唐朝长庆年间(821—824年),那么,大典本《和州志》佚文记载的和丰仓应修建于唐朝长庆以前。嘉靖《和州志》也载有和丰仓的资料,即:"和丰仓,在镇西楼前街东西向,吴元年知州李相始创,中有厅三面俱仓廒。"②光绪《重修安徽通志》亦载:"和丰仓,在镇西楼前街东。明初知州李相建。"③这两则资料记载的和丰仓修于吴元年,反映的是明朝初年和丰仓建设的情况,与大典本《和州志》佚文保存的资料不是一回事。大典本《和州志》佚文保存的和丰仓资料是现存和州方志所鲜载的,反映了唐朝长庆以前和州仓廪建设的有关情况,为了解早期和州和丰仓的情况提供了新的参考,是研究仓廪制度的重要资料。将这条资料与嘉靖《和州志》保存的"和丰仓"资料相结合,可以更加全面地了解和州和丰仓建设的基本情况。

从和州建置沿革的有关情况、和州方志编修的源流看,并考虑《永乐大典》收书的时间条件可知,大典本《和州志》应该是唐朝长庆年间(821—824年)刺史刘禹锡编撰的八卷本《和州志》。虽然大典本《和州志》佚文仅保存一条仓廪方面的资料,但这条资料是第一次载入和州志的,而且它反映的是

---

① 马蓉等点校:《永乐大典方志辑佚》,第二册,北京:中华书局,2004年。
② 嘉靖《和州志》卷三,建置志,见《稀见中国地方志汇刊》,北京:中国书店,1992年。
③ 光绪《重修安徽通志》卷三八,清光绪四年(1878年)刻本。

第四章　直隶州方志研究

早期和州仓廪建设的有关情况,是现存文献中很难见到的资料,它对于研究和州仓廪制度的建设和发展有非常重要的价值。

小　结

《永乐大典》共收录了四部安徽长江以北地区的直隶州志,其中滁州方志三部,即《滁州志》、《永阳志》和《永阳续志》,和州志一部,即《和州志》。根据地区建置沿革、方志编修源流和佚文提供的线索,笔者对这四部志书的编修时间进行了分析和说明,并对其佚文价值进行了总结。

大典本《滁州志》应该是《舆地纪胜》转引的那部《滁州志》,修于唐朝会昌六年(846年)至南宋嘉定十四年(1221年)之间。大典本《永阳志》应是宋朝淳熙年间(1174—1189年)林崿编修的三十五卷本《永阳志》,亦称《永阳郡志》,此志应修于南宋淳熙年间,且在淳熙十一年(1184年)以后。大典本《永阳续志》应该是南宋林崿淳熙志后续修的另一部滁州志,很可能就是明永乐四年(1406年)陈琏编修的三十六卷本《永阳志》。这三部志书现存佚文2 200多字,17条资料,其内容涉及滁州所辖全椒、清流、来安等县,主要分为地理、经济、文化三大类资料,包括山川、仓廪、宫室、诗文等方面的内容,为了解滁州历史发展的基本情况提供了一些线索。特别是大典本《永阳志》佚文保存的"张商卿《永阳思贤堂记》"、"蔡向诗《赠幽谷老人》"、"二贤堂"、"欧阳公滁州诗"和"蒲执中《招隐堂》诗"五条文化类资料具有非常重要的史料价值,虽为文化类资料,却反映了滁州历史发展过程中各个方面的情况,而且是现存滁州志所鲜载的,补充了有关资料的不足,为全面了解滁州历史发展的相关问题提供了新的资料。

大典本《和州志》应该是唐朝长庆年间(821—824年)刺史刘禹锡编撰的《和州志》,它保存的仓廪资料是第一次载入和州志的,也是现存文献中很难见到的资料,它反映了早期和州仓廪建设的有关情况。

223

总　结

　　从书名来看,《永乐大典》共收录了安徽长江以北地区的方志二十五部,包括十一部庐州府方志、七部凤阳府方志、三部安庆府方志、三部滁州方志和一部和州方志。根据地区建置沿革、方志编修源流、佚文提供的线索,本书对这二十五部方志的编修时间和佚文价值进行了分析和总结,并得出以下看法:

　　第一,《永乐大典》著录文献名不严谨,存在同书异名的情况。

　　《永乐大典》著录文献时存在着一定的随意性,未对同一部志书的名称进行统一,有时将一部志书写为不同的书名。《永乐大典》收录的五部以"凤阳"为名的志书,即《凤阳府图经志》、《凤阳府图志》、《凤阳府志》、《凤阳图经志》、《凤阳志》,根据建置沿革和志书佚文提供的线索,笔者认为这五部志书应该是同一部志书,修于明朝洪武七年(1374年)八月以后洪武十三年(1380年)以前。据此,实际上《永乐大典》收录的安徽江北方志只有二十一部。

　　第二,方志编修时间较早,且均已亡佚。

　　因《永乐大典》修成于明朝永乐六年(1408年),它收录的方志均修于此前。通过多角度、多层次的考察和分析,这二十五部(实为二十一部)安徽江北方志编修时间都比较早,最早的一部修于唐朝长庆年间,最迟一部的具体编修时间应该是明永乐四年(1406年)。

　　可以确定这些志书的相对具体的编修时间,即唐志一部、宋志四部、元末志一部、元末明初志二部、明志七部。唐志一部：《和州志》应该是唐朝长庆年间(821—824年)刺史刘禹锡编撰的《和州志》，是已知的最早的一部和州方志。宋志四部：《舒州志》修于南宋皇祐五年(1049年)至政和五年(1115年)之间；《永阳志》应该就是南宋淳熙年间林嶧编修的三十五卷本《永阳志》，修于南宋淳熙年间且在淳熙十一年(1184年)以后；《合肥新志》应该是南宋李大东编修的十卷本《合肥新志》，此志应修于南宋嘉定年间且在嘉定六年(1213年)以后；《宝祐濡须志》应该修于南宋宝祐年间，且在宝祐三年(1255年)以后。元末志一部：《庐州府志》应修于元至正二十四年(1364年)到元朝灭亡之间，很有可能是光绪《续修庐州府志》所言《明一统志》转引的元朝编修的《庐州府志》。元末明初志二部：《泗州志》应该修于元至元二十七年(1290年)至明朝洪武七年(1374年)八月间；《庐州府合肥县志》应该修于明太祖甲辰即元至正二十四年(1364年)至明朝永乐六年(1408年)之间。明志七部①：《永阳续志》应该就是明朝永乐四年(1406年)陈琏编修的三十六卷本《永阳志》；《凤阳府图经志》、《凤阳府图志》、《凤阳府志》、《凤阳图经志》、《凤阳志》五部志书应该是同一部志书，修于明朝洪武七年(1374年)八月以后十三年(1380年)以前；《安庆府志》修于明朝洪武六年(1373年)到永乐六年(1408年)间。

  还有十部志书则无法确定具体的编修时间，只能分析出大体的编修时间，其中南朝梁至明志二部、唐至宋一部、唐至明志一部、南宋至明志三部、元至明志一部，另有二部只能确定修于明朝永乐六年(1408年)以前。南朝梁至明志二部：《庐江县志》和《庐江志》均应修于南朝梁到明朝永乐六年(1408年)之间。唐至宋志一部：《滁州志》应该修于唐朝会昌六年(846年)至南宋嘉定十四年(1221年)之间。唐至明志一部：《合肥志》应修于唐朝开元二十三年(735年)以后明朝永乐六年(1408年)以前。南宋至明志三部：《濡须志》应该修于南宋宝祐五年(1257年)至明朝永乐六年(1408年)之间；

---

① 因五部以"凤阳"为名的志书实为同一部书，所以实际上《永乐大典》收录的安徽江北方志中可以确定相对具体时间的只有三部志书。

《安庆志》应该修于南宋嘉定十四年(1221年)以后明永乐六年(1408年)以前;《濡须续志》应该修于南宋咸淳二年(1266年)以后明朝永乐六年(1408年)以前。元至明志一部:《合肥郡志》应修于元朝或明永乐六年(1408年)以前。另外二部志书只能确定修于明朝永乐六年(1408年)前:《合肥县志》应修于明朝永乐六年(1408年)以前;《泰和志》实际包括两部志书,安徽的《泰和志》应修于明朝永乐六年(1408年)前。

根据《中国地方志联合目录》等方志书目以及其他文献记载,上述方志皆已佚,无法得见其本来面貌,只能依赖《永乐大典》及其他文献的转引了解部分内容。

第三,方志佚文内容涉及地区广。

《永乐大典》收录的安徽江北方志,涉及庐州府、凤阳府、安庆府、滁州、和州以及下辖合肥县、舒城县、庐江县、无为县、巢县、无为州、凤阳县、临淮县、定远县、虹县、泗州、盱眙县、天长县、灵璧县、太和县、怀宁县、桐城县、潜山县、太湖县、宿松县、望江县、全椒县、来安县、清流县等州县,涉及明朝安徽长江以北大部分地区,为了解这些地区历史发展过程中的相关情况提供了丰富的资料。

第四,方志佚文内容丰富,保存了不少有价值的资料,是研究相关地区历史发展的重要参考资料。

大典本安徽江北方志佚文内容涉及自然地理、人文地理、人物、职官、经济、军事、水利、文化、社会保障等方面,具体包括山岭、湖泊、寺观、宫室、物产、仓廪、古迹、陂塘、人物、社会救助机构、军事机构、诗歌、记文等方面的资料,共16 000多字,内容十分丰富、全面,几乎囊括了相关地区各个方面的内容,为进一步认识明朝初年以前这些地区社会历史发展变化的基本情况提供了重要的资料。

地理资料。可以分为自然地理和人文地理两方面,这些资料主要介绍了山岭、湖泊、宫室、寺观、古迹等的基本情况,也收录了一些相关的历史事实和诗赋歌咏。这些资料不仅能够反映当地的自然地理面貌和人文地理情况,也反映了历史发展中地理变迁的真实过程,为了解相关地区文化成就提供了参考依据。

仓廪资料。中国古代的仓廪制度非常完善,从中央政府到地方基层政权都建设有仓廪,政府可以利用仓廪收储粮米,并借此控制和调配全国的粮食,以保障各种需要,平抑粮价,维持市场平稳,稳定人心,从而稳定社会。《永乐大典》安徽江北方志佚文保存了不少宋朝至明朝初年的仓廪资料,如都仓、椿积仓、常平仓、镇敖仓、济平仓、屯田仓、运司丰裕仓、军仓、大军仓、平籴仓、北门仓、广积仓、永盈仓、百万仓、量积仓、军储仓、际留仓、竟宁仓、常宁仓、东仓、西仓、万亿仓等,这些仓廪起着保障军事供应及平抑粮价、稳定市场、安定百姓生活的作用。

宫室资料。大典本安徽江北方志佚文收录了稽古阁、问心斋、日益斋、巢许二贤堂、清心堂、宝晋斋、思政堂、二贤堂、思贤堂、四贤堂等宫室方面的资料,这些资料不仅介绍了有关宫室的基本情况,也收录了相关的记文或诗歌,还介绍了一些历史人物的相关情况,借此既可以了解相关地区人文地理方面的情况,也可以了解当地文化发展情况。

古迹资料。大典本安徽江北方志佚文收录的古迹资料主要包括炼丹台、泣笋台等,这些资料既介绍了古迹的基本情况及发展变化,还收录了与其相关的传说和文化方面的内容,借此可以进一步加强对相关地区历史发展变化的认识。

社会保障资料。《永乐大典》安徽江北方志佚文保存了一些社会救济和保障方面的资料,如利民局、慈幼局、义椿局等,这些社会救济和保障机构为特殊人群提供了相应的生活保障,解决了他们的基本生活问题。这些社会保障机构的建立为稳定社会秩序提供了有效的保证。

人物资料。佚文中收录了一些历史人物的资料,包括名宦、仙释、画家、文学家、政治家、军事家、道人、隐逸之人等,如王蔺、幽求子、蒲从善、崔白、顾非熊、朱弁、庐度、王琳、僧道宁等,有的是专门的人物传记,有的是记述其他事物时附带记载的。这些资料展示了魏晋南北朝至明初历史人物诸多方面的情况，也反映了这些历史人物所在时代的某些历史发展过程。

文化资料。《永乐大典》安徽江北方志佚文保存了十分丰富的文化类资料，有诗词歌赋和记文，如王蓬、刘用行、蔡向、蒲执中、王士点、南宫磻和周卿、欧阳修等人的诗，杨元亨的词，王觅、李从、张商卿、杨栋等人的记文，以及冯理赞的书、皇帝的御笔、佚名者的赞等等。这些诗文不仅展现了相关人物的文学和学术成就，也反映了当时历史发展过程中的某些事实，为了解有关问题提供了重要的线索和资料。其中有些诗文是传世文集所不得见的，具有重要的学术价值。

第五，佚文内容或为现存方志所未载，或与现存记载不同，可以补充现存其他文献记载的不足。

大典本安徽江北方志保存的内容有不少是现存安徽方志或其他文献所未记载的，如有杨歧岭、青蓬岭、老鸦岭、石堆岭、新安岭、分流岭、东岩、水口岭、三十六岩、岿岭、镇山岭、牌子湖、上白湖、沙湖、泥湖、康湖、葛母湖、沙嘴、胭脂湖、驴湖、羊头湖等山川资料，也有问心斋、弹铗斋、巢许二贤堂、清心堂、宝晋斋、嘉莲驿照厅、思政堂、泰紫寺、仙女台等宫室、古迹方面的资料，还有舒城县陂塘、巢县和梁县陂塘等水利资料，以及王蔺、顾非熊、僧道宁等人物资料。特别是仓廪、社会保障、诗词文赋方面的资料，具有重要的史料价值，如都仓、椿积仓、舒城县常平仓、镇敖仓、丰裕仓、济平仓、屯田仓、运司丰裕仓、军仓、大军仓、泗州北门仓、广积仓、滁州永盈仓、百万仓、量积仓、东仓、西仓、和丰仓等。另外，李从《天圣梁县新建常平仓记》、《瑞麦赞》、王蓬《百万湖》诗、皇帝御笔、杨元亨词、刘用行诗、王觅《新建平籴仓记》、冯理赞见贾易书、南宫磻和周卿诗、东平王士点《题安庆王氏孝友堂》诗、蒲执中诗《招隐堂》、欧阳公滁州诗、尤袤二贤堂记、蔡向《赠幽谷老人》诗、张商卿《永阳思贤堂记》等诗文，以及义椿局、《慈幼局记》等社会保障方面的资料，基本上都是现存文献中所没有的，可以起到补阙史料的作用。

另有一些资料虽与现存文献记载的是同一对象，但因其记载角度不同，内容也有所不同，亦可以补充现存记载之不足，为进一步全面认识相关事物提供了更为丰富的资料。如白石山、白鹿湖、落马湖、万岁湖、颍州"西湖"、稽古阁、炼丹台、日益斋、军储仓、际留仓、军器局、安庆南湖、大伯涝湖、泣笋台、小鸦岭、四贤堂、清河岭、梅子岭、常宁仓、思贤堂等资料,这些资料与现存安徽江北方志中的记载内容不完全相同,可以互为补充,为认识相关事物提供了更为丰富的资料。

第六,佚文保存的内容可以为辑佚古书提供资料来源。

大典本安徽江北方志佚文中转引了几部古书的内容,而这些古书原书已佚,大典本方志佚文为辑佚这些古书提供了资料来源,具有辑佚古书的价值。如大典本《庐州府志》收录了一部《旧志》和《北山纪事》中的部分内容,亦收录满杂端的一首诗的两句,因这两部文献均已亡佚,故大典本《庐州府志》具有辑佚古书、古诗的价值。李大东《合肥新志》转引了一部《旧经》的内容,这部《旧经》原书已佚,李大东《合肥新志》佚文保存的这条资料为辑佚古书提供了资料来源,具有辑佚古书的价值。

第七,《永乐大典》安徽江北方志有些资料是第一次收入方志的,具有首创性价值,可以为后世方志编修提供资料基础。大典本安徽江北方志佚文有些内容是以前的方志所无法收录的,因而是第一次载入相关地区方志的。如问心斋、日益斋、都仓、椿积仓、舒城县常平仓等资料是李大东《合肥新志》第一次载入庐州府志的;大典本《安庆府志》收录的明朝初年的资料是首次载入安庆府志的;竟宁仓、尤袤二贤堂记、蔡向诗《赠幽谷老人》等资料是由林嵲《永阳志》首载于滁州方志的,并为后世方志所继承;《和州志》是目前已知的最早的一部和州方志,它所记载的内容为第一次载入和州志。

第八,大典本安徽江北方志有些是现存文献记载中所未著录的,可以补充现存文献记载的不足,为更加全面地了解安徽江北方志的编修情况提供了新的线索。

《永乐大典》收录的安徽江北方志中有几部是现存文献中没有著录的,如《庐州府合肥县志》、《庐江县志》、《庐江志》、《濡须续志》、《泗州志》、《泰和志》、《安庆府志》、《安庆志》等,这些方志补充了现存文献记载中的阙漏,借此可以更加全面地了解历代安徽江北方志编修的基本情况。

　　《永乐大典》虽仅现存残卷八百多卷，但因其整篇、整章、整段收录原书的内容，所以仍是辑佚古书资料的重要来源。《永乐大典》收录的安徽江北方志均早已亡佚，虽然现在内容已不完整，但内容十分丰富，涉及地理、经济、军事、人物、文化、社会等方面的内容，是研究相关地区历史发展的重要参考资料，而且还具有补充现存文献记载的不足、辑佚古书等价值。《永乐大典》安徽江北方志佚文的价值应予充分重视，并加以合理利用。

参考文献

一、著作

1. 《史记》,北京:中华书局,1982年。
2. 《汉书》,北京:中华书局,1962年。
3. 《后汉书》,北京:中华书局,1965年。
4. (元)郝经:《续后汉书》,清文渊阁《四库全书》本。
5. 《三国志》,北京:中华书局,1982年。
6. 《晋书》,北京:中华书局,1974年。
7. 《南史》,北京:中华书局,1975年。
8. 《魏书》,北京:中华书局,1974年。
9. 《北齐书》,北京:中华书局,2013年。
10. 《隋书》,北京:中华书局,1973年。
11. 《旧唐书》,北京:中华书局,1975年。
12. 《新唐书》,北京:中华书局,1975年。
13. 《宋史》,北京:中华书局,1977年。
14. 《元史》,北京:中华书局,1976年。
15. 《新元史》,开明书局本。
16. 《明史》,北京:中华书局,1974年。

17.（清）赵一清：《三国志注补》，清广雅书局本。

18.（宋）陈振孙：《直斋书录解题》，《四库全书》，上海：上海古籍出版社，1987年。

19.（明）孙能传：《内阁藏书目录》，清迟云楼抄本。

20.（明）焦竑辑：《国史经籍志》，明徐象橒刻本。

21.（明）杨士奇：《文渊阁书目》，清文渊阁《四库全书》本。

22.（明）焦竑辑：《国史经籍志》，明徐象橒刻本。

23.（明）祁承爜：《澹生堂藏书目》，清宋氏漫堂抄本。

24.（明）晁瑮：《晁氏宝文堂书目》，明抄本。

25.（清）黄虞稷：《千顷堂书目》，清文渊阁《四库全书》本。

26.（清）范邦甸：《天一阁书目》，清嘉庆文选楼刻本。

27.（清）徐乾学藏：《传是楼书目》，清道光八年（1828年）味经书屋抄本。

28.（清）丁仁：《八千卷楼书目》，民国铅印本。

29.（清）永瑢等撰：《四库全书总目》，北京：中华书局，2008年。

30.（晋）皇甫谧：《高士传》，明刻古今逸史本。

31.（宋）佚名：《南宋馆阁续录》，清文渊阁《四库全书》本。

32.（明）徐象梅：《两浙名贤录》，明天启刻本。

33.（宋）俞琰：《读易举要》，清文渊阁《四库全书》本。

34.（宋）徐梦莘编：《三朝北盟会编》，台北：大化书局，1979年。

35.（宋）李心传：《建炎以来系年要录》，清文渊阁《四库全书》本。

36.（明）谢纯：《漕运通志》，明嘉靖七年（1528年）杨宏刻本。

37.（清）傅泽洪：《行水金鉴》，清文渊阁《四库全书》本。

38.（宋）马端临：《文献通考》，杭州：浙江古籍出版社，2007年。

39.（明）王圻：《续文献通考》，明万历三十年（1592年）松江府刻本。

40.（清）嵇璜：《续文献通考》，清文渊阁《四库全书》本。

41.（明）赵用贤：《大明会典》，明万历内府刻本。

42.（清）刘启端：《大清会典图》，清光绪石印本。

43. (清)钱大昕:《廿二史考异》,清四十五年(1780年)刻本。

44. (清)黄宗羲:《宋元学案》,清道光刻本。

45. (宋)王应麟:《玉海》,清文渊阁《四库全书》本。

46. (元)王士点:《秘书监志》,清文渊阁《四库全书》本。

47. (清)谈迁:《枣林杂俎》,清抄本。

48. (五代)王定保:《唐摭言》,清嘉庆学津讨原本。

49. (明)周圣楷:《楚宝》,明崇祯十四年(1641年)刻本。

50. (清)张澍:《蜀典》,清道光武威张氏安怀堂刻本。

51. (宋)王象之:《舆地纪胜》,《中国古代地理总志丛刊》,北京:中华书局,2003年。

52. (明)李贤等奉敕撰:《明一统志》,《四库全书》,上海:上海古籍出版社,1987年。

53. (明)曹学佺:《大明一统名胜志》,《四库全书存目丛书》,济南:齐鲁书社,1996年。

54. (清)和坤等奉敕撰:《钦定大清一统志》,《四库全书》,上海:上海古籍出版社,1987年。

55. (清)穆彰阿:《(嘉庆)大清一统志》,四部丛刊续编景旧抄本。

56. 《嘉庆重修一统志》,《中国古代地理总志丛刊》,北京:中华书局,1986年。

57. (清)顾祖禹《读史方舆纪要》,《中国古代地理总志丛刊》,北京:中华书局,2006年。

58. (清)陈芳绩:《历代地理沿革表》,扬州:江苏广陵古籍刻印社,1991年。

59. (清)顾炎武:《肇域志》,清抄本。

60. (清)顾炎武:《天下郡国利病书》,稿本。

61. (明)闻人诠、陈沂纂修:《南畿志》,《四库全书存目丛书》,济南:齐鲁书社,1996年。

62. 雍正《浙江通志》,清文渊阁《四库全书》本。

63. 道光《广东通志》,清道光二年(1822年)刻本。

64. 嘉靖《江西通志》,《四库全书存目丛书》,济南:齐鲁书社,1996年。

65. 康熙《江西通志》,《四库全书》,上海:上海古籍出版社,1987年。

66. 光绪《江西通志》,清光绪七年(1868年)刻本。

67. (清)赵弘恩等监修《(乾隆)江南通志》,《四库全书》,上海:上海古籍出版社,1987年。

68. (明)陈道:《(弘治)八闽通志》,明弘治刻本。

69. 光绪《重修安徽通志》,清光绪四年(1878年)刻本。

70. 康熙《庐州府志》,清康熙十三年(1674年)抄本。

71. 嘉庆《重修庐州府志》,《中国地方志集成》,南京:江苏古籍出版社,1998年。

72. 光绪《续修庐州府志》,《中国地方志集成》,南京:江苏古籍出版社,1998年。

73. 成化《中都志》,《四库全书存目丛书》,济南:齐鲁书社,1996年。

74. 光绪《凤阳府志》,《中国地方志集成》,南京:江苏古籍出版社,1998年。

75. 正德《颍州府志》,《天一阁藏明代方志选刊》,上海:上海古籍书店影印,1964年。

76. 乾隆《颍州府志》,《中国地方志集成》,南京:江苏古籍出版社,1998年。

77. 正德《安庆府志》,《四库全书存目丛书》,济南:齐鲁书社,1996年。

78. 康熙《安庆府志》,清康熙二十二年(1683年)刻本。

79. 康熙六十年《安庆府志》,《中国地方志集成》,南京:江苏古籍出版社,1998年。

80. 嘉靖《南安府志》,明嘉靖刻本。

81. (明)张元忭:《(万历)绍兴府志》,明万历刻本。

82.（清）刘庠：《（同治）徐州府志》，清同治十三年（1874年）刻本。

83.光绪《广州府志》，清光绪五年（1879年）刊本。

84.万历《吉安府志》，明万历十三年（1585年）刻本。

85.乾隆《庐州卫志》，清乾隆十二年（1673年）刻本。

86.（宋）高似孙：《剡录》，清文渊阁《四库全书》本。

87.乾隆《无为州志》，1960年合肥古旧书店据清乾隆八年癸亥（1743年）刻本影印（石印）。

88.嘉庆《无为州志》，《中国地方志集成》，南京：江苏古籍出版社，1998年。

89.万历《重修六安州志》，《稀见中国地方志汇刊》，北京：中国书店，1992年。

90.万历《六安州志》，《日本藏中国罕见地方志丛刊》，北京：书目文献出版社，1991年。

91.雍正《六安州志》，清雍正七年（1729年）刻本。

92.同治《六安州志》，《中国地方志集成》，南京：江苏古籍出版社，1998年。

93.万历《滁阳志》，《稀见中国地方志汇刊》，北京：中国书店，1992年。

94.康熙《滁州志》，《稀见中国地方志汇刊》，北京：中国书店，1992年。

95.光绪《滁州志》，《中国地方志集成》，南京：江苏古籍出版社，1998年。

96.嘉靖《和州志》，《稀见中国地方志汇刊》，北京：中国书店，1992年。

97.嘉庆《历阳典录》，《中国方志丛书》，台北：成文出版社，1983年。

98.《历阳典录补编》，清同治六年（1867年）刻本。

99.光绪《直隶和州志》，《中国地方志集成》，南京：江苏古籍出版社，1998年。

100.康熙《含山县志》，《中国地方志集成》，南京：江苏古籍出版社，1998年。

101.《无为县小志》，《中国地方志集成》，南京：江苏古籍出版社，1998年。

102. 雍正《舒城县志》,《稀见中国地方志汇刊》,北京:中国书店,1992年。

103. 嘉庆《舒城县志》,《中国地方志集成》,南京:江苏古籍出版社,1998年。

104. 光绪《续修舒城县志》,《中国地方志集成》,南京:江苏古籍出版社,1998年。

105. 弘治《宿州志》,明弘治增补刻本。

106. 嘉靖《宿州志》,《天一阁藏明代方志选刊》,上海:上海古籍书店影印,1964年。

107. 光绪《宿州县志》,《中国地方志集成》,南京:江苏古籍出版社,1998年。

108. 光绪《亳州志》,《中国地方志集成》,南京:江苏古籍出版社,1998年。

109. 嘉靖《寿州志》,《天一阁藏明代方志选刊》,上海:上海古籍书店影印,1964年。

110. 乾隆《寿州志》,清乾隆三十二年(1767年)刻本。

111. 光绪《寿州志》,清光绪十五年(1889年)活字本。

112. 嘉庆《合肥县志》,《中国地方志集成》,南京:江苏古籍出版社,1998年。

113. 康熙《巢县志》,清康熙十二年(1673年)刻本。

114. 道光《巢县志》,《中国地方志集成》,南京:江苏古籍出版社,1998年。

115. 康熙《庐江县志》,《稀见中国地方志汇刊》,北京:中国书店,1992年。

116. 光绪《庐江县志》,《中国地方志集成》,南京:江苏古籍出版社,1998年。

117. 乾隆《霍山县志》,《稀见中国地方志汇刊》,北京:中国书店,1992年。

118. 光绪《霍山县志》,《中国方志丛书》,台北:成文出版社,1983年。

119. 嘉靖《天长县志》,《天一阁藏明代方志选刊》,上海:上海古籍书店影印,1964年。

120. 康熙《天长县志》,1960年合肥古旧书店借安徽图书馆藏本油印。

121.《(补修)天长县志稿》,《中国地方志集成》,南京:江苏古籍出版社,1998年。

122. 乾隆《灵璧县志略》,《中国地方志集成》,南京:江苏古籍出版社,1998年。

123. 泰昌《全椒县志》,据日本蓬左文库藏明泰昌元年(1620年)刻本摄影本。

124. 康熙十六年《全椒县志》,1960年合肥古旧书店复制油印本。

125. 康熙二十三年《全椒县志》,清康熙二十三年(1683年)补刊康熙十六年(1677年)本。

126. 民国《全椒县志》,《中国地方志集成》,南京:江苏古籍出版社,1998年。

127. 万历《来安县志》,明天启元年(1621年)刻本。

128. 雍正《来安县志》,清雍正十三年(1735年)刻本。

129. 道光《来安县志》,《中国地方志集成》,南京:江苏古籍出版社,1998年。

130. 嘉靖《定远县志》,《四库全书存目丛书》,济南:齐鲁书社,1996年。

131. 道光《定远县志》,《中国地方志集成》,南京:江苏古籍出版社,1998年。

132. 光绪《定远厅志》,清光绪十八年(1892年)刻本。

133. 天启《凤阳新书》,明天启元年(1621年)刻本。

134. 光绪《凤阳县志》,《中国地方志集成》,南京:江苏古籍出版社,1998年。

135. 民国《凤阳县志略》,民国二十五年(1936年)铅印本。

136. 乾隆《泗州志》,《中国地方志集成》,南京:江苏古籍出版社,1998年。

137. 光绪《泗虹合志》,《中国地方志集成》,南京:江苏古籍出版社,1998年。

138. 民国《泗县志略》,民国二十三年(1934年)铅印本。

139. 康熙《桐城县志》,《中国地方志集成》,南京:江苏古籍出版社,1998年。

140. 道光《桐城续修县志》,清道光十四年(1834年)刻本。

141. 道光《桐城续修县志》,《中国地方志集成》,南京:江苏古籍出版社,1998年。

142. 民国《桐城志略》,民国二十五年(1936年)铅印本。

143. 康熙《安庆府潜山县志》,清康熙十四年(1675年)刻本。

144. 民国《潜山县志》,《中国地方志集成》,南京:江苏古籍出版社,1998年。

145. 道光《宿松县志》,清道光八年(1828年)刻本。

146. 民国《宿松县志》,《中国地方志集成》,南京:江苏古籍出版社,1998年。

147. 万历《望江县志》,《稀见中国地方志汇刊》,北京:中国书店,1992年。

148. 康熙《安庆府望江县志》,《稀见中国地方志汇刊》,北京:中国书店,1992年。

149. 乾隆《望江县志》,《中国地方志集成》,南京:江苏古籍出版社,1998年。

150. 道光《怀宁县志》,清道光五年(1825年)刻本。

151. 民国《怀宁县志》,《中国地方志集成》,南京:江苏古籍出版社,1998年。

152. 民国《怀宁县志补》,《中国地方志集成》,南京:江苏古籍出版社,1998年。

153. 民国《怀宁县志略》,民国二十五年(1936年)铅印本。

154. 道光《太湖县志》,清道光十年(1830年)刻本。

155. 同治《太湖县志》,清同治十一年(1872年)刻本。

156. 民国《太湖县志》,《中国地方志集成》,南京:江苏古籍出版社,1998年。

157. 嘉庆《五河县志》,清嘉庆八年(1803年)刻本。

158. 光绪《(重修)五河县志》,《中国地方志集成》本,南京:江苏古籍出版社,1998年。

159. 嘉庆《萧县志》,《中国地方志集成》,南京:江苏古籍出版社,1998年。

160. 同治《续萧县志》,《中国地方志集成》,南京:江苏古籍出版社,1998年。

161. 光绪《萧县志》,清光绪元年(1875年)刻本。

162. 崇祯《砀山县志》,《四库全书存目丛书》,济南:齐鲁书社,1996年。

163. 乾隆《砀山县志》,《中国地方志集成》,南京:江苏古籍出版社,1998年。

164. 同治《盱眙县志》,清同治十二年(1873年)刊本。

165. 光绪《盱眙县志稿》,《中国方志丛书》,台北:成文出版社,1970年。

166. 民国《临泉县志略》,民国二十五年(1936年)石印本。

167.《涡阳县志》,1981年抄清同治十一年(1872年)稿本。

168.《涡阳风土记》,《中国地方志集成》,南京:江苏古籍出版社,1998年。

169. 民国《亳县志略》,《中国地方志集成》,南京:江苏古籍出版社,1998年。

170. 同治《蒙城县志》,清同治九年(1870年)抄本。

171. 民国《重修蒙城县志书》,《中国地方志集成》,南京:江苏古籍出版社,1998年。

172. 乾隆《太和县志》,清乾隆十六年(1751年)刻本。

173. 民国《太和县志》,《中国地方志集成》,南京:江苏古籍出版社,1998年。

174. 同治《霍邱县志》,《中国地方志集成》,南京:江苏古籍出版社,1998年。

175. 道光《阜阳县志》,《中国地方志集成》,南京:江苏古籍出版社,1998年。

176. 民国《阜阳县志续编》,民国三十六年(1947年)石印本。

177. 顺治《颍上县志》,清顺治十二年(1655年)刻本。

178. 道光《颍上县志》,清道光六年(1826年)刻本。

179. 同治《颍上县志》,《中国地方志集成》,南京:江苏古籍出版社,1998年。

180. 道光《颍上风物记》,清道光六年(1826年)刻本。

181. 民国《颍上县志校补》,民国十九年(1930年)铅印本。

182. 嘉庆《凤台县志》,清嘉庆十九年(1814年)刻本。

183. 光绪《凤台县志》,《中国地方志集成》,南京:江苏古籍出版社,1998年。

184. 雍正《怀远县志》,《稀见中国地方志汇刊》,北京:中国书店,1992年。

185. 嘉庆《怀远县志》,《中国地方志集成》,南京:江苏古籍出版社,1998年。

186. 光绪《丰县志》,《中国方志丛书》,台北:成文出版社,1974年。

187. 嘉靖《徐州志》,《中国方志丛书》,台北:成文出版社,1983年。

188. 同治《宿迁县志》,清同治十三年(1874年)刻本。

189. 民国《宿迁县志》,《中国方志丛书》,台北:成文出版社,1983年。

190. 《会稽续志》,清文渊阁《四库全书》本。

191. 景定《建康志》,清文渊阁《四库全书》本。

192.(明)张元忭:《(万历)会稽县志》,明万历刻本。

193.光绪《溧水县志》卷二〇,二氏志,《中国方志丛书》,台北:成文出版社,1970年。

194.(金)王朋寿:《重刊增广分门类林杂说》,民国嘉业堂丛书本。

195.(宋)佚名:《锦乡万花谷后集》,清文渊阁《四库全书》本。

196.(宋)欧阳修:《欧阳文忠公集》,四部丛刊景元本。

197.(宋)潘自牧:《记纂渊海》,清文渊阁《四库全书》本。

198.(宋)陈应行编:《吟窗杂录》,明嘉靖二十七年(1548年)崇文书堂刻本。

199.(宋)曾慥编:《乐府雅词》,四部丛刊景抄本。

200.(宋)孔平仲:《续世说》,《丛书集成初编》,北京:中华书局,1985年。

201.(宋)佚名:《宣和画谱》,明刻津逮秘书本。

202.(明)朱谋垔:《画史会要》,清文渊阁《四库全书》本。

203.(明)都穆:《南濠诗话》,清乾隆道光间知不足斋丛书本。

204.(明)黄学海:《筠斋漫录》,明万历三十年刻本。

205.(明)宋岳:《书永编》,明嘉靖四十三年阎永光刻本。

206.(明)彭大翼:《山堂肆考》,清文渊阁《四库全书》本。

207.(清)张英:《渊鉴类函》,清文渊阁《四库全书》本。

208.(清)顾嗣立编:《元诗选》,清文渊阁《四库全书》本。

209.(清)张豫章辑:《四朝诗》,清文渊阁《四库全书》本。

210.(清)孙岳颁:《佩文斋书画谱》,清文渊阁《四库全书》本。

211.(清)陶元藻辑:《全浙诗话》,清嘉庆元年(1796年)怡云阁刻本。

212.(清)吴升辑:《大观录》,民国九年(1920年)武进李氏圣译楼铅印本。

213.(清)檀萃:《重镌草堂外集》,清嘉庆元年(1796年)刻本。

214.(清)倪涛:《六艺之一录》,清文渊阁《四库全书》本。

215.(清)全祖望:《鲒埼亭集外编》,清嘉庆十六年(1811年)刻本。

216. 陈宏天、高秀芬校点：《栾城集》，《苏辙集》，北京：中华书局，1990年。

217.《苏轼集》，上海：上海古籍出版社，2000年。

218. 陈尚君辑校：《全唐诗补编·全唐诗续拾》，北京：中华书局，1992年。

219.《曾巩集》，《中国古典文学基本丛书》，北京：中华书局，1984年。

220. 李逸安点校：《欧阳修全集》，《中国古典文学基本丛书》，北京：中华书局，2001年。

221. 北京大学古文献研究所编：《全宋诗》，北京：北京大学出版社，1998年。

222. 唐圭璋主编：《全宋词》，北京：中华书局，1965年。

223. 郭伯恭著：《永乐大典考》，北京：中华书局，1938年。

224. 张国淦：《中国古方志考》，北京：中华书局，1962年。

225.《永乐大典》，北京：中华书局，1986年。

226. 宫为之：《皖志史稿》，合肥：安徽人民出版社，1997年

227.《海外新发现〈永乐大典〉十七卷》，上海：上海辞书出版社，2003年。

228. 马蓉等点校：《永乐大典方志辑佚》，北京：中华书局，2004年。

229. 杜春和整理、张国淦著：《永乐大典方志辑本》，北京：燕山出版社，2009年。

230.《中国地方志联合目录》，北京：中华书局，1985年。

231.《中国古今地名大词典》，上海：上海辞书出版社，2005年。

二、论文

1. 姜纬堂：《永乐大典·南宁府志》及其价值，《学术论坛》，1986年第5期。

2. 罗新：《永乐大典》所录湖北方志考，《湖北方志》，1988年第3期。

3. 黄燕生：《永乐大典》杭州方志辑考，《浙江方志》，1989年第2期。

4. 林之:《永乐大典》中保存的方志,《杭州师范学院学报》,1990年第4期。

5. 黄燕生:《永乐大典》湖州方志辑考,《浙江方志》,1990年第6期。

6. 黄燕生:《永乐大典》绍兴方志辑考(上),《浙江方志》,1991年第6期。

7. 黄燕生:《永乐大典》绍兴方志辑考(下),《浙江方志》,1992年第8期。

8. 廖盛春:《永乐大典》地方志存目校订一则,《广西地方志》,1994年第6期。

9. 曹之:《永乐大典》编纂考略,《图书馆》,2000年第5期。

10. 刘春英:《永乐大典》散亡考,《枣庄师专学报》,2001年第4期。

11. 黄燕生:《永乐大典》征引方志考述,《中国历史文物》,2002年第3期。

12. 张升:《永乐大典》正本的流传,《图书馆建设》,2003年第1期。

13. 张升:《永乐大典》副本流散史,《中国典籍与文化》,2004年第4期。

14. 黄静:《永乐大典》辑存江苏古方志考录,《江苏地方志》,2009年第1~2期。

15. 崔伟:《永乐大典》本《应天府志》及其佚文考,《中国地方志》,2009年第3期。

16. 崔伟:《永乐大典》收录的《茅山续志》及其佚文考,《学理论》,2009年第10期。

17. 崔伟:《永乐大典》收录扬州方志考略,《江苏地方志》,2011年第4期。

18. 邹帆:论《永乐大典》的方志辑佚价值——以《宋元方志丛刊》辑本为例,《群文天地》,2011年第16期。

后 记

2004年,我在博士生导师王鑫义老师的指导下,开始将历史文献学和方志学结合起来进行地方志研究。经过慎重选择,在导师的指导下,以《永乐大典》收录的安徽方志为研究对象,开始进行博士论文的撰写。在读博的三年时间里,不论春夏秋冬、严寒酷暑、风吹日晒,都要起早贪黑,奔波于家和学校之间。在学校,既是老师也是学生,一周要上二十多节课,课余时间还要全部泡在图书馆里,查阅资料。学校图书馆没有空调,冬天要忍受着寒冷,夏天要忍受酷热。中午学校图书馆又不开放,而家离学校又太远,只得待在教室里熬过中午时间。在家里,既要照顾孩子、操持家务,又要看书、查资料、撰写论文。在我熬夜写论文的日子里,伴随我的是对面顶楼住户家通宵的麻将声。三年的清苦、努力、坚持都没有白费,在导师的指导下,在家人的支持下,终于顺利地完成了博士论文《〈永乐大典〉皖志佚文研究》,并圆满完成了博士阶段的学习。三年的学习和积累,为我开启了从事历史文献学和方志学研究的新路程。

又经过几年的学习、积累和实践,我在历史文献学和方志学研究方面有了不少新的体会和收获,不仅进一步丰富了自己的知识体系,还发表了相关论文十几篇。然而回首再看自己的博士论文,发现仍有一些需要进一步完善和深入研究的地方,于是决定对论文再做修改。考虑到博士论文涉及《永乐大典》收录的全部安徽方志,总共有五十多部,内容较多,篇幅较大,无法一下子全部修改完善，所以，只能选择其中的某一部分先进行修改。自2008年开始，由于研究工作和研究课题的需要，我将自己的主要研究集中于徽州方志上，考虑到自己在这方面的研究较为成熟，并积累了相当丰富的资料，所以决定先对《永乐大典》徽州方志部分进行修改。经过四个多月的辛苦工作，终于将这一部分内容修改完善，修正了博士论文中的一些错误，补充了当时未及研究的内容，加深了对某些问题的探讨，最终定稿为《〈永乐大典〉徽州方志研究》，并于2013年由安徽大学出版社出版。

第一轮修改博士论文的工作完成后，觉得有必要对剩余的其他部分再做修改。本想尽快进行这项工作，但却因杂事耽误了时间。终于在2013年年底之前将琐事处理完毕，便投入到修改论文的工作中。虽然2012年已经整理了徽州方志部分，但剩下的《永乐大典》安徽方志数量仍然较多，篇幅也比较大，所以仍采取原来的方法，又以长江为界，将安徽方志分为江北方志和江南方志两部分，分别进行修改和完善。考虑到江北方志的研究原来就比较成熟，修改的难度较小，此次便以江北方志为修改对象。经过五个多月的努力，辛苦换来了成果，《〈永乐大典〉安徽江北方志研究》终于完稿。这是我对十年来历史文献学、方志学研究心得的又一次总结。

欣喜之余，内心仍有些许惶恐，因自己的能力和学识有限，这部书中肯定还会存在一些需要进一步补充、完善的地方，敬请各位师友批评指正，以备来日再做修改和完善。

感谢安徽大学徽文化传承与创新中心的立项支持。

感谢一路走来一直支持我、鼓励我、帮助我的家人、师长和朋友！

2014年5月于合肥杏林书斋